应急物流能力优化研究
——以地震灾害为例

孙　君　著

国家自然科学基金项目研究成果

科 学 出 版 社

北　京

内 容 简 介

本书以国家自然科学基金项目"国民经济动员物流系统应变能力研究"为依托，对应急物流能力的构成、变化和能力提升进行全面、系统的研究。本书着力研究以下内容：剖析应急物流能力点，构建应急物流能力构成体系，创新能力构成分析的思路；建立应急物流能力变化优化模型，讨论应急物流能力的变化机理及控制要点，创新应急物流能力变化机理的分析方法；构建应急物流网络理论模型，从新视角系统研究应急物流网络的资源配置、能力保证和提升机理；建立 ELLRP 多目标优化模型、设计改进的混合启发式求解算法，将时间（紧急）要素植入模型与算法。

本书可供政府应急管理部门、军队物资保障等部门相关管理人员，高等院校、科研院所的教学科研人员，以及从事应急管理、物流与供应链管理的企业相关人员参考。

图书在版编目（CIP）数据

应急物流能力优化研究：以地震灾害为例/孙君著. —北京：科学出版社，2015

ISBN 978-7-03-046683-9

Ⅰ. ①应… Ⅱ. ①孙… Ⅲ. ①突发事件–物流–系统决策–研究 Ⅳ. ①F252

中国版本图书馆 CIP 数据核字（2015）第 306615 号

责任编辑：魏如萍 / 责任校对：何艳萍
责任印制：霍 兵 / 封面设计：蓝正设计

科 学 出 版 社 出版
北京东黄城根北街 16 号
邮政编码：100717
http://www.sciencep.com

中国科学院印刷厂 印刷
科学出版社发行 各地新华书店经销
*
2015 年 12 月第 一 版 开本：720 × 1000 1/16
2015 年 12 月第一次印刷 印张：10 3/4
字数：215 000
定价：60.00 元
（如有印装质量问题，我社负责调换）

前　言

我国正进入社会、经济高速发展的关键阶段，既是关键发展期，又是矛盾凸显期，也是我国突发性公共事件高发期。与此同时，由于特有的地质构造条件和自然地理环境，我国是世界上遭受自然灾害最严重的国家之一。近年来各类突发事件，如地震、洪水、泥石流等频频发生，灾后物资与救援人员的运入、受灾群众撤出等都依赖于强大柔性的应急物流能力。我国对应急物流能力的研究尚处在起步阶段，为使突发性自然灾害和公共卫生事件造成的损失最小化，急需对应急物流能力的内涵和构成体系、演化变化规律、核心应急物流能力的优化进行深入研究。

本书以国家自然科学基金项目"国民经济动员物流系统应变能力研究"为依托，借鉴已有的关于应急物流能力的研究成果，紧扣"应急物流能力"这个关键词，剖析应急物流能力点，形成应急物流能力构成体系；建立应急物流能力突变模型和控制模型，讨论应急物流能力的突变机理及控制要点，并对应急物流能力优化的两个关键内容，即应急物流网络能力和应急物流定位-路径能力展开深入研究。主要研究内容和成果有以下几个方面。

（1）应急物流能力构成体系研究。从应急物流要素、应急物流网络和应急物流效果三个角度剖析应急物流能力点；运用模糊层次分析法（fuzzy analytic hierarchy process，FAHP）构建含应急物流系统投入、应急物流运作管理和应急物流效率效果三个模块 15 个指标的评估体系来描述应急物流能力的构成体系；建立灰色评估模型（grey evaluation models，GEM）分析评价汶川、青海、芦山地震中应急物流能力，厘清提升和优化应急物流的关键要素或关键能力点，同时也检验应急物流能力构成体系的完整性和科学性。该部分研究从新的视角提供了应急物流能力构成体系的分析方法，明确了应急物流能力的建设内容和建设重点。

（2）应急物流能力突变与控制研究。运用燕尾突变理论剖析应急物流能力变化演化机理。以应急物流能力为状态变量，应急物流流量变化率、时间变化率和成本变化率为控制变量，建立应急物流能力突变模型，讨论应急物流能力的突变临界点及稳定性；在此基础上建立非线性规划模型以控制和提升应急物流能力，并用仿真算例分析验证模型应用的可行性。该部分研究提供了探求应急物流能力变化机理的新方法，明确了应急物流能力优化的突变点和控制点。

（3）应急物流网络能力研究。从拓扑结构和功能视角分析突发事件对应急物流网络的干扰影响和破坏程度，剖析应急物流网络的干扰应对能力，并从网络性质视角构建含应急物流基础设施网络、信息网络和组织网络的立体、多级、动态的应急物流网络理论模型，并通过概念图阐明应急物流网络内部协同、外部交互的耦合思想和功能实现。该部分研究提供了应急物流网络能力理论模型，为应急物流高效运作管理提供框架平台。

（4）应急物流定位-路径能力研究。以时间效益最大化为主要目标、成本最小化为次要目标，构建应急物流定位-路径问题（emergency logistics location-routing problem，ELLRP）多目标优化模型；根据时间窗、距离和路阻等待时间等因素进行应急中转站定位和救援点分配，设计遗传-蚁群优化（genetic algorithm ant colony optimization，GA-ACO）混合启发式算法进行全局和局部路径寻优；运用SOLOMON 标准测试数据测试模型和算法的可行性，并将其用于求解以江苏地震灾害为背景的仿真实例。该部分研究提供了强调时间要素的 ELLRP 模型和改进的模型求解混合启发式算法，为应急物流定位-路径能力优化提供可实际操作的工具。

创新型成果表现在以下四个方面：①构建应急物流能力构成体系，创新应急物流能力构成分析的思路。②建立应急物流能力燕尾突变模型和控制模型，创新分析应急物流能力变化机理的方法。③构建应急物流网络理论模型，从新视角系统研究应急物流网络的资源配置、能力保证和提升机理。④建立 ELLRP 多目标优化模型和设计改进的混合启发式求解算法，创造性地将时间（紧急）要素植入模型与算法。

孙　君

2015 年 10 月 25 日

目　录

第1章 绪 论

1.1 选题背景和研究意义

1.1.1 选题背景

20 世纪以来，自然灾害的爆发次数连年增长：20 世纪 60 年代前，全球自然灾害发生数量每 10 年 100～500 次，发生频率较稳定；但自 20 世纪 60 年代始，自然灾害每年发生数量大幅增长，从每 10 年约 500 次骤增为 2262 次（20 世纪 90 年代），增长 3 倍多。也就是说，当今人们正承受着众多自然灾害侵袭，灾害危害程度不断加剧，危害频率不断加快。目前我国正进入经济发展、社会发展的又一关键阶段，既是战略机遇发展期，同时又是各种矛盾凸显期，也是我国突发性公共事件的高发期；与此同时，特有的地质构造条件和自然地理环境决定了我国是世界上遭受自然灾害最严重的国家之一。近年来各类突发事件如地震、洪水、泥石流、台风、海啸、传染病（如 SARS、H1N1）等频频发生，2008 年南方冰冻灾害和汶川地震、2010 年青海玉树地震等都给人们带来巨大的人身伤亡和财产损失。

应急物资与救援人员的运入、受灾群众撤出、死者安葬、卫生防疫等都依赖于安全高效的应急物流系统和强大柔性的应急物流能力。灾难带来损失的程度很大程度上取决于灾难快速反应能力和应急物流能力。智利 8.8 级地震只夺走了几百人的生命，而海地 7.0 级地震就导致 20 多万人死亡，应急物流能力的强弱是造成如此差异的重要原因之一。2013 年芦山地震的抢险过程表明，专业应急物流设施设备、受过专业训练的应急救援队伍、与时俱进的物流信息化水平及日渐成熟的应急物流运作管理所构成的强大应急物流能力，较以往明显提高了救援效率效果。因此，应急物流系统的运行效率和应变能力，直接关系到国家应对突发事件、保持社会和谐稳定的能力。

1.1.2 研究意义

我国对应急物流能力的研究尚处在起步阶段，为使突发性自然灾害和公共卫生事件造成的损失最小化，急需对应急物流能力内涵、构成要点、变化演化规律、核心应急物流能力的优化控制深入研究。可以说，开展我国应急物流能力的研究，意义重大且迫在眉睫。

（1）通过分析应急物流的含义、属性及特征，分析应急物流能力的基本范畴，剖析应急物流能力点，构建评价指标体系以描述应急物流能力构成，厘清应急物流能力构成要素；建立 GEM 分析评价汶川、青海、芦山地震中的应急物流能力，检验应急物流能力构成体系分析的完整性与科学性，为后续应急物流关键能力的优化研究提供先导和理论支持，同时丰富了应急物流理论。

（2）通过构建应急物流能力突变数理模型，讨论分析应急物流能力变化机理与演化规律，并建立非线性规划模型寻求提升应急物流能力的关键点，这既将应急物流能力数理化、具体化和动态化，又为下一步应急物流关键能力优化研究提供先导和准备，同时扩展了突变理论在新领域的应用。

（3）通过构建应急物流网络概念模型，明晰应急物流基础设施网络、应急物流信息网络和应急物流组织网络的构成和功能实现，以及应急物流网络的耦合功能机理，为弱化灾害干扰对应急物流网络的影响，提升应急物流网络可靠能力、修复能力和扩展能力提供理论和实践参考。

（4）通过构建强化时效因素的 ELLRP 多目标优化模型，强化时间窗、路阻等待时间在应急中转站定位和救援点分配的重要影响，设计含时间因子导向的 GA-ACO 混合启发式算法进行全局和局部路径寻优的解决方案，为 ELLRP 优化这个关键能力的提升提供新的思路和解决办法，同时验证算例的落地化具有较强的实践指导意义。

1.2 国内外研究现状

1.2.1 应急物流基本理论

（1）应急物流内涵方面。Carter[1]认为应急物流就是按正确的数量、正确的顺序、正确的地点和正确的时间将救援物资送达正确的目的地的行为。Cottrill[2]、Thomas 和 Kopcrak[3]对应急物流划分阶段。Cottrill[2]根据阶段概念将风险管理中应急物流分为五个阶段，包括计划、减灾、预警、反应和恢复。Thomas 和 Kopcrak[3]、Thomas[4]认为应急物流包括筹集、分发、储存、运输，提出了应急物流生命周期理论，即将应急物流的整个操作过程分为部署、维持和重新配置三个阶段，并基于干扰理论提出一个可靠性评价算法。Lee 和 Zbinden[5]在 Cottrill 的阶段划分理论基础上进行深入研究和改进，认为应急物流分为准备阶段、处理阶段与后处理阶段三个阶段，即事件爆发前、事件爆发后、开始重建工作。相比而言，我国对应急物流的研究起步较晚，但近些年发展迅速，涌现大量成果。欧忠文等[6]在国内首提"应急物流"的概念，阐明了应急物流产生的背景、内涵等研究内容，阐述了应急物流活动中的政府协调机制、全民动员机制、法律机制和绿色通道机制等。

高东椰和刘新华[7]认为应急物流具有突发性、不确定性、弱经济性和非常规性特点。

（2）应急物流体系构建方面。Kaatrud 等[8]设计了应急物流体系检查清单，含14 个检查要点，其中 11 个与基础设施问题有关。谢如鹤和宗岩[9]认为应急物流体系的构建应该从保障机制、救灾款项、技术平台与物流中心建设和应急物资的采购、运输与储备等方面实现，由此建立了应急物流运作流程基本框架，认为组织保障系统、信息保障系统和交通运输保障体系的建设是应急物流成功运作的关键内容。王旭平等[10]分析了应急物流的特点、应急物流的分类及构成要素，研究了应急物流系统的目标、结构、功能和快速反应机制。王敏晰[11]构建基于供应链思想，含应急物流指挥中心、应急物流供应链中心、应急物流信息中心三大模块的应急物流体系。刘小艳[12]分析了当前阶段应急物流的缺陷，提出从应急物流的通道、应急配送系统、应急物流运作能力、应急物资储备体系、应急信息系统、应急物流法规、应急物流知识普及和预案演练等八个方面构建应急物流体系。宋传平[13]指出我国应急物流系统存在预见性不足、重视性不够、体系不健全等问题，应建立应急物流的支撑体系、可视化系统、决策指挥系统和资源体系。而根据我国国情，军地物流一体化更有助于我国应急物流系统的发展。金诺和黄杜鹃[14]构建面向自然灾害的应急物流系统。欧忠文等[15]较早开始对应急物流保障机制进行研究。王健和王菡[16]、王丰等[17]对应急保障做了深入思考，提出建立具有中国特色的军地一体化物流应急保障体系设想。李建国等[18]运用层次分析法（analytic hierarchy process，AHP）对应急物流保障能力进行了定量评价。

（3）应急物流指挥、决策与预案方面。Nisha[19]认为应急物流中灾害信息的准确性是应急撤离计划制订的重要影响因素。Long[20]认为可靠信息系统是应急物流成功与否的重要因素。Kuwata 等[21]提出新的仿真方法以定量评估应急物流决策支持系统的有效性。Özdamar 等[22]设计开发了应急物流决策支持系统（decision support system，DSS）规划模型，试图解决动态时间依赖性运输问题。Naim 等[23]讨论了与物流预案密切相关的物流计划与物流运作的重要性。Mark 和 Joni[24]阐明在飓风应急管理中物流规划促进了物流救灾物资的分发和运输。Simpson 等[25]强调了应急响应在应急管理中的重要作用，认为"原因关切"是应急响应管理首先要解决的重要内容。Chang 等[26]建立了含两个随机规划模型的物流决策模型，以确定救援资源分配制度，为政府机构规划防洪紧急物流提供参考。陈曦等[27]研究了基于预案的国民经济动员决策支持系统，系统提供了最短路径查询、选址分析等查询和辅助决策分析功能。张毅[28]系统研究了基于自然灾害的救灾物资物流决策理论与方法。胡望洋[29]运用专家问卷调研结合多准则决策法评估分析决策指挥行动，并构建模块化最优应急指挥决策模型。宋劲松和邓云峰[30]对比分析了中美德突发事件应急指挥组织结构，指出我国还未形成应急管理指挥体系和标准，并提出相关政策建议。

（4）应急物资的储备模式与资源管理方面。Beamon[31]和 Arminas[32]对应急救援物资需求做了深入研究，认为应急物流救援中应急物资在时间、地点、品种、规模等方面的信息都不可能精确预测。Dignan[33]和Murray[34]总结出应急物流过程中救援物资供应量较多的有药品、水、帐篷、食品、毯子及被单等。为了保证这些应急物资的供应，救援组织应该与相关物资供应商建立长期合作有关系，签订长期采购协议。Ardekani等[35]就墨西哥城大地震提出要对救援物资的运输、供应等运作进行管理。Fiedrich等[36]研究了地震灾害后应急响应中心的资源分配优化问题。Tomasini和Wassenhove[37]认为大规模自然灾害中应急物资供应和需求等方面信息不确定性很大，救援过程中需要协调应急物资供应与无法精确预测灾区需求之间的平衡。近些年不少国内学者关注到应急物资储备的模式与制度问题。张红[38]分析了我国救灾和防汛物资储备制度的现状与问题，提出完善措施。梁志杰和韩文佳[39]提出要建立以中央为主、企业为辅、社会化筹集为补充的救灾物资储备体系。张自力等[40]认为，为解决突发事件中的物资供求矛盾，政府、企业应规划应急经费，共同进行生产能力储备。宋则和孙开钊[41-42]提出中国迫切需要探索一条以最小实物储备量和最大能力储备，最有效地应对最复杂突发事件的新路子。

（5）应急物流协同协作方面。Pettit和Beresford[43]建立复合模型探讨了应急物流需求各方之间的合作关系，包括军方和非军方、社会捐赠方等。Phil[44]分析了在外来冲击或突发事件中供应链所受的风险及原因，主张供应链各方应该沟通、互信，运用合作关系应对风险。Sheu[45]提出用混合模糊聚类优化的方法，分析在关键救援期协同响应紧急物流需求问题。郑哲文[46]提出构建可靠有效的应急物流供应链，对于应急物资高效、准确地投放到目的地具有现实意义。刘胜春和李严锋[47]认为救援组织、商业组织之间合作，可以提高救援的效率和覆盖范围，最大限度地降低灾害损失。钟昌宝等[48]基于和谐管理理论构建供应链物流系统和谐性诊断体系。朱晓迪等[49]运用可拓学的方法构建突发事件供应链应急协调的有关物元模型，找出引起突发事件、打破供应链协调的物元，并采取有效的应急协调策略，使供应链重新达到协调。陈正杨[50]认为应急供应链的协同管理能够发挥应急供应链的整体效应，从而促进应急资源的有效整合。何新华[51]依据应急救援服务供应链各方之间利润需求、协同努力程度和协同关系的不同，构建应急救援服务供应链协同优化模型。

（6）应急物流能力方面。刘小群等[52]提出应急物流能力的概念，剖析其五个特征，并从物流活动的性质、物流系统的抽象特征和物流能力构成要素的特点三个角度对微观应急物流能力的体系结构与框架进行了建构。徐霄红和王自勤[53]对应急物流系统即时响应能力进行评价。周尧[54]、李伟[55]、邓爱民等[56]、林远明等[57]、董全周[58]等从不同角度构建了应急物流能力评价体系，并运用不同的定量工具对应急物流能力进行评价。屈龙等[59]、陈蕙珍等[60]构建评价体系对应急物流绩效进行了评估。佘廉和曹兴信[61]认为应急物资与保障能力是我国应急能力的重点内容。黄定政和王宗喜[62]、王宗喜[63]针对我们现阶段国情提出了应急物流发展模式,以提高国家抗危能力。王卫国等[64]分析了基于地震的应急物流能力瓶颈,并提出了基本对策。

1.2.2 应急物流网络

(1)应急物流网络概念方面。我国《物流术语》中,物流网络的定义是"物流过程中相互联系的组织与设施的集合"[65]。这是一个概括性的定义。朱道立等[66]从微观企业角度将物流网络定义概括为:物流网络指产品从供应地向销售地移动的流通渠道。王之泰[67]从实体线路和节点两个因素来诠释物流网络的概念,认为线路和结点相互联系、相互配合,两者结构、组成、联系方式不同,从而形成了不同的物流网络。鞠颂东[68]认为物流网络是为实现物流系统各项要素功能所形成的网络,包括物理层面的物流基础设施网络和物流信息网络两层。在此基础上,他提出除了基础设施网络和信息网络,物流网络还应包括组织网络。换言之,物流网络是以物流基础设施网络为基,以物流信息网络为支撑,按物流网络组织模式运作的综合服务网络体系。单丽辉等[69]认为物流网络分为静态网络和动态网络,是物流过程中相互联系的设施和组织在空间坐标的集合。商丽媛和谭清美[70]基于上述具有代表性的物流网络内涵的描述,给出应急物流网络的相关概念,认为应急物流网络是整合地方物流和军事物流资源,以满足打赢信息化战争和有效实施国家应急管理的需求为目标,由物流组织网络、基础设施网络和信息网络三者有机结合而形成的物流服务网络体系的总称。陈坚等[71]从区域角度给出应急物流网络的含义。

(2)应急物流网络可靠性方面。关于网络可靠性研究最先在通信网络、供水网络等领域展开。交通运输网络可靠性研究尽管起步较晚,但发展迅猛,已涌现很多优秀的成果。Du和Nicholson[72]认为路网可靠性是路网的交通流变化量小于某一个阈值的概率。Asakura和Kashiwadani[73]、Asakura[74]较早地研究了车流波动下道路网络的可靠性。Tarlor[75]建立稠密路网模型研究交通运输局部路网的可靠性,运用透过性、可达性和曲折性三个指标来评价路网布局和交通管理。Michael和Bell[76]指出道路网络可靠性的研究需要考虑出行者的路径选择行为,并运用博弈论评价研究路网可靠性。Chen等[77]、Cho等[78]、Hong和Tung[79]评价了整个路网的可靠性。2002年Chen等[80]还研究了道路网络运输能力可靠性问题。Berdica[81]运用路网的脆弱性测度来确定路网存在的薄弱环节及它们的影响。Nicholson[82]剖析网络可靠性的评估技术,建议在研究路网可靠性时务必选取与之特点对应的方法。

国内研究方面,陈德良[83]就物流网络可靠性的几个关键问题进行了研究。侯立文和蒋馥[84]对城市道路网进行了可靠性研究,分析了路网可靠性与服务水平关系。Yi和Ju[85]运用系统可靠性串-并的建模思想,分析了物流网络的服务可靠性。谭跃进等[86]关注网络抗毁性能的测度研究。张焱[87]基于可靠性理论建立含"物流时间可靠度"和"品质可靠度"两个可靠性评价指标的生鲜农产品物流网络优化模型。宋永朝等[88]研究了在山区干线或重要路段中断状态下的应急疏散问题,针对提高应急疏散能力提出疏散连通度的概念及计算方法。孙宇飞等[89]研究了基于结点库存重要度估计的军事应急供应链可靠性问题和应急物资资源分配的供应链可靠性问题。吴六三和谭清美[90]给出基于网络熵的应急物流网络稳定性等级判断标准。陈春霞[91]引入平均最短路径距离和极大连通子图,对比研究了随机攻击网络和选择性攻击网络的应急物流网络的抗毁性性能。马睿等[92]通过研究得出能反映网络抗毁性和节点抗毁性的指标——网络聚类抗毁度和节点抗毁度。Wu 等[93]运用最小时间熵测定物流网络配送时间的可靠性,讨论了路径在有能力约束或无能力约束条件下的最短配送时间的特征。赵新勇等[94]认为在突发事件中需测算路网的应对能力,路网抗毁可靠度与网络结构密切相关。蔡鉴明[95]对地震灾害下的应急物流运输网络特征和可靠性进行了深入剖析。

(3)应急物流网络规划、设计与管理方面。赵林度[96]以城市重大危险源为对象,研究了城市应急管理网络和应急物流网络两类特殊的网络模型,认为两个网络的交互能力直接影响城市应急管理体系的时效性和弹性。刘明等[97]研究了生物反恐应急救援体系下的物流网络。聂彤彤和徐燕[98]给出了应急物流网络的拓扑结构。曹翠珍[99]认为应急物流环境的复杂性与动态性是应急物流网络是否具有高度敏捷性与柔性的重要影响因素。李利华[100]研究了不确定性需求下的物流网络区间规划设计问题,意在拓展新的不确定性物流网络规划的思路和方法。Behnam 等[101]以最小化双向设施失效后的总费用和预期运输总费用为目标,设计不确定物流网络中的双向可靠性网络的双目标模型。李彤和王众托[102]基于斯坦纳最小树(Steiner minimum tree,SMT)理论模型建立了树状地下物流网络布局模型,得到符合大型城市不断扩展的地下物流网络的最优布局。彭永涛等[103]分析了静态网络的基础设施建设和动态网络的物流活动问题,优化设计多级多商品流的物流网络,描述不同网络阶段的运营成本和建设成本函数。贾鹏等[104]以全国 100 个通用机场为例,提出一个基于航空系统的应急物资配送网络目标规划模型,以优化应急配送组织网络。吕品[105]对比分析了"考虑碳排放"与"不考虑碳排放"的物流网络优化问题,表明考虑碳排放的物流网络综合物流成本明显降低。王海军和王婧[106]面向重大突发事件,构建含三级供应网络的应急物资配送。刘慧等[107]考虑当OD(orign to destination)需求不确定时的期望行程时间和最大遗憾值,提出一种具有遗憾值约束的鲁棒性交通网络设计模型,分析了期望行程时间与最大遗憾值之间的权衡关系,得出不同遗憾值下网络设计的最佳方案。陈晔等[108]为了得到最佳军事物资保障的配送路径,建立了装备物资器材的军事物流网络拓扑结构图。商丽媛和谭清美[109]分析了应急物流信息网络的内涵和特点,并基于网格技术提出了由资源层、通用服务层、业务服务层和应用层四层组成应急物流信息网络体系结构。

1.2.3　ELLRP

（1）应急物流设施选址问题方面。国外学者 Toregas 等[110]研究了位置集合覆盖问题（location set covering problem，LSCP），核心内容是如何以尽可能少的设施覆盖所有应急需求。Church 和 Re[111]研究了最大覆盖选址问题（maximal covering location problem，MCLP），核心内容是如何以相对有限的服务设施为尽可能多的对象提供服务。P-中值（P-median）模型是设施选址的有效工具。Sylvester[112]于 1857 年提出，其问题目标是如何使设施点与需求点间的最大距离最小化。有不少学者将其用于静态和动态设施选址问题上，Hakimi[113]构建了 P-中值模型，核心内容是在某区域设置多少数量的设施，使需求点和设施点之间总加权距离最小。Mirchandani[114]研究了在运行时间、服务时间、供应与需求等随机变化条件下的 P-中值问题。Drezner[115]探讨了渐进式 P-中值问题，分析需求随时间分阶段变化、设施分阶段选址的动态选址问题。Huang 等[116]设计了变体 P-中心模型用于大规模选址。Tzeng 等[117]考虑突发事件爆发后救援设施的可用性，以有效性和公平性为目标，研究了在需求确定情况下的应急选址及后续资源调度问题。Yi 和 Özdamar[118]针对灾后响应活动中的协同物流保障及人员疏散问题，提出确定环境下的设施选址与配送集成模型和求解方案。Jia 等[119-120]分析了常规与大规模突发事件情况下选址问题的区别，研究了在需求点的需求量已知情况下多点发生大规模突发事件时医疗设施选址问题的框架模型、最大覆盖模型及其启发式算法。

国内应急选址问题的研究方面，常玉林和王炜[121]在城市各小区紧急事件随机发生，应急系统中只有一个服务设施，而且系统容量为有限的条件下，建立了服务设施位置的优化选址模型。方磊和何建敏[122-123]、何建敏等[124-125]研究较深入，其 2007 年前关于应急物流资源调度、选址的成果基本在其著作中体现。陈志宗和尤建新[126]针对城市防灾减灾设施选址问题，考虑公平和效率原则，设计了应急救援设施选址的多目标决策模型，并探讨了将多目标模型转化为单目标模型后的求解方案。韩强和宿洁[127]建立数学优化模型，采用模拟退火算法求解应急服务设施选址问题。许建国等[128]研究了应急资源的需求呈周期性变化时的选址和资源配置问题。辜勇[129]以灾害损失最小为目标，研究确定条件下的单品种和多品种应急物资调度问题。王晶和张玲[130]采用鲁棒规划方法建立数学优化模型，解决应急物资需求不确定情况下应急配送中心选址问题。赵振亚和贺国先[131]以满足服务范围覆盖整个区域为前提，考虑配送费用最小（上层目标）和应急仓库数目最小（下层目标）的双层目标，构建应急仓库选址问题的集合覆盖双层规划模型，并以模拟退火算法求解问题最优解。戚晓峰等[132]提出了基于多粒度集合覆盖问题的相遇蚁群算法，以解决高强度快递需求区域移动仓库选址问题。Zhang 等[133]研究基于 SMT 的应急设施多目标优化选址模型。

（2）应急物流车辆路径问题（vehicle routing problem，VRP）方面。国外学者

Knott[134]较早地提出了救援食品的运输线性规划模型，目的是提高运输效率，最小化运输费用或最大化食品运输数量。Rathi 等[135]论证了在紧急事件或地区冲突情况下，需要经常在多个不同 OD 对（起点与终点对）间运送大规模救援物资或救援人员。Haghani 和 Oh[136]基于时空网络建立了多品种物资、多运输方式、有时间窗的确定型网络流模型，研究灾害救援中的应急物资调运问题。Equi 等[137]研究了应急物流中多种运输方式下的物资运输与车辆调度问题，将问题描述为两层：第一层解决从供应点到需求点的可满足需要的最优路径数；第二层解决车辆调度问题。Fredrich 等[138]探讨了在时间、资源的数量和质量有限情况下，震后向多个受灾地点分配和运输资源的最优计划模型。Kannan 和 Srinivas[139]研究含多种货物运输的最大覆盖集网络设计问题，以描述灾后关键径问题，即在花费不超过预算的前提下，实现最小化救援物资运输的总费用和识别覆盖最多受灾民众的关键路径。Choi[140]研究了路网不确定情况下，如何分配有限的应急资源使受伤人员存活数最大化。Bettinelli 等[141]研究基于时间窗的多车场 VRP 模型。Yi 和 Arun[142]把初始应急物流问题分解成两个子问题，即车辆路线的构造和多产品分配，并提出蚁群优化启发式算法。Arun 等[143]以伤员的运送时间最短化和伤员的生存期望值最大化为目标建立了配送和行程安排优化模型，以优化应急物流资源。Sascha 等[144]以避免延误和提高设备利用率为目标，研究了救灾中预期动态车辆路径问题。

国内研究方面，台湾的许添本和奖慧[145]指出地震灾害情况下的救援车辆路径选择必须同时考虑安全与效率两个要素。缪成[146]对应急物流中的关键决策问题——救援物资运输进行了研究，包括救援物资运输调度与可靠路径搜索两个子问题。Yuan 和 Wang[147]建立应急物流路线选择模型，并设算法。陈达强和刘南[148]研究时变条件下有供给约束的多出救点选择问题，以应急响应时间最短和救援出救点数量最小为目标，建立应急物流系统多目标决策模型。张杰等[149]考虑路径行程时间可靠性、路径阻断风险和路径复杂性等因素，以地震灾害为背景，建立应急车辆救援路径选择的多目标规划模型，并设计遗传算法（genetic algorithm，GA）求解。Hu[150]建立应急救援的线性整数规划模型，解决自然灾害环境下的供应链集装箱网络流设计和车辆路径优化设计问题。王征等[151]以顾客时间窗偏离程度最小化和配送成本最小化为目标，建立行驶时间延迟下配送车辆调度的干扰管理模型及求解算法。王绍仁等[152]从公有物流资源与私有物流资源配置和协调管理的角度，建立 VRP 多目标优化模型，得出公私资源整合下车辆路线安排决策优化方案。Zhang 等[153]运用新的仿生法解决应急物流管理中的路径选择问题。徐寅峰等[154]根据方格网络上道路堵塞的位置和数量信息不完全的特点，运用竞争分析法研究了车辆横向优先和纵向优先的在线路径选择策略。

（3）ELLRP 方面。丰富的常态物流定位-路径问题（location routing problem，LRP）研究成果是研究 ELLRP 研究的重要基础。Watson 和 Dohrn[155]是最早在常态物流中将设施定位-配给问题（location allocation problem，LAP）与 VRP 结合起来研究的学者。Laporte[156]对 LRP 的研究较早，在 VRP、LRP 及其算法上都有较多、较深入研究，成果丰富。近些年 Wu 等[157]、Prel 和 Daskin[158]、Chan 等[159]研究了各种约束条件下 LRP，方法也从精确算法发展到启发式算法。

以上研究不断促进 ELLRP 研究的发展与深入。Stefan 和 Walter[160]研究考虑自然灾害后中期利益、短期利益和人道主义三个目标的 LRP，并设计启发式算法求解。A.J. Amir 和 H.S. Amir[161]研究了有中断风险的供应链网络中的定位路径问题，认为外部风险的随机性使得供应链网络能力随之变化，定位、路径和分配的决策决定着供应链成本能否最小化。马祖军及其团队成员多年来致力于应急 VRP、ELLRP 的研究，特别在 ELLRP 方面取得许多优秀成果。徐琴等[162]考虑在城市突发公共事件后部分道路毁坏造成的交通拥堵情况下，以应急救援时间为模糊数、系统总应急救援时间满意度最大为目标的 ELLRP 问题。郑斌等[163]从应急物流系统集成优化的角度，以应急物资运达总时间最短和系统总成本最小为目标的应急物资需求模糊多目标 LRP 问题。王绍仁和马祖军[164-165]在 ELLRP 方面的研究创新程度较高，高质量的成果较多，对于多阶段、多品种、多车型、多式联运、航空配送、带时间窗等各种条件下的 ELLRP 基本涉足，主要采用启发式算法和改进 GA 实现。代颖和马祖军[166]考虑救援车行驶时间随机性和应急物资需求紧迫性，基于机会约束规划方法建立应急物流系统中带时间窗的随机 LRP 优化模型，并结合禁忌搜索和蒙特卡罗方法设计混合 GA 求解。李守英等[167]针对洪灾被困人员搜救问题，考虑救援时间的紧迫性、救援过程的不确定性及救援船只多次重复出救的状况，建立了一个搜救时间模糊、带时间窗的 LRP 优化模型。詹沙磊和刘南[168]研究了多出救点、多受灾点、多物资、多车型的应急车辆选址、路径选择和物资配送问题，考虑到灾害预测准确性和物流成本效率之间的悖论，同时考虑需求和配送路径连通性的随机性，以及出救点对受灾点的最大覆盖范围限制，从多目标规划和随机规划的角度，建立了应急物资配送的多目标随机规划模型。

1.2.4 突变理论在物流领域的应用

突变理论创建于 20 世纪 70 年代，为连续系统中的不连续现象的研究提供了理论框架[169-172]，七八十年代获得高速发展而得到不断深化[173-176]。与此同时，突变理论的运用也得到推广，几乎涉及自然科学和社会科学的所有领域[177-182]。近些年不少学者运用突变理论对突发事件进行分析研究[183-187]。

第一个将突变理论运用到交通物流领域的是 Dendrinos[188]，他认为在交通数据分析中，二维突变模型可以描述交通速度-流量关系。Navin[189]于 1986 年提出以流量和时间占有率为控制变量，速度为状态变量的三维尖点突变交通流参数模型，认为三维的尖点突变模型更适合三个交通参数的描述，但其所表述的仅源于直觉，无实证。Hall[190]、Persaud 和 Hall[191]、Forbes 和 Hall[192]、Acha-Daza 和 Hall[193]认同 Navin 的观点，在其启发下进行深入研究，力求在数学模型上有所突破。他们开发了 McMaster 算法进行实证研究，改进了坐标平移和坐标旋转的方法，并不断改进突变模型进行速度预测。结果表明，突变模型比较优势明显。

国内学者张亚平和张起森[194]较早将突变理论运用到物流交通领域，他和同伴们运用尖点突变理论分析交通流中三个参数及其之间的关系，建立与我国国情相符的高速公路速度-流量模型，并得出我国高速公路通行能力和通行速度预测值。唐铁桥和黄海军[195]认为交通流是一动态过程，如果运用尖点突变理论，仅考虑流量和密度而忽略时间因素进行预测不是很合理。基于此，认为采用燕尾突变理论，即加入考虑时间因素来预测交通流更符合现实。王英平等[196]分析了高速公路或者快速路交通流中的流数据间隙问题。陈涛和陈森发[197]运用尖点突变理论建立拥挤控制模型，利用势函数和动能函数描述拥挤空间交通系统变量之间的关系，确定拥挤空间的突变临界点、稳定点和分叉集点，并提出限制交通流的拥挤控制模型。郭健等[198]运用交通波动理论，建立尖点突变数学模型分析交通流三参数关系，分析快速道路交通流的临界状态。敖谷昌等[199]将平均车速作为状态变量，流量和大车混入率作为控制变量，基于尖顶突变理论建立混合机动车流的速度-流量-大车混入率模型。Zheng 等[200]、郭晋秦等[201]、王丽娜和王恒山[202]建立尖顶突变模型分析公共场所人群拥挤问题。胡万欣等[203]同时考虑时间因素和不同车辆对交通流的影响，建立燕尾突变模型分析拥挤状态附近的突变现象。Sun 和 Tan[204]、孙君等[205]、孙君和谭清美[206]建立燕尾突变模型对国民经济动员物流系统物流能力、应急物流能力进行分析讨论。

1.2.5　研究现状评述

以往的成果对本书的研究思路与研究方法具有非常重要的借鉴意义。综合上述研究现状，评述如下。

（1）相比于国外，我国关于应急物流理论的研究总体上还处于起步阶段，侧重基本内涵、总体粗线条的体系分析和建设等定性研究上，还没能形成系统的应急物流理论体系。应急物流能力方面的文献就更少，现有的也仅做了宏观的描述和评价，对于应急物流能力的演化和变化规律、核心物流能力优化控制的研究没有涉足，是真正意义上的起步阶段。

（2）在国外，突变理论的应用研究已相当成熟，在我国却在起步阶段。应急物流能力强弱及变化方向的界定是采取进一步行动的前提和基础。突变模型是研究动态应急物流能力的有效工具之一，因此将该理论用于研究应急物流能力的演化、变化特点，进而找出演化、变化规律是相当合适的。

（3）目前对应急物流能力的研究专注于不受干扰、确定性环境下的应急物流局部优化问题，而考虑受干扰、不确定环境下的应急物流全局、系统的优化研究相对较少。应急物流能力优化是系统工程，对其优化应该包括考虑不受干扰和受干扰情况下的物流能力，点、线、网的物流能力，局部和整体的物流能力，静态与动态的物流能力等。因此，在现有研究的基础上，还可以前行一步。

（4）关于定位、配送、路径等问题，它们是普通物流能力的核心，也是应急物流能力的核心问题。从现有文献可以看出，这些问题在普通物流研究领域中已经取得了较丰富的成果，有研究单个问题优化的，也有研究两个或三个问题集成优化的，特别是关于 LRP 的研究成果就更多，也确实解决了物流系统中的许多实际问题。但同样作为应急物流核心能力的上述内容的研究不多见，而应急物流能力的提升更需要考虑强化时间要素的定位、配送、路径等问题的高度集成和优化，从而快速响应应急需求。

（5）目前研究应急物流核心能力之一的 LRP 模型的算法，已经从精确算法发展到启发式算法。应用较多的是基本启发式算法，它们对单个的、局部优化问题求解效果较好，而对于集成优化问题的建模求解存在瓶颈。也就是说，对于一个高度集成的系统优化问题的求解，仅靠单个基本启发式算法是不够的，需要将基本算法根据具体问题的目标和要求进行改进或设计含多个基本算法的混合算法才可行。已有文献对求解两个以上集成优化问题的算法进行了改进，或设计含不少于两个基本算法的混合启发式算法，这取得了较理想的求解效果。

1.3 应急物流能力优化基本框架

1.3.1 研究内容

本书紧扣关键词"应急物流能力"，构建应急物流能力评价模型，描述应急物流能力的内容构成，厘清应急物流能力优化的关键要素；建立应急物流能力突变模型与控制模型，找出应急物流能力变化、演化机理；建立应急物流网络理论模型，优化立体、多级、动态的网络布局，提升应急物流网络能力；构建 ELLRP模型，设计改进的启发式算法，提升与优化应急物流定位-路径能力。

（1）应急物流能力构成体系研究。从应急物流要素、应急物流网络和应急物流效果三个角度剖析应急物流能力点；运用 FAHP 构建含应急物流系统投入、应急物流运作管理和应急物流效率效果三个模块 15 个指标的评估体系来描述应急物流能力的构成体系；建立 GEM 分析评价汶川、青海、芦山地震中应急物流能力，检验应急物流能力构成体系的完整性和科学性。该部分研究从新的视角提供了应急物流能力构成体系的分析方法，明确了应急物流能力构成要素和建设内容。

（2）应急物流能力突变与控制研究。运用燕尾突变理论剖析应急物流能力变化演化机理。设计应急物流能力为状态变量，应急物流流量变化率、时间变化率和成本变化率为控制变量，建立应急物流能力突变模型，讨论应急物流能力的突变临界点及稳定性；在此基础上建立非线性规划模型以控制和提升应急物流能力，并用仿真算例分析验证模型应用的可行性。该部分研究提供了探求应急物流能力变化机理的新方法，明确了应急物流能力优化的突变点和控制点，既扩展了突变理论在新领域的应用，又将应急物流能力数理化、具体化和动态化。

（3）应急物流网络能力研究。从拓扑结构和功能视角分析突发事件对应急物流网络的干扰影响和破坏程度，剖析应急物流网络面对干扰的应对能力，并从网络性质（系统组成）视角构建含应急物流基础设施网络、信息网络和组织网络的立体、多级、动态的应急物流网络，并通过概念图阐明应急物流网络内部协同、外部交互的耦合思想和功能实现。该部分研究提供了应急物流网络能力理论模型，为应急物流高效运作管理提供了框架平台，为弱化灾害干扰对应急物流网络的影响、提升应急物流网络灾害应对能力提供了理论和实践参考。

（4）应急物流定位-路径能力研究。以时间效益最大化为主要目标、成本最小化为次要目标，构建 ELLRP 多目标优化模型；根据时间窗、距离和路阻等待时间等因素进行应急中转站定位和救援点分配，设计 GA-ACO 混合启发式算法进行全局和局部路径寻优；运用 SOLOMON 标准测试数据测试模型和算法的可行性，并将其用于求解以江苏地震灾害为背景的仿真实例。该部分研究提供了强调时间要素的 ELLRP 模型和改进的混合启发式求解算法，为应急物流定位-路径能力优化提供可实际操作的工具。

1.3.2　研究方法

（1）通过分析、归纳研究法对研究背景、前景、现有理论和文献进行梳理总结，明确研究目标和研究内容。

（2）运用科学抽象法，直接、间接定义法，系统集成分析法梳理本书相关基础理论、法律法规，为后续研究提供理论基础。

（3）运用抽象概括研究法、系统集成分析法研究应急物流能力点；运用 FAHP 构建反映应急物流能力构成的评价指标体系，建立 GEM 对大地震中的应急物流能力进行评估。

（4）运用突变理论，设计应急物流能力的数理表述，建立应急物流能力突变函数模型，运用势函数确定其平衡曲面方程分歧点集，讨论应急物流能力的突变临界点及稳定性，实现应急物流能力定量化演算和预测；基于优化应急物流能力目标，运用多目标规划模型建立应急物流能力控制优化模型。

（5）运用图论和网络分析方法，运用抽象概括研究法研究应急物流网络的属性特征和拓扑结构、干扰影响和应对能力；运用概念图法分别设计应急物流基础设施网络、信息网络和组织网络及反映三个网络耦合关系的概念模型。

（6）综合运用运筹学、优化理论建立多目标 ELLRP 优化控制模型；运用 GA-ACO 混合启发式算法对优化控制模型进行求解；运用 Matlab 工具编程并计算实现。

（7）运用案例分析法对汶川、玉树、芦山地震中的应急物流能力进行分析研究。

1.3.3　技术路线

技术路线如图 1.1 所示。

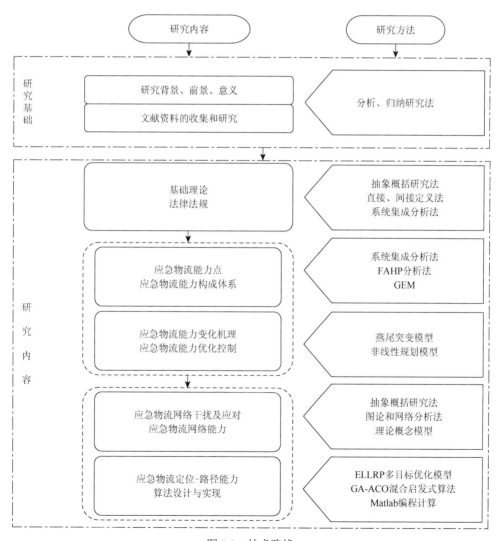

图 1.1　技术路线

第2章 应急物流相关理论

本章对后续章节研究中涉及的应急物流基础理论、应急物流网络理论、LRP 模型一一阐述和分析。首先，介绍应急物流概念及属性特征，应急物流活性理论和军地物流一体化理论；其次，阐明应急物流网络的内涵、应急物流网络属性的数理描述、应急物流网络的特点；再次，阐述了 LRP 这个 NP-hard 问题的含义和分解，也给出了 LRP 的数理表述和基本模型；最后，说明了用于求解 LRP 混合启发式算法的两个基本算法——GA 和蚁群优化算法（ant colony optimization，ACO），分别给出了两种算法各自的求解原理和基本求解步骤，也阐述了两种算法混合的基本思想及融合方案。

2.1 应急物流基础理论

2.1.1 应急物流概念及属性特征

第二次世界大战结束后，美国学者 Roland G Ruppenthal、John Caviggia 和 Max Hermansen 等对美国在战争中的后勤供给做了系统研究，也由此引出了早期应急物流研究[141]。2003 年 SARS 疫情爆发后，"应急物流"的概念[6]首先由我国学者欧忠文等提出，他们认为应急物流是以提供自然灾害、公共卫生事件等突发性事件所需物资为目的，以追求时间效益最大化和灾害损失最小化为目标的特种物流活动。2006 年我国颁布的《物流术语》将其定义为：应急物流是针对可能出现的突发事件做好预案，并在事件发生时能够迅速付诸实施的物流活动。文献[17]给出的应急物流概念是：为应对严重自然灾害、突发性公共安全、卫生事件及军事冲突等突发事件而对物资、人员、资金等的需求进行紧急保障的特殊物流活动。《物流术语》中给出的物流定义是：物品从供应地到接收地的实体流动过程，根据实际需要，将运输、储存、装卸、搬运、包装、流通加工、配送、信息处理等基本功能实施有机结合。结合《物流术语》和上述文献的定义，笔者认为应急物流是为了满足突发事件救援对物流的需求，以时间效益最大化、灾害损失最小化为主要目标，从供应地组织将救灾物资、救灾人员等资源配送到受灾区域的非常态的特殊物流活动。

应急物流具备常态物流的七项基本功能：运输、储存、装卸搬运、包装、流通加工、配送、信息处理。除了具备与常态物流相同的基本要素（流体、载体、流向、流量、流程和流速）外，还具备与紧迫性相关的特殊要素——时间[10]。如果说常态物流具有空间效用、形质效用，那么应急物流就同时具有空间效用、形质效用和时间效用。应急物流具备以下特征：

（1）突发性。从时间视角看，灾害事件是突然发生，其产生的救援物流需求的时间也难以预测，更无法确定。而且突发事件引起的次生灾害等的后续影响，也具有突发性、不可预知性，导致应急物流是突发的、变化的和不均衡的，这是区别于常态物流的最显著的特征之一。灾害的突发或不可预知特性，造成应急物流流向的相对集中、流量骤增，因此对应急物流有着非常高的时间要求和组织要求，常态物流的运行机制往往无法满足救援物流需求，必须组织非常规的应急物流保障应急需求[7]。

（2）不确定性。突发事件本身具有不确定性，其破坏强度、持续时间、影响程度、影响范围等均无法准确预测，这就使得应急物流的任务内容、内外扰动和阻抗因素等皆存在不确定性。因为内外、主客观干扰因素，应急物流活动过程前后均存在众多无法预料的事件，可能产生额外的物流需求，甚至会使应急物流的目标和主要任务发生重大改变。交通运输和通信系统等公共基础设施受到破坏的程度，也使应急物流活动呈现不确定性，从而对应急物流的运作和管理产生严峻考验。

（3）公益性。在灾害救援中，保证甚至是不惜一切代价保证人民生命安全的要求下，如何在短时间内最大限度地保证人民生命财产安全是终极目标。"应急"是救援物流最突出的特点，公益性要求被强化，经济性要求被弱化。应急物流活动需要搭载常态物流系统、应战物流平台，需要军政民等多方合作，需要在超常的体制机制下运作实现。如果说常态物流关注点在经济效益，那么应急物流所关注的重点应该在社会效益。现代应急物流管理要求应急物流常态化，应急物流能力稳定化、最大化，即在保证社会效益最大化的前提下兼顾经济效益最大化，使得应急物流的运作与管理获得新发展。

（4）非常规性。在灾害救援中，救援人员、救援物资的需求呈现量大、多样、急迫的特点。突发事件发生后，特别是灾后黄金 72 小时内需要大量的救灾物资与设备，如医疗设施、专用救灾设备、交通工具、通信工具，以及被装、帐篷、燃料、食物、饮用水等生活用品，需要大量医务人员、一专多能的救援人员、通信人员、专业物流人员等。每项资源都是灾区急需的，都需要有高效、快速反应的应急物流能力来保障。在政府行政力和强制力作用下，许多常规物流供应链中的环节被简化或省略，OD 对间的流程表现得更加紧密；物流机构更加精干，物流活动的动员、响应、集结、组织都在统一指挥的绿色通道下快速、有序、有效地进行，物流行为表现出浓郁的非常规特点。

2.1.2　应急物流活性理论

1. 应急物流活性的含义

关于物流活性问题，已经有学者关注并研究。王自勤[207]较早地对物流活性的内涵进行了描述。王宗喜[208]认为，物流活性是指物流系统中物流单元内物流资源有机组合而成的从某一物流状态转换到另一物流状态的能力，也就是应急物流系统的灵敏性与灵敏度。徐霄红和王自勤[53]认为物流活性是反映物流系统及时满足客户不断变化的物流服务需求的能力指数。学者们从物流单元层面、物流系统的层面研究了物流活性的内涵。

面对突发事件和应急物流需求的不确定性，应急物流活性反映着应急物流系统对突变物流环境的适应能力和反应能力。应急物流活性是指物流系统的反应灵敏性、快捷性，物流运动的容易性及各物流环节衔接性、顺畅性。现代市场环境的变化使人们对物流系统的灵活性、反应速度提出了更高的要求，物流系统的反应能力、灵活性成为构筑系统核心竞争力的基本特征，需要有一个指标能综合反映物流系统这一方面的特征。一个良好的应急物流系统应该具备完善的物流信息系统，各个物流环节、物流方式应实现无缝链接。应急物流系统的活性包括两个方面：一是物理活性，二是管理活性。物理活性是指物流对象进行机械运动的便利性，如传统产品的搬运活性就劣于托盘和集装箱的活性。管理活性是指由于科学物流管理而产生的活性，如同样的平房仓库，管理规范、有序可以加快仓库的进出库速度，集中管理的物流活性优于分散管理，标准化产品物流活性优于非标准产品，等等。

2. 应急物流活性提升方法

应急物流具备运输、储存、装卸搬运、包装、流通加工、配送、信息处理等功能，因此应急物流系统的活性应该体现于各个功能活性表现的综合和统一中。任何一个功能的非活性表现都会影响整个物流系统的活性。物流系统的活性更是来源于系统整合现有社会物流资源的能力、创新能力和自学习能力。因此，从物流功能角度看，应急物流活性包括但不仅限于存储活性、运输活性、装卸搬运活性、包装活性、信息活性等。

（1）存储活性。应急物品存储活性包括两层含义：一是应急物品在库活性，即物品由现状态被转入下一状态的灵活性。存储物品的存放状态会直接影响其进入下一状态的难易程度和速度。因此，存储物品单元标准化程度、存储技术、管理技术等是应急物品存储活性的重要影响因素，如自动化仓库的存储物品，其存储活性高于存于普通仓库的活性。二是存储活动本身的活性。应急存储包括静态存储和动态存储两个方面，静态存储是指应急物品的在库存储，动态存储是一种能力的存储。有效动态存储的比例越大，存储活性越高。增加应急物资动态存储的比例，加强应急物资的动态存储管理是未来应急物流存储管理的方向。

（2）运输活性。运输活性主要体现运输方式的活性上。五大运输方式中，直升机、汽车运输活性最高，可实现门到门运输；国际货物联运中，集装箱运输可以快速装卸而使其活性提高；驮背列车和滚装船由于其货物装运于汽车上，其活性与汽车运输相同。灾后初期，由于特殊的灾后物流环境，直升机运输成为活性最高的运输方式；灾后应急运输的管理，根据灾后物流条件合理确定运输线路，科学选择多种运输方式及其联运方式，能够大大提高运输活性。

（3）装卸搬运活性。在所有物流活动中，装卸搬运活动发生最频繁，产品损坏的重要原因之一就是装卸搬运的不合理。搬运活性来自搬运工具、技术和管理。置于动力车辆或传送带上的物品，其搬运活性优于散放于货架上的物品；叉车的搬运活性高于人工搬运；集装箱运输中的装卸搬运活性甚高；驮背列车和滚装船由于其货物装运于汽车上，其活性也高。

（4）包装活性。包装活性不是指商品包装，而是物流包装（工业包装）的活性。包装模数化利于小包装的集合，利于用集装箱及托盘装箱、装盘，是提高物品活性的有效方法。如果包装模数与托盘、存储设施、运输设施模数统一，更有利于提高物品的物流活性。包装的大型化和集装化，采用集装箱、集装袋、托盘等集装方式有利于物品流通在装卸、搬运、保管、运输等过程的机械化、自动化和智能化，加快物流环节的作业速度，提高物流效率。

（5）信息活性。信息活性是因物流信息技术的进步而带来的物流活动的活性。以信息化、网络化、智能化为核心的 IT 技术在应急物流领域的运用将大大提高应急物流运作效率。条码（bar code）技术、射频识别（radio frequency identification，RFID）技术、电子数据交换（electronic data interchange，EDI）技术、地理信息系统（geographic information system，GIS）技术、北斗技术、自动化仓库管理技术的应用大大提高了应急物流的活性和效率。无人机、"北斗"导航卫星和导航装备能够实现实时了解灾情并及时采取应对措施，使灾害损失降至最小，在近几年的地震灾害中发挥了巨大作用。汶川地震救援中，由上医、纺控、光明、良友、百联等生产销售企业与交运、上航、东航、铁路、扬子江快运等运输企业，建立快速反应信息系统平台，实现无缝衔接，平均 10 小时就完成每批救灾物资从存储地出库装箱到机场或铁路的装机装车发送的全过程。

一个活性高的应急物流系统必须具备适应环境变化的能力，必须能够满足灾区的不断变化的物流需求和要求，必须以快速物流运动为支持，实现各个物流环节物流活性能力的匹配，各个物流环节衔接平稳、快速，实现无缝连接。应急物流活动是事关民生的大事，物流活性尤其重要。所以，提高应急物流活性应当是我们追求的重要目标。应急物流活性反映了应急物流系统的灵活性、动态柔性、敏捷性、衔接性等方方面面，因此它的提升是系统工程，需要从物流各项功能的活性入手，方能由点到线、由线到面地全方位提升应急物流活性和效率。

2.1.3　军地物流一体化理论

1. 军地物流一体化的含义

军地物流一体化是指在突发事件救援中，将军队物流系统与地方物流系统进行有效整合和优化，实现军地物流相互融合、高度统一的一体化应急物流运作状态。需要指出的是，军地物流一体化仅对两类物流系统中可通用、共享及转化的物流资源进行整合优化。当前，政府的应急物资采购、军队或国家的储备库及社会捐助是灾害救援中主要的物资筹措渠道，而军队和政府的物流力量是主要的物流保障力量。军地物流一体化物流系统的建设是物流社会化的一大体现，也是新时期现代军事物流发展的大势所趋，应急物资的运送主要依托军地一体化应急物流系统。军地物流系统一体化至少包含以下几个方面的内容：应急物流理论一体化、应急物流设施一体化、应急物流信息系统一体化、应急物流技术及其标准一体化、应急物流指挥体系一体化、应急物流运作规范一体化、应急物流人员培训机制一体化等。

2. 军地物流一体化理论的发展

（1）萌芽状态。军地物流一体化的思想在我国古代建军理论中已经有所涉及。商周时期的著名军事家姜子牙认为，用于作战的器械、战具可以来源于老百姓日常使用的工具，并非一定由国家建造。我国近代著名军事理论家蒋百里提出的"全民后勤""生战一致"思想是该理论的雏形。

（2）初具雏形。改革开放后，军队在"大后勤"的思路下，开始借助社会资源，在军地联合物流方面进行了许多尝试。1984 年，邓小平同志希望"军队积极参与国家建设"，军地物流一体化的思想得到肯定；江泽民同志批示"军队后勤建设要走'投入较少、效益较高'的路子"，进一步加大了军队保障后勤社会化的力度；党的十六大提出的"建立三军一体、军民兼容、平战结合的联勤保障体制"成为后勤保障一体化的基本思路。军地物流一体化理论已初具雏形。

（3）快速发展。军队于 2004 年 7 月启动了"三军大联勤"体制试点，这是军队后勤保障体制发展的一次历史性跨越。"三军大联勤"体制[209]不仅打破了军队物流体系条块分割、效益不高的现状，而且整合物流资源，提高物流效率，形成了多项保障进行统一组织的新型物流体系。汶川大地震救援活动中，充分调动军地双方的物流资源，军地一体化的物流模式表现良好，军队和地方紧密合作，优势互补，取得了良好的救援效果，也大大推进了军地物流一体化理论发展的进程。

3. 军地物流一体化发展瓶颈

（1）军地双方物流运作目标存在差异，增加一体化难度。军事物流以完成军事后勤任务为目标。它以国防后勤保障为己任，属于军事性特殊任务。按上级命令完成任务是其追求的目标，它追求的是军事目标。普通物流以获取合理经济效益为目标。它以追求满足客户需求，准确、及时、安全地完成物流任务，从而获取合理经济效益为目标，主要追求的是商业目标。军事物流工作任务有较高保密性，在与普通物流的合作中既需确保安全和保密，又要考虑到成本因素，因此双方的合作存在着军事性与经济性的冲突，这种目标上的差异影响着军地物流一体化的进程。

（2）军地各方管理体制缺乏统一性，增加一体化难度。应急物流的组织实施涉及国家发展和改革委员会、交通运输部、民用航空局、国家能源局、民政部等多个主管部门，在物资储备调拨、灾区救援方面还涉及农业、卫生、商务等众多职能部门，是一项综合性极高的行动。应急物流包括公路、铁路、航空、水路和管道五种运输方式，多种运输路径，涉及军队、政府、社会等多方力量，协调难度相当大。受传统体制的影响，各职能部门都有各自的物流规划，在行业体制内封闭式运行，平时极少有互通和协调，军队尤其如此。因此，在应急物流合作中，各方对其他力量的特点和要求了解不足，资源重复建设和资源缺失现象共存且严重，资源很难实现科学配置。

（3）军地双方物流运作存在差异，增加一体化难度。普通物流企业是市场经济的产物，其物流活动是商业化运作，因此普通物流企业时时刻刻都在追求高效率和高收益，速度、效率、安全、柔性等要素是企业不断的追求和经营成败的关键。普通物流企业会引进最新物流理念，建立与时俱进的物流中心或配送中心，采用北斗、GIS、bar code、RFID、电子订货系统（electronic order system，EOS）、EDI 等最新的物流技术，在市场竞争中求变求新，努力改善物流服务水平以提高客户满意度。而军事物流深受计划经济体制的束缚，由国家军事机构主导，长期处于封闭物流环境中，求变创新动力不足。面对新的物流运作环境，军事物流在业务运作上不太适应高效经济的现代物流运作模式，因此两者在合作中必然存在不协调的地方。

（4）应急物流法规不健全，增加一体化难度。从世界各国的应急物流实践和经验来看，灾后有效高效地开展应急物流工作离不开健全的法律、法规、预案体系的保障。我国是世界上灾害最频繁的国家之一，更需要配套的救灾法律法规体系保障救援活动顺利有效地开展。但是从现有的应急物流法律制度建设来看，还没有专门的法律法规，相关应急物流的法律条款都散落在应急法律中，多头多口径，很难为应急物流活动提供健全的制度保障。只有建立完善的应急物流法律体系，才能做到突发灾难、事故应急救援活动的准确性、科学性。而且，从军队物流保障方面的规章制度看，现行后勤法规仅适用于军事物流管理，并不适用普通物流，因此，军地双方在应急物流实施过程中执行相关制度时会带来各自的风险。

4. 军地物流一体化的实现途径

将军队和政府、社会的物流资源有效整合形成一体化应急物流系统，建立风险共担和高效运作的军地一体化应急物流保障机制是提高特定时期应急物流资源整体利用效率和服务质量的必然选择。这样一个军地物流一体化应急物流系统至少需要构建三项内容：应急信息系统、应急指挥体系及应急运作体系。

（1）构建军地物流一体化应急信息系统。可靠准确的灾情信息、应急资源信息是应急物流活动的指南和保证。应急物流系统中的物流信息存在着很大的不确定性、不对称性和决策分散等因素，因此各方在信息的收集、处理、发布和反馈需要一个统一协调、军地一体化的信息平台。建立军民共用的包含应急物流信息资源平台、通信平台和相关数据库的应急信息系统，方能提供可靠准确的信息支持。军地一体化应急物流信息平台承担着灾情信息发布、灾害处理方案有限范围内公布、应急物资和应急物流资源信息共享、辅助应急物流决策、指挥和控制等任务。通过多方位、多角度的手段来采集和监控应急物资及应急配送等信息，并发布在可视化信息平台和发送给相关各方，可使指挥机构迅速、准确地掌握应急物流动态，物流运作各方可以迅速做出反应。

（2）构建军地物流一体化应急指挥体系。军地物流一体化应急指挥机构是整个应急物流体系的神经枢纽，是军地物流一体化下应急物流的快速实现的保证。构建包含军队和地方物流指挥人员的应急物流指挥机构，建立平战一体的指挥组织机制，充分指挥协调军队、地方政府、交通运输等部门物流资源，是形成军地一体化指挥体系的有效途径。一体化应急指挥机构的核心是"人"，因而专家库的建立是应急指挥活动能否有效高效运作的关键。应急物流指挥机构承担的职责至少包括以下内容：组织专家团队收集、分析、研究并及时发布灾情信息；分析、研究并预测灾区对应急物资的数量需求和结构需求；拟定可行性应急物流方案，并协调军地各级部门力量实施方案；对不断变化的灾情及时应对和处理；对应急救灾工作进行总结并不断完善等。

（3）构建军地物流一体化应急运作体系。通过一体化应急物流运作体系的建立，实现地方各种物流资源的有序整合和军地物流资源的融合，实现军地物流资源与保障力量在指挥体系的指挥下和信息平台的支持下实现一体化保障。应急物流运作体系主要包括应急物资采购体系、应急物资储备体系和应急物资配送体系三项内容。建立军地应急物资采购部门与物资供应商之间的动态供给合作关系，保持紧密联系，保证在发生突发事件时能够及时、充足地供应应急物资。构建国家、军队、地方、市场、家庭五位一体的军地一体化应急物资储备体系，整合多方力量有效保障应对突发公共事件的物资需求，并从国家发展战略出发，将国家和军队物资储备有机结合起来，优化配置、统筹规划、适当调整、综合布局，实现国家、军队物资储备方面的优势互补。充分运用整合军地双方的运输、装卸搬运、信息等设施设备技术，如军方的直升机、运输机，野战通信车、野战炊事车、野战医疗车，社会企业的自动化仓库、物流网点、物流软技术等，及时、准确地将相应物资配送到救灾点，发放给灾民。

2.2　应急物流网络理论

2.2.1　应急物流网络的内涵

不少国内外的相关学术论著从不同的侧面来界定物流网络的内涵。综合来看，学界达成共识的是：物流网络是物流过程中相互联系的组织与设施的集合[65]，是产品从供应地向销售地移动的流通渠道[66]。物流网络可由线路和节点两个因素来诠释，是线路和结点相互关系、相互配置而形成的网络[67]。从性质来看，物流网络包含物理层面的物流基础设施网络、物流信息网络和物流组织网络[68]。也就是说，物流网络是以物流基础设施网络为基，以物流信息网络为支撑，按物流网络组织模式运作的综合服务网络体系。

文献[70]认为应急物流网络是整合地方物流和军事物流资源，由物流组织网络、基础设施网络和信息网络有机构成的物流服务网络体系的总称。文献[98]认为，应急物流网络是在应急区域内重点建设若干个应急物流中心，通过应急物流信息网络联结周边应急部门、应急企业等；依托应急物流中心，实现区域内多个应急组织之间的协作，共同组织大范围专项或综合的物流活动，并通过连接各区域物流网络形成全国性的应急物流网络。文献[71]从区域角度给出应急物流网络的概念，认为它是能有效满足灾后救援人员和物资运输需求，并能最大限度承受灾害或突发事件预期破坏所产生影响的区域物流网络。

应急物流网络是复杂巨系统，从不同角度对它有着不同的诠释。如图 2.1 所示，应急物流网络是由来自军方、政府、社会和非政府组织（Non-Governmental Organization，NGO）等主体构成的网络，也是包含需求网络和供应网络两种不同物流方向的网络。从运输方式来看，它涵盖了公路、铁路、航空、水路和管道五种运输网络。同时它可以看成是市县范围、省级、国家、国际等不同空间规模的物流网络。基于系统理论，从物流系统构成角度，笔者认为应急物流网络是为满足应急物流需求，保障应急物流系统畅通运行，以物流基础设施网络为基础、物流信息网络为支撑和物流组织网络为必要条件有机形成的应急物流网络体系的总称。

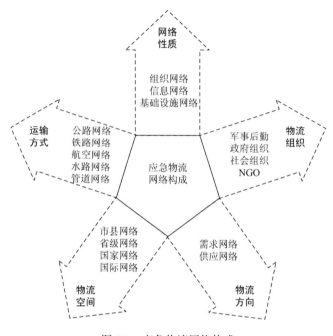

图 2.1　应急物流网络构成

　　应急物流是面向特定突发事件而进行的物流活动，因此应急物流网络是在常态物流网络的基础上选择和扩展网络节点、网络路线和网络规模的专门应对突发事件的网络，是特定时段专门建构的基础设施网络、信息网络和组织网络的总称。当某区域突发事件发生后，首先可以确定的是救援点集的基本范围（D 集），进而根据灾害性质、受灾规模、应急需求、应急供应能力等因素选择出救点集（O 集），根据常态物流网络特征和灾后内外部物流环境，选择应急物流中转站（T 集），即可以确定应急物流网络的基本框架。应急物流网络是搭载常态物流网络、引入非常态物流元素（如军方空运设备、政府储备库）而形成的临时应急物流平台，目的是保障高效有序地完成应急物流任务。

2.2.2　应急物流网络属性的数理描述

　　网络（network）在数学上是用图（graph）来描述的。图是点（节点，vertex

或 node）与线（线路，edge 或 arc）的集合。图通常分为无向图和有向图。无向图是由节点和不带箭头的"边"组成，表示为 $G=(V,E)$；有向图由节点和带箭头的"弧"组成，表示为 $G=(V,A)$。图各边（弧）赋予可以代表距离、费用、时间或容量等权的赋权图称之为网络或网络图。网络 $N=(V,E,C)$ 中，V 表示节点，E 表示边或弧，C 表示边或弧容量。

应急物流系统涉及应急物资的采购、供应、配送、运输、分发等多种活动，这些活动需要在应急物流网络中实现。应急物流网络的拓扑结构与功能结构在很大程度上影响着应急物流系统的运作效率效果。图论是研究网络的有效方法。应急物流网络模型可以用 $N=(V,S,T,A,C,F)$ 来表示，是含有 m 个节点的带权的应急物流网络。其中，$V=\{v_i \mid i=1,2,\cdots,m_1,m_1+1,m_1+2,\cdots,m_1+m_2,m_1+m_2+1,m_1+m_2+2,\cdots,m\}$ 为网络节点集，$S=\{v_i \mid i=1,2,\cdots,m_1\}$ 为应急物资供应点集，$T=\{v_i \mid i=1,2,\cdots,m_2\}$ 为应急物资需求点集，其他 $m-m_1-m_2$ 个节点为应急中转点集或其他中间节点集。$A=\{a_{ij} \mid i,j=1,2,\cdots,m\}$ 为弧集，a_{ij} 的容量为 c_{ij}，流量为 f_{ij}，$c_{ij} \in C$，$f_{ij} \in F$，流既可以是物流、信息流，也可以是组织流。应急物流网络中，流动单元不是随机的，需要根据流性质和需求点选择下一可行方向。

2.2.3　应急物流网络的特点

应急物流网络是应急物流系统的宏观架构，是为了保障应急物流任务的完成，基于常态物流网络的拓扑结构和功能而重构的结构更流畅、关系更紧密、功能更强大的物流网络。相比于常态物流，应急物流网络是开放与动态的、资源和信息充分共享的网络，是各方物流资源协同运作的、物理空间结构和组织关系高度统一的综合体。

（1）应急物流网络服务明确性。常态物流网络是随机网络，网络中流的流量、流向、流速取决于需求点的需求和供应点的供应能力，因此流量、流向是随机的。而在应急物流中，根据灾害信息，灾区救援点基本可以确定，所需物资的品种范围基本可以确定，从而可以大概确定供应点范围。正逆向物流、信息流和组织流的流向具有明确性。因此，应急物流网络中无论是物流、信息流还是组织流的流体、流向、流量、流程等都是相对明确且特殊的，都是与救灾相关的人员、物资、设备和信息等。

（2）应急物流网络结构虚拟性。在应急阶段，应急物流网络是以虚拟方式存在的紧密网络，一旦应急救援任务结束，即褪形于常态物流网络。在应急准备阶段，应急物流网络的设计是以应急物流任务为前提，主要是搭载常态物流网络要素基础上确定节点、选择线路、搭建信息平台和组织相关主体，从而快速构建应急物流网络，形成应急物流特有的拓扑结构和功能。网络结构具有很大的灵活性和柔性，可以根据应急任务动态调整、整合各项物流资源，以做出快速反应，提高应对能力和效率。

（3）应急物流信息网络先导性。应急物流网络是由信息共享平台和物流信息技术将应急物流网络各节点、各组织紧密联系在一起，可以对应急物流网络资源实现整合与调配的网络。没有信息化，应急物流网络无法支持对应急物流时间、流量、质量等特殊的高要求。依托应急物流网络化平台和信息化技术，可以共享、优化配置应急物流人、财、物资源，使得应急物流供应网链各方趋于同步协调运作。应急物流指挥中心基于信息化平台和技术动态、实时了解灾情，根据应急人员、物资与设备的分布、数量和能力等情况科学高效地做出物流决策和部署；资源供应链中的所有物流节点通过信息化技术实现数据共享、运作协同、无缝对接，形成有序、有效、高效的一体化应急供应链。

（4）应急物流组织网络特殊性。应对危机是政治任务，应急组织来源特殊而复杂。为了保障应急物流的时间和流量等要求，必须在一定要求和范围内更有效地组织物流组织资源，组建物流组织网络，并对应急资源进行优化配置。应急物流组织网络的构成组织一般包含政府、军方、社会和其他国内外相关组织，如中央到地方的各级国家物资储备库，拥有先进物流设施设备、具备应急应战能力队伍的军方，拥有先进软硬物流技术和成熟物流供应链运作体系的国内外物流组织等。应急物流组织上述主体，充分整合他们提供的资源，深化他们间合作，加强合作中协调，快速形成以救援为目的的优势互补的特殊物流组织网络。

2.3　应急定位-路径问题

2.3.1　LRP 的含义

与常态物流系统相似，在应急物流系统中，设施定位、物资配给和救援车辆路径设计等是应急物流能力优化的核心问题。学界也给予了较多关注，取得了较多成果。常态物流系统中的 LRP 是解决应急定位-路径问题（emergency location routing problem，ELRP）的重要基础。

（1）LAP 联合解决设施定位和物资配给两个问题。如图 2.2 所示，LAP 的实质是确定设施节点的位置、数量、规模和划分上下游节点的归属。即确定在何处设立中转设施，需建立多少中转设施以覆盖灾区所有客户需求；每个中转设施负责哪些客户点，从而实现资源的有效高效分配。LAP 一般以设施建设费用和设施为客户提供服务费用的总和最小为目标函数。

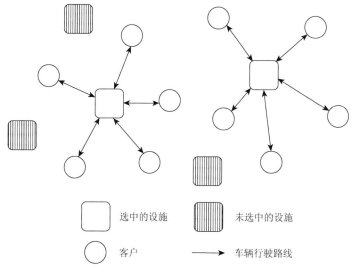

图 2.2　LAP 示意

（2）VRP 解决运输路线问题。如图 2.3 所示的示意图，VRP 的实质是解决运输方案制订、可行最佳路线的选择问题。为了将物资运至各客户点，在设施位置确定、客户点位置确定、道路情况已知、满足一系列约束条件（如车载容量、行驶最长里程、最长时间等）的前提下，确定车辆负责的客户点及服务这些客户点的先后顺序和行车路径。VRP 一般以车辆配送总里程最短或总成本最短为目标函数。

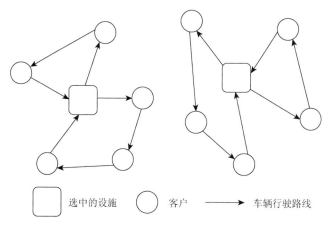

图 2.3　VRP 示意

（3）LRP。LAP 的优化在很大程度上影响着 VRP 的优化，而 VRP 的优化也同样影响着 LAP。因此，为了物流系统整体优化，有必要将相互影响、相互依赖的 LAP 和 VRP 结合研究，由此形成了如图 2.4 所示的 LRP。LRP 可描述为：为了使物流系统整体最优（如费用最少、效率最高、时间最短等），在给定客户点及其需求量、潜在中转设施的数量和位置、车辆的类型和数量等情况下，首先确定中转设施的数量及每个中转设施所服务的客户点，根据约束条件调度车辆，设计车辆行驶路径，配送物资至客户点的活动。即基于物流目标，在一定约束条件下，集成 LAP 和 VRP，实现设施节点的定位、物资配给和车辆路径设计的一体化运作。

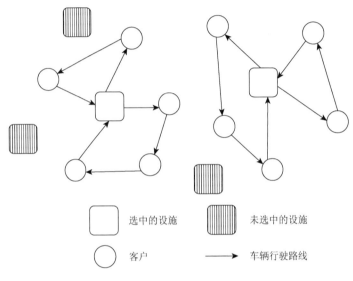

| 选中的设施 | 未选中的设施 |
| 客户 | 车辆行驶路线 |

图 2.4　LRP 示意

2.3.2　LRP 的基本模型

LRP 是 LAP 和 VRP 两个问题的合成，是典型的组合优化问题[157]。一般的，组合优化问题可以用式（2.1）所示的数理表述来描述[210]。

$$\min f(x)$$
$$\text{s.t.}\quad g(x) \geqslant 0, \quad x \in D \tag{2.1}$$

其中，$f(x)$ 为目标函数（以最小值目标为例）；x 为决策变量；$g(x)$ 为约束条件；D 为 x 的取值范围。其解域可表示为 $F = \{x | x \in D, g(x) \geqslant 0\}$，满足 $f(x^*) = \min\{f(x) | x \in F, x \in D\}$ 的可行解称为该问题的最优解 x^*。

在现实中，大量组合优化问题是从有限个状态中选取最好的状态，因此绝大多数的实际优化问题都是组合优化问题。

LRP 的核心内容是：在客户位置、数目和需求给定，潜在配送中心位置、数目和容量给定，车辆的类型、数目和容量给定的情况下，如何确定合适数目的配送中心，安排合理的配送路线[157]，分配合适数目的车辆，使得问题目标最优。基于系列假设条件，该问题可以通过建立数学模型、设计适用算法加以解决。

一般的，LRP 模型基于如下假设：①目标函数为单目标优化，通常是求物流总费用最小，物流总费用一般包括配送中心建设费用、运营费用、车辆运营费用等；②供应物资能满足每个需求点数量和时间需求，即能按客户要求准时供应给客户；③有多个潜在配送中心（中转站）供选择；④运输工具数量足够多，每个运输工具的容量大于运输路线上客户的总物资需求量；⑤只考虑每个客户有且仅由一个配送中心、一部运输工具提供服务；⑥每部运输工具只属于一个配送中心；⑦配送中心（中转站）、车辆有相同的容量约束；⑧配送中心（中转站）之间没有线路，即配送中心一旦被定位分配后只负责服务自己的客户，配送中心之间没有任务合作。

LRP 数学模型如下。

1. 模型符号及变量设计

S_1：潜在（配送中心）中转站集合。

S_2：客户点集合。

$S = S_1 \bigcup S_2$：节点集合。

K：运输工具集合。

q_i：客户 i 的需求量。

d_{ij}：节点 i 和节点 j 之间的单位运输成本距离，$i, j \in S$。

c_{ij}：节点 i 和节点 j 之间的单位运输成本，$i, j \in S$。

c_i^G：配送中心 i 的建设费用。

c_k^K：运输工具 k 的固定成本（假设运输工具类型一致）。

C_i^G：配送中心 i 的容量限制。

C_k^K：运输工具 k 的最大载重量。

TC：配送中心（中转站）建设费用，运输工具的固定费用和运输费用之和。

x_i，y_{ik}，z_{ijk} 为决策变量：

$$x_i = \begin{cases} 1, & \text{在}i\text{处设立配送中心(中转站)} \\ 0, & \text{否则} \end{cases}$$

$$y_{ik} = \begin{cases} 1, & \text{车辆}k\text{归属配送中心}i \\ 0, & \text{否则} \end{cases}$$

$$z_{ijk} = \begin{cases} 1, & \text{车辆}k\text{由节点}i\text{驶向节点}j \\ 0, & \text{否则} \end{cases}$$

2. LRP 的一般数学模型

$$\min TC = \sum_{i \in S_1} c_i^G x_i + \sum_{k \in K} \sum_{i \in S_1} c_k^K y_{ik} + \sum_{i \in S} \sum_{j \in S} \sum_{k \in K} c_{ij} d_{ij} z_{ijk} \qquad (2.2)$$

$$\text{s.t.} \quad \sum_{i \in S_2} \sum_{k \in K} d_i y_{ik} \leqslant C_j^G y_j, \quad \forall j \in S_1 \qquad (2.3)$$

$$\sum_{i \in S_2} \sum_{j \in S} q_i z_{ijk} \leqslant C_k^K, \quad \forall k \in K \qquad (2.4)$$

$$\sum_{i \in S} \sum_{k \in K} z_{ijk} = 1, \quad \forall j \in S_2 \qquad (2.5)$$

$$\sum_{i \in S} \sum_{j \in S_2} z_{ijk} \leqslant 1, \quad \forall k \in K \qquad (2.6)$$

$$\sum_{l \in S} z_{ilk} - \sum_{l \in S} z_{ljk} = 0, \quad \forall (i,j) \in S, \forall k \in K \qquad (2.7)$$

$$\sum_{k \in K} z_{rmk} - x_r + x_m \leqslant 2, \quad \forall (r,m) \in S_1 \qquad (2.8)$$

$$x_i \in \{0,1\}, \quad \forall (i,j) \in S_1 \qquad (2.9)$$

$$y_{ik} \in \{0,1\}, \quad \forall i \in S_1, \forall k \in K \qquad (2.10)$$

$$z_{ijk} \in \{0,1\}, \quad \forall i \in S_1, \forall j \in S_2, \forall k \in K \qquad (2.11)$$

式（2.2）为目标函数，目标是求由配送中心（中转站）的建设费用、运输工具的固定费用和运输费用之和最小；式（2.3）为配送中心容量约束，即每个配送中心所服务客户的物资需求量之和不能超过其容量；式（2.4）为运输工具载重约束，即每部运输工具所服务客户的物资需求量之和不能超过其容量；式（2.5）表示每个客户点有且仅由一部运输工具服务，即只属于一条线路；式（2.6）表示每部运输工具只服务于一条线路；式（2.7）是路线的连续约束，即车辆驶入的节点也是其驶出的节点；式（2.8）表示两个配送中心没有线路；式（2.9）、式（2.10）、式（2.11）为决策变量的取值约束。

应急物流系统中的 LRP 与常态物流系统中的 LRP 最大的不同在于其求解目标：应急物流系统中的 LRP 追求时间效益最大化、灾害损失最小化、物资流量最大化等多目标，而常态物流系统主要以成本最小化或利润最大化为求解目标。"成本最小化"目标是常态物流系统中的第一目标，但在应急物流系统中却不是优先目标。而且，在不同的应急救援阶段，应急物流系统中 LRP 的多个优化目标的重要程度会发生动态变化。

2.4　相关 LRP 模型求解算法

通常简单组合优化问题可通过枚举法求得最优解，但枚举是以消耗时间为代价的，而且对于复杂的组合优化问题，枚举法显得无能为力。面向具体问题寻求合适的算法工具，并设计出科学有效的算法是必要的，也是必需的。算法按求解精度分为精确算法和启发式算法。精确算法主要用于小规模问题的求解，可求得最优解，如整数规划法、分支定界法、割平面法和动态规划法等。相比于精确算法，启发式算法适用于大规模问题求解，虽然在精度上不占优势，但启发式算法可以在有限时间内找到满意的次优解或可行解。目前运用较多的现代启发式算法有 GA[137]、ACO[142]、模拟退火算法[131]、免疫算法[150]、粒子群算法[211]、禁忌搜索算法、鱼群算法、蜂群算法等[125]，其中 GA、ACO 及它们的混合/改进算法较多被学者们用来求解 LRP、VRP 等问题[163-165]。

2.4.1　GA

1. GA 基本原理

1975 年，Holland 教授提出 GA。GA 是一种全局随机搜索的优化算法，是基于达尔文的生物进化自然选择机理和孟德尔的遗传学机理而提出的。GA 的基本原理是：通过随机方式产生若干个染色体，即所求解问题的数学编码，形成初始种群；运用适应度函数评价每个染色体并选择适应度高的染色体进行交叉、变异等操作，从而产生下一代种群。与自然界相似，GA 对求解问题本身一无所知，仅对算法所产生的每个染色体进行评价，并基于适应度值选择染色体，使适应性好的个体有更多遗传机会。

GA 工作流程（求解步骤）见图 2.5，具体求解步骤如下。

步骤 1：初始化种群，即随机产生一个有确定长度特征字符串组成的初始种群。

步骤 2：计算种群中每个个体的适应度值。

步骤 3：评价算法是否满足终止条件。若没有满足，进入下一步；否则转步骤 6，输出满意解或最优解，算法结束。

步骤 4：按约定规则进行选择操作；按概率 p_c 进行交叉操作；按概率 p_m 进行变异操作。

步骤 5：生成下代种群，转步骤 2。

步骤 6：输出满意解或最优解，算法结束。

从图 2.5 可以看出，GA 采用适者生存的原则，在搜索过程中自动获取和积累相关搜索空间的信息，且自适应地调整、控制整个搜索过程以求得最佳方案。在 GA 的每一次迭代中，根据再造方法和染色体（个体）的适应度值选择优质染色体并进行繁殖从而产生新代，这个过程势必使得种群中个体获得进化，由此得到的新个体比原个体有更强的适应性。经过多年发展，GA 在组合优化、函数优化、自动控制、产生调度问题、机器学习等领域取得了令人瞩目的成绩，成为通过模拟生物进化过程搜索最优解的有效方法。

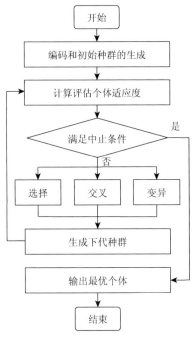

图 2.5 GA 工作流程

2. GA 基本术语

（1）个体（individuals）：解的编码，也叫数据、数组或位串，也称为染色体（chromosome）或基因型个体（genetic individuals）。在标准 GA 中，通常用十进制或二进制的一维串结构数据来表示。

（2）种群（population）规模：选定的一组染色体，或称为解，也叫群体。染色体的个数称为种群规模或群体规模（population scale），一般可取为 20～100。

（3）适应度值（fitness）：表明个体对环境的适应程度，即适应度值函数值。GA 适应度函数一般是由问题目标函数或目标函数的变形转换而得到。常见的适应度函数变形方法主要有三种：线性尺度变换、乘幂尺度变换及指数尺度变换。

（4）遗传算子（genetic operator），包括以下三种。

一是选择算子（selection operator）：选择就是从种群中淘汰劣质个体、选出优质个体的过程。选择操作是建立在对个体的适应度评估基础上，根据各染色体适应度的概率决定其子孙被遗传的可能性。目前选择算子主要有以下几种：轮盘赌选择

（roulette wheel selection）、最佳保留选择、随机竞争选择、无回放随机选择等。

这里所采用的轮盘赌选择法是一种回放式随机采样方法，是 GA 算法中最简单常用的选择方法。该法的思想是根据当前所有个体的适应度值及选择准则确定优质个体，作为父代进入下一代种群。各个体被选择的概率与其适应度值成正相关。如果种群规模为 M，染色体 i 的适应度为 f_i，则染色体 i 被选中的概率为 $p_i = f_i \big/ \sum_{j \in M} f_j$。染色体概率越高，其适应度就越大，就越容易被选择；反之亦然。轮盘赌选择法中，首先计算染色体选择概率，然后将其与一个[0,1]的随机生成数比较选择个体。经过多轮选择选出的个体即可进行后续的交叉变异操作。

二是交叉算子（crossover operator）：自然界生物进化过程中的两个染色体是通过交配重组而产生新个体。GA 中的交叉运算（crossover）就是模拟这个过程，对两个拟配对的父代染色体按某一交叉准则对其部分基因进行交换、重组，从而形成新个体。交叉又被称为重组（recombination），是产生新个体的主要方法，决定了 GA 的全局搜索能力。交叉操作是 GA 区别于其他启发式算法的重要特征，在 GA 中起着重要作用。

交叉算子是根据交叉概率对种群中的个体随机两两组合并交换两者部分基因，以期将有益基因进行组合。它的设计包括交叉点位置的确定和部分基因交换方法设计两部分内容。根据染色体编码方法的不同，交叉算子主要有实值类交叉算子和二进制类交叉算子。常见的交叉算子主要有：单点交叉（single-point crossover）、两点或多点交叉（two-point or multiple-point crossover）、均匀交叉（uniform crossover）、洗牌交叉（shuffle crossover）等。两点交叉是最常用的交叉算子之一。两点交叉操作方法：在两个个体串中随机设定两个相同位置的交叉点，交换两个体两个交叉点之间的部分结构，生成两个新个体，如表 2.1 所示。

表 2.1 两点交叉法运算示意（二进制）

交叉前		交叉点 1		交叉点 2
A	1 0 0 1 1	**1 0 1 1 0 0 1 0**		1 1 1 1 0 0
B	0 0 1 1 0	**0 0 1 0 1 1 1 1**		0 0 1 0 1 1
交叉后				
A′	1 0 0 1 1	**0 0 1 0 1 1 1 1**		1 1 1 1 0 0
B′	0 0 1 1 0	**1 0 1 1 0 0 1 0**		0 0 1 0 1 1

注：加黑部分是随机选中准备交叉的基因位

二进制编码是简单 GA 的编码方式，其交叉方式通常是随机选择交叉点。这里采用十进制编码方式。一条染色体包含应急中转站、车辆、救援点等不同性质的位段信息。如果采用上述二进制的交叉方式将导致基因的混乱无序及染色体长度的不一致，因而其交叉点只能在匹配位段进行。目前，适用于十进制编码方式的交叉算子主要的有部分匹配交叉法（partially matched crossover，PMX）、顺序交叉（order crossover，OX）、循环交叉（cycle crossover，CX）等[212]。以部分匹配交叉法来说明[213]：如表2.2所示的两个父代"A""B"，在相同性质位段随机产生两个交叉点，首先交叉两组染色体两个交叉点间匹配的基因位，获取的匹配关系为：5←→8，4←→1，6←→0，7←→9；分别交换映射基因码，然后再继承无映射基因码，即可得到两个新子代"A′""B′"。

表 2.2　部分匹配交叉法运算示意（十进制）

交叉前	交叉点 1		交叉点 2
A	1 2 3	**5 4 6 7**	8 9 0
B	3 7 2	**8 1 0 9**	5 4 6
交叉后			
A′	4 2 3	**8 1 0 9**	5 7 6
B′	3 9 2	**5 4 6 7**	8 1 0

注：加黑部分是随机选中准备交叉的基因位

三是变异算子（mutation operator）：GA主要是对生物进化过程中的遗传和变异现象进行模仿而实现寻优运算。变异就是模仿生物进化过程中变异对染色体的影响来生成新个体，基本思想是通过个体染色体编码串中部分基因座中的基因值以变异概率 p_m 变更为该基因座的其他等位基因，从而形成新个体[214]。变异算子的设计主要考虑变异点位置的确定和基因值替换方法的确定，基本内容是对群体中个体串的某些基因座上的基因值作变动。依据不同的染色体编码方法，变异算子主要有实值类变异算子和二进制类变异算子。下列变异算子适用于十进制编码：倒位变异、基于位置的变异、对换变异（基于次序的变异）、打乱变异等。选择倒位变异（逆转算子），即在性质相同编码串中随机选取一个子串以变异概率逆向排序生成新个体，如表2.3所示，将染色体"A"的子串"5467"变异为"7645"后，得到新的个体为"A′"。

表 2.3　倒位变异法运算示意（十进制）

变异前			
A	1 2 3	**5 4 6 7**	8 9 0
变异后			
A′	1 2 3	**7 6 4 5**	8 9 0

注：加黑部分是随机选中准备交叉的基因位

在 GA 中，变异运算虽说只是生成新个体的辅助方法，但却是必要步骤，因为它的运算决定着 GA 的局部搜索能力，这也是 GA 为何使用变异算子的原因。当 GA 通过交叉运算已接近最优解邻域时，利用变异算子的随机局部搜索能力可以加速向最优解收敛的速度。而且，变异算子的引入可以保持群体多样性，从而有效避免早熟现象的发生。交叉算子和变异算子相互补充，配合完成对搜索空间的全局搜索和局部搜索，从而完成最优化问题的寻优。

（5）自适应策略（self-adaptive strategy）。交叉操作在 GA 寻优中不可或缺，而变异操作是改善 GA 局部搜索能力和维持群体多样性的关键步骤，两者对 GA 有较大影响。例如，交叉概率 p_c 和变异概率 p_m 的取值情况就极大影响着 GA 的运算效果。如果取值过小，产生的新个体就少，抑制早熟的能力会变差；反之，虽能产生出较多新个体，但也可能破坏优良个体。自适应策略可以根据寻优阶段或寻优程度自觉调整交叉概率和变异概率，从而在不成熟收敛与优秀染色体被破坏两个问题间寻求解决办法。根据该思想，自适应交叉概率 p_c 和变异概率 p_m 见式（2.12）和式（2.13）。

$$p_c = \begin{cases} \alpha_1(f^{\max} - f^{i^m}) / (f^{\max} - f^{\text{avg}}), & f^{i^m} \geqslant f^{\text{avg}} \\ \alpha_2, & f^{i^m} < f^{\text{avg}} \end{cases} \tag{2.12}$$

$$p_m = \begin{cases} \alpha_3(f^{\max} - f^i) / (f^{\max} - f^{\text{avg}}), & f^i \geqslant f^{\text{avg}} \\ \alpha_4, & f^i < f^{\text{avg}} \end{cases} \tag{2.13}$$

其中，$f^{\max}$ 为当前群体中最优染色体的适应值；f^{i^m} 为两个交叉染色体中较大者的适应值；f^{avg} 为群体平均适应值；α_1，α_2，α_3，α_4 为小于或等于 1 的常数。当染色体适应度值小于平均值时，需要有较大的交叉和变异概率来改变较差染色体。因此，在设定参数值时，一般设 $\alpha_1 \leqslant \alpha_2$，$\alpha_3 \leqslant \alpha_4$[215]。

（6）终止规则。终止规则就是确定何时结束运算，常见的方法有以下几种。

一是事先确定进化代数。算法预设进化代数，当算法进化代数达到预设值，算法终止。预设代数一般为 100～500。

二是给定问题的边界。算法预估问题边界，当解落在边界偏差 $+\varepsilon$ 或 $-\varepsilon$ 范围内，算法终止。

三是适应度连续 n 代稳定在同一水平。最优个体的适应度和群体适应度连续 n 代稳定在同一水平，不再有继续优化或上升的表现时，算法终止。

3. GA 的特点

作为一种基于空间搜索的寻优算法，GA 呈现出以下特点。

（1）算法可行解表示的广泛性。通常，GA 是对种群中用参数或编码表示的基因个体为对象进行操作，而非以参数本身为对象进行操作，这就使得算法可以借鉴自然界中生物的遗传、进化等机理，运用染色体、基因等概念直接对生物学中的结构对象进行操作。

（2）算法中同时有多个搜索点并行搜索信息。传统的优化算法通常从单点开始寻优，很易陷入局部最优。而 GA 不同于传统优化算法之处在于，它是从问题解的编码组（种群）开始搜索，而非从单点开始，这样可并行搜索问题空间，有利于全局寻优，降低陷入局部最优的风险。

（3）GA 以适应度函数来引导搜索。GA 寻优是基于目标函数的适应度函数来评估个体，而非利用函数或其他方法来指导搜索。适应度函数几乎没有限制，不仅不受函数连续可微条件的约束，而且它的定义域也可以任意设定，对搜索空间也无特殊需求，这就使得 GA 的应用范围很广。

（4）GA 采用概率搜索技术。大多数传统的优化算法采用的是确定性搜索方法，即从一个搜索点转移至另一个搜索点需要先确定转移方法和转移关系，因而其搜索范围受限。GA 的选择、交叉、变异等都是基于一定概率进行运算，从而GA 搜索过程具有很好的灵活性，而且能迅速排除与最优解相差很大的解。

（5）GA 易于与其他技术混合。GA 的可扩展性使其易于改进，也易于与其他算法、技术混合。

作为优化算法，GA 仍存在诸多不足，如局部寻优能力较弱、易出现过早收敛、遗传操作不能够保证产生的新个体的优良率等。

2.4.2　ACO

ACO 由 Dorigo 教授等学者在蚂蚁群体寻找最短路径觅食行为中受到启发而提出的一种针对离散优化问题的元启发式算法[215]。蚂蚁系统（ant system，AS）是 Dorigo 等 1991 年以旅行商问题（travelling salesman problem，TSP）为例提出的第一个基本的 ACO 算法。ACO 的分布式计算特点使得算法稍加改进便能灵活应用于不同问题的求解，而且易于混合其他算法，因此 ACO 已经在人工智能领域获得较多关注。后续算法多是以 AS 算法为基的扩展 ACO 算法，如基于优化排序的蚂蚁系统（AS_{rank}）、蚁群系统（ant colony system，ACS）、精华蚂蚁系统（AS_{elite}）和最大-最小蚂蚁系统（max-min ant system，MMAS）等，这些扩展算法在求解质量或求解性能上都有所改进。

1. ACO 算法基本原理

（1）ACO 算法基本思想。生物学家通过研究，发现自然界中蚂蚁觅食是群体性行为。蚂蚁在寻找食物源时，会在其经过的路径上释放一种信息素，而且能够感知其他蚂蚁释放的信息素。路径上信息素浓度越高，对应的路径越短；反之，则距离越长。蚂蚁会优先选择信息素浓度较高的路径，从而形成正反馈，即越来越强的信息素浓度→越来越多蚂蚁选择该路段→越来越强的信息素浓度。最终，蚂蚁能够找到一条从巢穴到食物源的最短路径。

ACO 解决路径优化问题的基本思想：每只蚂蚁的行走路径表示待优化问题的可行解，群体蚂蚁的路径构成待优化问题的解空间。蚂蚁根据可选路段的长短和信息素强弱选择下一行进路段，直至走完所有路段，形成其行走路径。蚂蚁在较短的路段上释放信息素较多，随着较短路段上信息素浓度的增高，选择该路段的蚂蚁也越来越多。正反馈机制提高优秀解产生的概率，使算法能够在较少迭代次数和时间内找到局部最优解。通信机制提高蚂蚁个体间相互沟通与协作，有利于算法全局搜索。在正反馈机制和通信机制的作用下，群体蚂蚁会集中到最佳的路径上，该最佳路径即为待优化问题的最优解。

（2）ACO 算法工作流程。以 ACS 算法为例，工作流程（求解步骤）如图 2.6 所示。

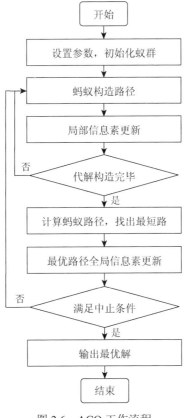

图 2.6　ACO 工作流程

步骤1：设置参数，初始化蚁群。

步骤2：每个蚂蚁构造路径。

步骤3：每个蚂蚁对走过的路进行信息素更新。

步骤4：代解是否构造完毕，或一次循环是否结束。若是，进入下一步；否则转步骤2。

步骤5：计算每只蚂蚁路径，找出最短路（最优路径）。

步骤6：最优路径全局信息素更新。

步骤7：算法是否满足终止条件。若是，进入下一步；否则转步骤2。

步骤8：输出满意解或最优解，算法结束。

2. ACO 常用算法

（1）AS 算法。ACO 最关键的策略是寻优策略与信息素更新策略。AS 算法是最早的 ACO，它的重要地位就在于它是大量改进 ACO 的原型。一般的，AS 算法中寻优策略表示为随机比例（random proportional）规则，它给出了位于节点 i 的蚂蚁 k 在 t 时刻选择节点 j 作为待访问城市节点的概率为

$$p_{ij}^k(t) = \begin{cases} \dfrac{\tau_{ij}^\alpha(t)\eta_{ij}^\beta(t)}{\sum_{s\in\Phi_i^k}\tau_{is}^\alpha(t)\eta_{is}^\beta(t)}, & j\in\Phi_i^k \\ 0, & \text{否则} \end{cases} \tag{2.14}$$

其中，$\tau_{ij}(t)$，$\eta_{ij}(t)$ 分别表示 t 时刻路段（弧）(i,j) 的信息素值、启发式信息值；α，β 两个参数分别决定信息素、启发式信息的相对影响力；Φ_i^k 代表位于城市 i 的蚂蚁 k 可以直接到达城市的集合。

经过一定时刻，m 只蚂蚁完成一次循环后，路段上信息素量根据式（2.15）进行更新：

$$\tau_{ij}(t) \leftarrow \tau_{ij}(t) + \Delta\tau_{ij} \tag{2.15}$$

其中，$\Delta\tau_{ij} = \sum_{k=1}^m \Delta\tau_{ij}^k$ 为本次循环中路段 (i,j) 的信息素增量，$\Delta\tau_{ij}^k$ 为第 k 只蚂蚁在路段 (i,j) 的信息素增量贡献。

（2）AS$_{rank}$ 算法。奥地利学者 Bullnheimer 等的实验表明，引入排序思想的 AS$_{rank}$ 算法性能相比于 AS 算法有显著提高。在该算法中，按照蚂蚁遍历路径的由短到长进行排序分级。只有至今全局最优的蚂蚁和本次迭代的前 $w-1$ 只蚂蚁才可以释放信息素。AS$_{rank}$ 算法信息素更新策略：全局最优蚂蚁所释放的信息素量和系数 w 相乘，以给出最强的反馈；本次迭代的前 $w-1$ 只蚂蚁所释放的信息素量分别乘以其排名系数，如排名第 r 的蚂蚁乘以 $w-r(\geqslant 0)$。其第 r 只蚂蚁第 t 次信息

素更新见式（2.16）：

$$\tau_{ij}(t) \leftarrow \tau_{ij}(t) + \sum_{r=1}^{w-1}(w-r)\Delta\tau_{ij}^r(t) + w\Delta\tau_{ij}^{best}(t) \tag{2.16}$$

其中，$\Delta\tau_{ij}^r(t) = 1/C^r(t)$，$C^r(t)$ 为第 r 只蚂蚁所走路径；$\Delta\tau_{ij}^{best}(t) = 1/C^{best}$，$C^{best}$ 为代最优路径。

（3）ACS 算法。1996 年 Dorigo 和 Gambardellar 提出 ACS 算法，进一步改善 AS 的性能。与 AS 算法相比，其改进主要体现在三个方面。

一是状态转移规则的改进。使用不同的状态转移规则（state transition rule），即具有双重功能的伪随机比例（pseudorandom proportional）规则，既可以进行倾向性探索，又可以利用蚂蚁的搜索经验等先验知识。引入参数 q_0 以调节探索新路径的程度和是否使蚂蚁的搜索活动集中于一个最优解的空间领域内。ACS 算法中蚂蚁选择城市 j 的规则为

$$j = \begin{cases} \arg\ \max_{s\in\Phi_i^k}\{\tau_{is}^\alpha(t)\eta_{is}^\beta(t)\}, & q \leqslant q_0 \\ J, & q > q_0 \end{cases} \tag{2.17}$$

其中，J 是根据 $p_{ij}^k(t)$ 产生出的一个随机变量；q_0 表示当前蚂蚁选择可能的最优移动方式的概率，它可以调节算法对新路径的探索度，$0 \leqslant q_0 \leqslant 1$；$q$ 是均匀分布的随机变量，$0 \leqslant q \leqslant 1$。

二是全局更新规则的改进。采用精英策略，全局更新规则只应用于最优蚂蚁的行走路径。AS 算法中的全局更新规则面向系统中所有蚂蚁；而在 ACS 算法中，每次循环后，仅对最优蚂蚁走过的路径执行信息素增强更新。由于挥发机制，其他路径的信息素会逐渐减少，这样就强化了最优路径，蚂蚁更倾向于选择最优路径中的路段，从而算法更快地收敛在最优解附近，提高了算法的搜索效率。

$$\tau_{ij}(t) \leftarrow (1-\rho)\tau_{ij}(t) + \rho\Delta\tau_{ij}^{bs} \tag{2.18}$$

其中，$\Delta\tau_{ij}^{bs} = 1/C^{bs}$，$C^{bs}$ 为全局最优路径；$0 \leqslant \rho \leqslant 1$，$\rho$ 为调节参数。

三是局部更新规则的改进。AS 算法仅在每次循环后进行全局更新。而在 ACS 中，蚂蚁每走过一个路段，就会更新该路段的信息素，从而避免蚂蚁收敛到同一路径，增加了探索其他路径的可能性。

$$\tau_{ij}(t) \leftarrow (1-\xi)\tau_{ij}(t) + \xi\tau_0 \tag{2.19}$$

其中，ξ 和 τ_0 为参数，$0 \leqslant \xi \leqslant 1$，$\tau_0$ 为算法初始路径上的信息素浓度。

3. ACO 算法的特点[216]

（1）系统性寻优。在 ACO 算法中，作为系统元素的蚂蚁行为体现了系统的

多元性和整体性。每只蚂蚁在每次迭代中均各自独立完成完整的寻优过程，体现了系统多元性特点；而蚂蚁在寻优过程中，相互间通过信息素沟通联系、传递经验进而指导蚂蚁群体搜索，体现了系统整体性特点。

（2）分布式计算。多只蚂蚁在问题空间的多点同时独立开始搜索，这种分布并行搜索大大地提高了算法运算能力和运行效率。由多只蚂蚁构成的蚁群，其搜索性能明显优于单只蚂蚁的性能，反映出较强的全局搜索能力和可靠性，问题的求解不会受部分个体的缺陷而受到影响。

（3）正反馈引导。正反馈即为用现在行为去引导未来行为。ACO 是通过信息素的不断更新来实现正反馈引导，通过调节不同蚂蚁释放的信息素引导蚂蚁未来的搜索方向和路径。例如，在 ACS 中，只增强最优蚂蚁所走路径的信息素浓度，以引导更多蚂蚁选择最优蚂蚁走过的路段或路径，以促进算法快速向最优解收敛。

（4）自组织搜索。自组织即为在没有外界作用下系统熵值不断增加，系统从无序到有序的过程。蚂蚁的寻优过程体现了这种自组织性：每只蚂蚁通过释放信息素来改变、感知周围环境，通过环境进行间接通信，不断调整自身行为，逐渐使所有蚂蚁行为方向驱于一致，即向最优解收敛。因为自组织性，所以对问题优化目标无严格的条件要求，这就大大增强了算法的鲁棒性。

ACO 算法从最初用于解决旅行商问题，已经陆续渗透到多个领域[217]：大规模集成电路设计、二次分配问题、车间调度问题、通信网络中的路由问题和研究对象之一的车辆调度问题等。但不可否认，作为优化算法，ACO 各种算法也有其自身缺陷，如初始参数的设置比较敏感、收敛速度较慢、容易出现停滞现象等。

2.4.3　GA-ACO 混合启发式算法

1. GA 与 ACO 混合的基本思想

尽管启发式优化算法在求解 NP-hard 问题方面有着传统精确算法无法比拟的优势，但单一启发式优化算法都有其应用的适用性和局限性，GA 和 ACO 也不例外。现有研究表明，采用混合或改进策略可以有效提升算法性能。

GA 和 ACO 同是基于群智能思想、通用性强、适应性广且易于同其他算法融合的新型优化算法。两种算法的独立性、自适应性、并行性等优点使得它们对组合优化问题能求得较满意解，但各自自身的缺陷导致其单一使用具有局限性。结合 GA 随机搜索方式、全局搜索能力强、早期搜索速度快、求解质量不高，ACO 的贪婪搜索方式、局部强搜索能力、后期搜索速度快、求解质量高等鲜明互补优势，克服两种算法各自的缺陷，混合两种算法以形成时间效率好、求解质量高的启发式算法。

2. GA 和 ACO 融合方案

两种算法的混合是为了优势互补、劣势规避。混合算法中，首先利用 GA 随机并行性在全局范围搜索，快速收敛使得解空间规模大幅度缩减，产生较优解；然后，将 GA 产生的较优解作为 ACO 的初始解，并转化为初始信息素；充分利用蚂蚁算法的并行性、正反馈机制及贪婪启发式搜索等特性进行局部搜索。ACO 信息素交流的强化，结合 GA 的变异思想，可以很好地防止算法陷入局部优化。混合后的算法在求解质量上优于 GA，在时间效率上优于 ACO。基于图 2.5 和图 2.6，即基于 GA 和 ACO 中的 ACS 算法给出 GA-ACO 的融合工作流程，见图 2.7。具体步骤可参见图 2.5 和图 2.6 给出的步骤。

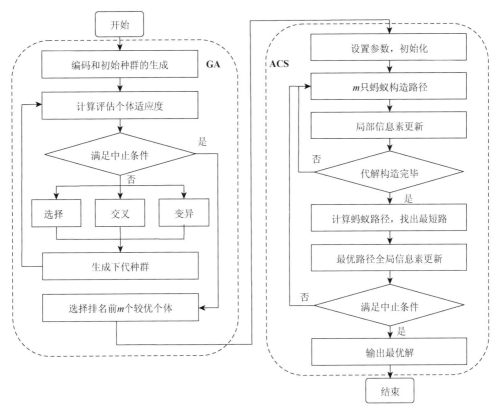

图 2.7　GA-ACO 算法工作流程

图 2.7 所示的 GA-ACO 算法的融合是最常见的融合方式。这种融合思想兼顾运算时间和求解质量。在算法运算过程中恰当处理 GA 和 ACO 的优劣势，避免早

期搜索时间长、易于陷入局部优化、全局搜索能力差的情况，也避免 GA 过早或过晚的停止运算和 ACO 的初始信息素的匮乏而导致求解质量不高的局面。GA 和 ACO 整体的融合为有效避免两者劣势提供了可能，也为求得更高质量的解提供了可能。

2.5　本 章 小 结

本章介绍了应急物流基础理论、应急物流网络理论、LRP 模型。对应急物流概念及属性特征，应急物流活性理论和军地物流一体化理论进行详细说明；阐明应急物流网络的内涵、应急物流网络属性的数理描述、应急物流网络的特点；阐述了 LRP 的含义和分解，给出了 LRP 的基本模型，阐明 ELRP 与常态 LRP 的典型区别；阐述了求解 LRP 的 GA-ACO 混合算法，分别给出两种算法各自的求解原理和基本求解步骤，也阐明了两种算法混合的基本思想及融合方案。本章内容为后续章节的研究提供理论框架和基础。

第3章 应急物流相关法律法规

3.1 应急物流法律法规建设概况

我国是社会主义法治国家，依法治国是我国一项长期而基本的国策。法律法规既是约束公民言行举止的行为规范，又是维护社会秩序、保障国家机器正常运作的有效手段。应急物流法律法规是指应急物流运作和管理的相关国家法律、地方（部门、行业）法规和配套规章制度体系等，对应急物流活动主要起到规范、激励、约束等作用。众所周知，应急物流系统在历次突发事件中都发挥了积极重要的作用，为国家应对突发事件和维护社会稳定做出了重要贡献。同时，我们也应该看到，我国应急物流水平尽管不断提升，但应急物流保障机制还不够，总体效率效果还是不尽如人意。其中一个重要原因就是应急物流法律法规体系建设相对滞后，已经成为应急物流发展的瓶颈之一。

法律法规在应急物流过程中的作用可以从宏观和微观两个方面来看。一方面，完善的应急法律体系可以保障在突发性自然灾害、突发性公共卫生事件、突发事故和重大险情后迅速完成应急物资筹措、采购、运输和配送，防止不法商人借机哄抬物价，扰乱社会秩序、市场秩序，保证应急物流全过程的实现，维护社会稳定；另一方面，法律法规可以规范和约束公民的言行，规定公民的权利和义务。何可为，何不可为都用法律条文形式固定下来，做到有法可依。一旦违法，必将严惩。目前，我国还没有专门的应急物流法规，其相关内容一般都融合渗透在有关突发事件应对的法律、法规和制度中。因此，加速建立健全应急物流法律法规体系，对推动我国应急物流健康发展具有深远意义。

目的能够规范应急物流活动的相关应急法律、法规及预案主要有：2007 年 8 月 30 日通过、2007 年 11 月 1 日起实施的《中华人民共和国突发事件应对法》；1997 年 12 月 29 日通过、1998 年 3 月 1 日起施行，后于 2008 年 12 月 27 日修订版通过、2009 年 5 月 1 日实施的《中华人民共和国防震减灾法》；2005 年 7 月 1 日实施的《军队参加抢险救灾条例》；1995 年 2 月 11 日通过、1995 年 4 月 1 日实施的《破坏性地震应急条例》；1998 年 12 月 17 日实施的《地震预报管理条例》；2002 年 1 月 1 日实施的《地震安全性评价管理条例》；2004 年 9 月 1 日实施的《地震监测管理条例》；2005 年 7 月 15 日实施的《中华人民共和国防汛条例》；2008 年 6 月 4 日实施的《汶川地震灾后恢复重建条例》；2005 年 1 月 26 日通过的《国家突发公共事件总体应急预案》，以及各地方政府《突发公共事件总体应急预案》等。

3.2　应急法律

3.2.1　《中华人民共和国突发事件应对法》

1. 《中华人民共和国突发事件应对法》的颁布

为了提高全社会依法应对突发事件的能力，及时有效控制、减轻或消除突发事件带来的严重社会危害，保护人民生命财产安全，维护国家安全、公共安全、环境安全和社会秩序，迫切需要一部规范应对各类突发事件共同行为的法律。因此，国家在认真总结应对突发事件经验教训、借鉴其他国家成功做法的基础上，于 2007 年 8 月 30 日第十届全国人民代表大会常务委员会第二十九次会议通过、自 2007 年 11 月 1 日起实施《中华人民共和国突发事件应对法》，以提高依法应对突发事件的能力。

《中华人民共和国突发事件应对法》共七章七十条，包括建立健全突发事件应急预案体系、建设城乡应急基础设施和应急避难场所、排查和治理突发事件风险隐患、组建培训专兼职应急队伍、开展应急知识宣传普及活动和应急演练、建立应急物资储备保障制度等方面内容。这是一部规范突发事件应对工作原则和预防与应急准备、监测与预警、应急处置与救援、事后恢复与重建等内容的重要法律，能够预防和减少突发事件的发生，有效控制、减轻和消除突发事件引起的严重社会危害，维护国家安全、公共安全、环境安全和社会秩序。

2. 《中华人民共和国突发事件应对法》中应急物流运行依据和规范

《中华人民共和国突发事件应对法》确立了包含应急物流管理在内的应急管理基本制度，是推动应急物流管理体系建设和完善的强大动力和基本法律。建立统一领导、综合协调、分类管理、分级负责、属地为主的应急物流管理体系是应急管理体制建设的重要内容。《中华人民共和国突发事件应对法》规范了突发事件应对中包含应急物流人财物资源的配置和管理，主要体现在以下几个方面。

（1）预防与应急准备。第二章"预防与应急准备"中明确国家应该建立健全突发事件应急预案体系，并实施应急演练。第十八条、第十九条明确应急预案制订的依据、总要求和内容。第二十四条至第三十二条明确了应急预案要求和内容，包括公共交通工具、公共场所和其他人员密集场所的经营单位或者管理单位制订应急预案、应急管理人员培训、专业应急救援队伍的组建、军地一体化的应急演练、应急物资储备保障制度的建立与完善等。

（2）监测与预警。第三章"监测与预警"主要明确突发事件中的信息系统的构建、监测制度、预警制度。第三十七条至第四十一条相关条款，明确建立统一的突发事件信息系统：信息收集制度，信息汇集、储存、分析、传输、会商和评估制度，互联互通和信息及时交流制度，并建立健全基础信息数据库，完善监测网络。第四十四条至第四十七条相关条款，明确进入相应预警期后，应急救援人员、物资、设施、设备、工具等确保处于良好状态并随时被调用。第四十五条中的"（六）转移、疏散或者撤离易受突发事件危害的人员并予以妥善安置，转移重要财产"要求应急物流在人、财、物、信息的配置、运作与管理等方面给予强大支持。

（3）应急处置与救援。第四章"应急处置与救援"的第四十八条至第五十七条，体现多项应急物流要求、处置措施，包括应急指挥与运作，应急救援人财物资源的征用，应急通道的疏通和管制，应急物资的调用、存储、运输和配送，救援点应急救援物资供应，灾民的疏散等。

（4）恢复与重建。第五章"事后恢复与重建"明确根据损失的评估制订恢复重建计划，修复公共设施，尽快恢复生产、生活、工作和社会秩序；查明原因，总结经验教训，制定改进措施，评估突发事件应对工作。

3. 各地区《中华人民共和国突发事件应对法》的落实

随着《中华人民共和国突发事件应对法》的出台，各省都纷纷制定符合地方实情的落地化办法。例如，2009 年 11 月 27 日，湖南省第十一届人民代表大会常务委员会第十一次会议通过《湖南省实施〈中华人民共和国突发事件应对法〉办法》；江苏省于 2011 年 12 月 9 日出台了《江苏省实施〈中华人民共和国突发事件应对法〉办法》；2012 年 5 月 30 日新疆维吾尔自治区第十一届人民代表大会常务委员会第三十六次会议通过《新疆维吾尔自治区实施〈中华人民共和国突发事件应对法〉办法》；2012 年 12 月 26 日上海市第十三届人民代表大会常务委员会第三十八次会议通过《上海市实施〈中华人民共和国突发事件应对法〉办法》等。

3.2.2　《中华人民共和国防震减灾法》

1. 《中华人民共和国防震减灾法》的颁布与修订

《中华人民共和国防震减灾法》是为了防御和减轻地震灾害，保护人民生命和财产安全，促进经济社会的可持续发展而制定，于 1997 年 12 月 29 日经第八届全国人民代表大会常务委员会第二十九次会议通过，自 1998 年 3 月 1 日施行。

　　汶川特大地震灾害发生后，全国人民代表大会、国务院对该法的修订工作高度重视，通过广泛征求意见、全面调查论证、深入分析研究，对防震减灾法律制度进行了全面的修改完善。2008 年 12 月 27 日，中华人民共和国第十一届全国人民代表大会常务委员会第六次会议审议通过了修订后的《中华人民共和国防震减灾法》，自 2009 年 5 月 1 日起施行。修订后的《中华人民共和国防震减灾法》的颁布实施必将对推进防震减灾工作、提高全面防震减灾能力、保护人民生命和财产安全、促进经济社会可持续发展发挥更加有力的保障作用。

2. 修订后的《中华人民共和国防震减灾法》中应急物流运行依据和规范

　　《中华人民共和国防震减灾法》共九章九十三条，规范了在中华人民共和国领域和中华人民共和国管辖的其他海域从事地震监测预报、地震灾害预防、地震应急救援、地震灾后过渡性安置和恢复重建等防震减灾活动。在第四章的"地震灾害预防"，第五章的"地震应急救援"，第六章的"地震灾后过渡性安置和恢复重建"和第七章的"监督管理"中的相关条款规范了应急物流活动。

　　（1）地震灾害预防。第四章"地震灾害预防"中，第四十一条提出，城乡规划应当合理确定应急疏散通道和应急避难场所，统筹安排地震应急避难所必需的交通、供水、供电、排污等基础设施建设。第四十二条指出，地震财政预算和物资储备中抗震救灾资金、物资的科学安排。第四十四条提出应当开展"地震应急救援演练"等。这些条款中关于应急物流活动的内容不可或缺。

　　（2）地震应急救援。第五章"地震应急救援"中，第五十条规范了地震灾害发生后的应急活动：抗震救灾指挥机构应当立即组织有关部门和单位迅速查清受灾情况，提出地震应急救援力量的配置方案；迅速组织实施紧急医疗救护，协调伤员转移和接收与救治；迅速组织抢修毁损的交通、铁路、水利、电力、通信等基础设施；启用应急避难场所或者设置临时避难场所，设置救济物资供应点，提供救济物品、简易住所和临时住所，及时转移和安置受灾群众，确保饮用水消毒和水质安全，积极开展卫生防疫，妥善安排受灾群众生活，等等。第五十一条规范了特别重大地震灾害发生后，国务院抗震救灾指挥机构在地震灾区成立现场指挥机构，并根据需要设立相应的工作组，统一组织领导、指挥和协调抗震救灾工作。各级人民政府及有关部门和单位、中国人民解放军、中国人民武装警察部队和民兵组织，应当按照统一部署，分工负责，密切配合，共同做好地震应急救援工作。第五十三条表明国家鼓励、扶持地震应急救援新技术和装备的研究开发，调运和储备必要的应急救援设施、装备，提高应急救援水平。第五十四条至第五十七条表明灾后需要建立一队多用、专兼结合、军地一体、国际合作的包括消防、医疗、物流等在内的地震灾害紧急救援队伍。

（3）恢复重建。第六章"地震灾后过渡性安置和恢复重建"部分包括地震灾害损失的调查评估，受灾群众过渡性安置、转移及物资的供应，交通物流通道、设施的恢复。

（4）监督管理。第七章"监督管理"部分明确"县级以上人民政府依法加强对防震减灾规划和地震应急预案的编制与实施、地震应急避难场所的设置与管理、地震灾害紧急救援队伍的培训、防震减灾知识宣传教育和地震应急救援演练等工作的监督检查。对地震应急救援、地震灾后过渡性安置和恢复重建的物资的质量安全的监督检查"。

3.3　应　急　法　规

3.3.1　《军队参加抢险救灾条例》

1. 《军队参加抢险救灾条例》的颁布

军队是抢险救灾的突击力量，执行国家赋予的抢险救灾任务是军队的重要使命。在新中国成立后的历次抢险救灾中，人民军队从来都是首当其冲，与人民群众一道共同筑起了抵御灾害的坚固长城。大部分应急物流队伍成员、应急物流设施设备来自军队，救援中的应急物流运作与管理，如抢救伤员、运送重要物资和灾民，抢修、疏通道路等都离不开军队的参与。2005 年 7 月 1 日起实施的《军队参加抢险救灾条例》，首次用法规的形式对军队参加抢险救灾的行动进行了规范，为军民共同减灾救灾提供了法律保证。

2. 《军队参加抢险救灾条例》中应急物流运行依据和规范

（1）抢险救灾任务。第三条对军队参加抢险救灾的主要任务进行了规范，即军队参加抢险救灾主要是担负解救、转移或者疏散受困人员，抢救、运送重要物资等突击性物流任务。

（2）军队资源调用。第四条至第五条规范了兵力、装备和相关部队资源的动用及应急指挥等相关规定。如动用军队兵力、直升机等装备参加抢险救灾，必须按照规定的批准权限和程序办理。在紧急情况下，地方人民政府可以直接向驻地部队提出救助请求，部队可以边行动、边报告。

（3）抢险救灾组织指挥。第六条至第七条明确了组织指挥规范。在人民政府领导下、军地联合、统一指挥，是我国抢险救灾工作的特色和重要经验。《军队参加抢险救灾条例》对这一行之有效的做法以法规形式固定下来，并对指挥机构、指挥关系、职责分工、协调配合等问题做了具体规范。

（4）预防预案。第八条至第九条明确了平时应急准备、训练要求。《军队参加抢险救灾条例》规定，部队在平时应当制定参加抢险救灾预案，开展救灾训练。

（5）行动保障。第十条至第十四条明确了军队行动保障。规定军队参加国务院组织的抢险救灾消耗由中央财政负担，军队参加地方人民政府组织的抢险救灾消耗由地方财政负担，地方人民政府为部队提供完成任务所必需的救灾专用设备、物资、器材保障和供给、医疗保障等。

3.3.2　《破坏性地震应急条例》

1. 《破坏性地震应急条例》的颁布

1995 年 2 月 11 日中华人民共和国国务院令第 172 号公布《破坏性地震应急条例》自 1995 年 4 月 1 日起施行。《破坏性地震应急条例》共七章三十九条，包括总则、应急机构、应急预案、临震应急、震后应急、奖励和处罚、附则，是在"以预防为主，防御和救助相结合的"的防震减灾工作方针指导下，政府和社会在破坏性地震发生前采取的紧急防御措施和地震发生之后采取的应急抢险救灾的行动计划。

2. 《破坏性地震应急条例》中应急物流运行依据和规范

（1）应急预案。第三章"应急预案"部分确定含抢险救援的人员、资金、物资准备等的应急预案内容。

（2）临震应急。第四章"临震应急"第二十条中的"在临震应急期，有关地方人民政府有权在本行政区域内紧急调用物资、设备、人员和占用场地，任何组织或者个人都不得阻拦；调用物资、设备或者占用场地的，事后应当及时归还或者给予补偿"解决了应急物流的"物"的优先处置权。第二十一条"在临震应急期，有关部门应当对生命线工程和次生灾害源采取紧急防护措施"为应急物流通道畅通提供了保证。

（3）震后应急。第五章"震后应急"指明震后应急期的起止时间、抗震救灾指挥部和防震减灾工作主管部门的职权。同时也明确震后应急期的主要应急任务为：交通、铁路、民航等部门应当尽快恢复被损毁的道路、铁路、水港、空港和有关设施，并优先保证抢险救援人员、物资的运输和灾民的疏散，其他部门有交通运输工具的，应当无条件服从抗震救灾指挥部的征用或者调用；民政部门应当迅速设置避难场所和救济物资供应点，提供救济物品等，保障灾民的基本生活，做好灾民的转移和安置工作，其他部门应当支持、配合民政部门妥善安置灾民等。

3.3.3　其他行政法规

1.　《地震预报管理条例》

中华人民共和国国务院令（第 255 号），1998 年 12 月 17 日发布并执行。包括总则、地震预报意见的形成、地震预报意见的评审、地震预报的发布、法律责任、附则，共六章二十四条。根据《中华人民共和国防震减灾法》，为了加强对地震预报的管理，规范发布地震预报行为而制定。

2.　《地震安全性评价管理条例》

中华人民共和国国务院令（第 323 号），自 2002 年 1 月 1 日起施行。包括总则、地震安全性评价单位的资质、地震安全性评价的范围和要求、地震安全性评价报告的审定、监督管理、罚则、附则，共七章二十六条。为了加强对地震安全性评价的管理，防御与减轻地震灾害，保护人民生命和财产安全而制定。

3.　《地震监测管理条例》

中华人民共和国国务院令（第 409 号），2004 年 6 月 4 日国务院第五十二次常务会议通过，2004 年 9 月 1 日起施行。根据《中华人民共和国防震减灾法》的有关规定，为了加强对地震监测活动的管理，提高地震监测能力而制定。包括总则、地震监测台网的规划和建设、地震监测台网的管理、地震监测设施和地震观测环境的保护、法律责任、附则，共六章四十条。

4.　《汶川地震灾后恢复重建条例》

中华人民共和国国务院令（第 526 号），《汶川地震灾后恢复重建条例》于 2008 年 6 月 4 日国务院第十一次常务会议通过，并自公布之日起施行。包括总则、过渡性安置、调查评估、恢复重建规划、恢复重建的实施、资金筹集与政策扶持、监督管理、法律责任、附则，共九章八十条。根据《中华人民共和国突发事件应对法》和《中华人民共和国防震减灾法》，为了保障汶川地震灾后恢复重建工作有力、有序、有效地开展，积极、稳妥地恢复灾区群众正常的生活、生产、学习、工作条件，促进灾区经济社会的恢复和发展而制定。

5. 《自然灾害救助条例》

《自然灾害救助条例》于 2010 年 6 月 30 日国务院第一百一十七次常务会议通过，2012 年 7 月 8 日国务院令第 577 号公布，自 2010 年 9 月 1 日起施行。包括总则、救助准备、应急救助、灾后救助、救助款物管理、法律责任、第七附则，共七章三十五条。主要目的是为了规范自然灾害救助工作，保障受灾人员基本生活。

上述条例的相关内容都直接间接地为应急物流规划，以及地震灾后应急物流活动的决策、计划、组织、运作等管理活动提供基础资料和现实依据。

3.4　应急预案

3.4.1　《国家突发公共事件总体应急预案》

1. 《国家突发公共事件总体应急预案》的颁布

编制突发公共事件应急预案，对于完善应急机制、体制和法制，提高政府预防和处置突发公共事件的能力，全面履行政府职能，构建社会主义和谐社会具有十分重要的意义。2005 年 1 月 26 日，国务院第七十九次常务会议通过并颁布《国家突发公共事件总体应急预案》，以及 25 件专项应急预案、80 件部门应急预案。全国突发公共事件应急预案体系包括：突发公共事件总体应急预案、专项应急预案、部门应急预案、地方应急预案、企事业单位应急预案、举办大型会展和文化体育等重大活动应急预案等。

2. 《国家突发公共事件总体应急预案》中应急物流运行依据和规范

（1）人力资源。4.1 节"人力资源"部分明确了包括应急物流队伍在内的救援队伍是应对突发公共事件的专业队伍和骨干力量。对于这支队伍的建设，需要加强业务培训和应急演练，建立联动协调机制，提高装备水平；动员各种社会力量参与，并能增进国际间的交流与合作，这就为应急物流队伍建设提供了依据。

（2）物资保障。4.3 节"物资保障"中要求"建立健全应急物资监测网络、预警体系和应急物资生产、储备、调拨及紧急配送体系，完善应急工作程序，确保应急所需物资和生活用品的及时供应，并加强对物资储备的监督管理，及时予以补充和更新"，为应急物资的"储""运""存"等主要环节的运作提供了基本依据。

（3）应急保障。第 4 章"应急保障"部分明确了支撑应急物流活动的预案要求"有关部门要按照职责分工和相关预案做好突发公共事件的应对工作，同时根据总体预案切实做好应对突发公共事件的人力、物力、财力、交通运输、医疗卫生及通信保障等工作，保证应急救援工作的需要和灾区群众的基本生活，以及恢复重建工作的顺利进行"。

（4）交通运输保障。4.6 节"交通运输保障"则指出"要保证紧急情况下应急交通工具的优先安排、优先调度、优先放行，确保运输安全畅通；要依法建立紧急情况社会交通运输工具的征用程序，确保抢险救灾物资和人员能够及时、安全送达；根据应急处置需要，对现场及相关通道实行交通管制，开设应急救援'绿色通道'，保证应急救援工作的顺利开展"。这两款内容为应急物资的"运输""配送"两个主要环节的运作提供了基本依据和保障。

3.4.2　《江苏省突发公共事件总体应急预案》

1. 《江苏省突发公共事件总体应急预案》的发布

2005 年 10 月 14 日，江苏省政府第五十四次常务会议审议通过并施行《江苏省突发公共事件总体应急预案》（苏政发〔2005〕第 92 号）。《江苏省突发公共事件总体应急预案》是江苏省处置突发公共事件的总纲。包括总则，组织指挥体系与应急联动体系，预测、预警，应急响应和处置，保障措施，后期处置，教育、演习和监督管理，附则，共八个部分内容。根据《国家突发公共事件总体应急预案》，结合江苏实际，目的是为了全面提高江苏处置各种突发公共事件和风险的能力，预防和减少自然灾害、事故灾难、公共卫生事件、社会安全事件和经济安全事件及其造成的损失，保障人民群众生命财产安全，保持社会稳定和促进国民经济持续快速健康协调发展。

2. 《江苏省突发公共事件总体应急预案》中应急物流运行依据和规范

（1）应急响应和处置。第 4 章"应急响应和处置"4.3 节明确"一旦发生特别重大或重大突发公共事件，省应急指挥中心立即启动总体应急预案和相应的专项应急预案，进行抢险救助、医疗救护、卫生防疫、交通管制、现场监控、人员疏散、安全防护、社会动员等基本应急工作。应急、恢复与减灾行动需要同时进行的，必须协调行动"。

（2）保障措施。第 5 章"保障措施"中，细化应急物流在人财物多方面的运作规范。

一是 5.1 节明确含应急物流队伍的应急队伍保障组建。

二是 5.3 节明确物资储存、调拨、供应、配送等应急物流活动的规范与分工合作。"结合城市物流业的发展，合理建设应急物资的储备网络。""省发展改革、经济贸易等综合管理部门负责组织、协调救灾物资的调拨和紧急供应，省经济贸易部门负责组织协调突发公共事件应急救治药品、医疗器械、医疗防护用品、消毒产品的生产供应和储备，省食品药品监督管理部门负责对应急救治药品、医疗器械实施监督管理，保证所用药品、医疗器械的安全有效，省粮食行政管理部门负责粮食的应急供应。应急处置工作中救灾物资的调用，由省应急指挥中心和现场指挥部组织协调，各相关职能部门负责实施。""省各有关部门要建立健全救灾物资储存、调拨和紧急配送系统，确保救灾所需的物资器材和生活用品的应急供应。加强对应急储备物资的监督管理，及时予以补充和更新。与其他省（市、区）和地区建立物资调剂供应渠道，以便需要时能迅速调入救灾物资。必要时，可以依法及时动员和征用社会物资。""各市、县（市、区）人民政府应根据有关法律、法规和应急预案规定，做好物资储备工作。"

三是 5.5 节"交通运输保障"中明确"发生特别重大或重大突发公共事件后，省公安、交通、建设、铁路、海事、航空等部门负责应急处置交通保障的组织、实施。要及时对现场和相关通道实行交通管制，组织开通应急救援'绿色通道'，负责交通工具的保障，确保救灾物资、器材和人员的紧急输送。道路、市政设施受损时，要迅速组织有关部门和专业队伍进行抢修，尽快恢复良好状态。相关地区应协助做好应急交通保障工作"。

四是 5.7 节"人员防护"。"结合城市广场、绿地公园等的建设规划和地下空间开发利用规划，设置必要的应急疏散通道和避难场所。发生特别重大或重大突发公共事件后，按照紧急撤离、就近疏散、避开危险的要求，立即最大限度地启用避难场所。避难场所必须具备两条以上的应急疏散通道，时刻保持畅通，同时具备应急供水、供电、住宿等生命保障基本设施。应急疏散、避难场所应当设立应急标志。防护工程和生命保障基本设施出现故障后，必须及时修复，切实保护被疏散、避难人员的生命安全。""地下人防设施由省、市人防部门负责，避难场所所需的通信设施由省、市电信运营企业负责，供水由当地市政部门负责，供电由省、市电力公司负责，医疗救护由省、市卫生部门负责，生活保障由省、市商贸部门负责。""各级政府有关部门要为涉险人员和应急救援人员提供符合要求的安全防护装备，采取必要的防护措施，严格按照程序开展应急救援工作，确保人员安全。"

　　五是 5.10 节表明"发生特别重大或重大突发公共事件后，省应急指挥中心利用现场救援和工程抢险装备信息数据库，快速准确调度，在最短时间内，把各类现场救援和工程抢险装备组织到最有效部位，迅速开展应急处置工作。根据应急处置需要，对现场救援和工程抢险装备进行科学合理调配"。

3.4.3　《江苏省地震应急预案》

1.《江苏省地震应急预案》的发布

　　2006 年 7 月 10 日省政府办公厅印发的《江苏省地震应急预案》，2014 年 3 月 20 日江苏省人民政府办公厅印发修订的《江苏省地震应急预案》（苏政办发〔2014〕26 号）。该预案是江苏省依据《中华人民共和国突发事件应对法》《中华人民共和国防震减灾法》《江苏省防震减灾条例》《江苏省实施〈中华人民共和国突发事件应对法〉办法》等法律法规及规章，以及《国家地震应急预案》《江苏省突发公共事件总体应急预案》等预案，并结合江苏省情而制定。修订的《江苏省地震应急预案》最大亮点是规定了特别重大地震由江苏省抗震救灾指挥部统一领导、指挥和协调灾区地震应急工作，而以往这种地震是国家级负责指挥。"地震救援的黄金时间是震后 24 小时，这样的属地管理方式，处置会更快捷，为抢救生命赢得时间。"

2.《江苏省地震应急预案》中应急物流运行依据和规范

　　（1）组织体系。第 3 章"组织体系"3.1.1 节中明确指挥部成员包括"省交通运输厅、民航江苏安监局、江苏海事局、上海铁路局南京办事处、上海铁路局徐州办事处等部门和单位的负责同志组成"。3.1.5 节中明确省抗震救灾指挥部专家组成员包括"交通运输行业及高校从事突发事件应急处置和相关科研工作的专家"。3.2 节中明确省抗震救灾现场指挥部根据抗震救灾工作需要，设立包括物资供应、灾民安置等方面工作的工作小组。
　　（2）应急响应。第 4 章"应急响应"，根据地震级别，分别阐明应急响应内容和要求。以"4.1 节特别重大或重大地震灾害应急响应"为例，说明应急物流运行依据和规范。4.1.4 节"指挥协调"中明确"派遣省地震灾害紧急救援队、公安消防队、矿山和危化品救护队、水上搜索救援队等各类专业抢险救援队伍，协调驻江苏部队及民兵、预备役部队，赶赴灾区抢救被压埋人员和被困群众。迅速组织医疗卫生救援队伍，开展伤员救治；协调伤员的转移、接收与救治；组织开展卫生防疫，预防和控制传染病疫情的发生"。"迅速组织工程抢修抢险专业队伍，修复毁坏的公路、铁路、航空、航运、水利、供水、供电、供热、燃气、通信、广播电视等基础设施。""灾区市、县（市、区）人民政府迅速启用地震应急避难场所，设置临时住所和救灾物资供应点，组织转移和安置灾民；迅速启用救灾准备金和各类救灾物资，保障灾民食品、饮用水等基本生活需求。"4.1.5 节"应急处置"中，明确了救援队伍的构成，受灾群众的安置与救助，救援物资的接收和安排等；交通运输通道的通行保障，开辟救灾绿色通道，保证救灾队伍和车辆通行。协调组织应急救援运力，确保救援队伍、应急救援物资及时运达和灾民转移的运输需求。特别在"人员安置"部分，明确各厅、各局的具体任务至可执行。

（3）恢复重建。第 5 章"恢复重建"部分，尽管应急物流的"应急"功能弱化，但仍肩负着重要的各种重建物资、人员的物流任务，以帮助灾区尽快恢复生产经营。

（4）应急保障。第 8 章"应急保障"中，8.1 节明确"省发展改革委、省经济和信息化委、省民政厅、省商务厅、省食品药品监管局、省国资委等部门按照国家和省政府有关规定储备抗震救灾物资，建立健全应急物资储备网络和生产、调拨及紧急配送体系，保障地震灾害应急工作所需生活救助物资、医疗器械和药品等的生产供应。市、县（市、区）人民政府及其有关部门根据有关法律法规，做好应急物资储备工作，并通过与有关生产经营企业签订协议等方式，保障应急物资、生活必需品和应急处置装备的生产、储备与供给"。8.2 节"救援队伍"明确"省有关部门，驻苏解放军、武警部队，市、县（市、区）人民政府加强地震灾害紧急救援、公安消防、陆地搜寻与救护、核事故应急救援、水利工程应急抢险、矿山和危化品救护、医疗卫生救援等专业抢险救灾队伍建设，配备必要的物资装备，经常性开展协同演练，提高共同应对地震灾害的能力"。8.4 节"避难场所"明确"市、县（市、区）人民政府及有关部门，利用广场、绿地、公园、学校、体育场馆等公共设施，因地制宜设立地震应急避难场所，统筹安排必需的交通、通信、供水、供电、排污、环保、物资储备等设备设施。制定应急避难场所运行方案，并组织演练"。"已建成的避难场所，要明确责任主体，加强日常管理、维护，定期检查物资、应急设施、设备等，确保正常使用。""学校、医院、影剧院、商场、酒店、体育场馆等人员密集场所要设置地震应急疏散通道，配备必要的救生避险设施，保证通道、出口的畅通。有关单位定期检测、维护报警装置和应急救援设施，确保正常使用。"8.5 节"基础设施"中，明确"省公安厅、省交通运输厅、上海铁路局南京办事处、上海铁路局徐州办事处、民航江苏安监局、省海洋与渔业局等部门协调建立公路、铁路、航空、水运紧急运输保障体系，加强统一指挥调度，采取必要的交通管制措施，建立应急救援'绿色通道'机制"。

3.4.4　《江苏省交通厅地震应急预案》

1. 《江苏省交通厅地震应急预案》发布

2008 年 10 月 1 日,由江苏省交通厅发布《江苏省交通厅地震应急预案》,目的是为了及时、有效应对破坏性地震,建立健全交通突发事件应急体系和运行机制,规范应急救援行动,最大限度地减轻地震灾害带来的损失,确保交通安全、畅通。编制依据为《江苏省地震应急预案》和《江苏省公路、水路交通突发公共事件总体应急预案》等。

2. 《江苏省交通厅地震应急预案》中应急物流运行依据和规范

《江苏省交通厅地震应急预案》适用于江苏省境内包括近海海域发生地震灾害事件时交通部门的应急处置工作。该预案从总则、组织机构及职责、预警预防与信息报送、应急响应和处置、后期处置、应急保障、宣传培训与演习、附则八个部分规范、明确了突发事件中交通运输的应急体系和运行机制,因此它是应急物流最直接的运行依据和规范。《江苏省交通厅地震应急预案》涵盖水路、公路、铁路、航空、管道立体的五大运输方式相关部门和单位在应对突发事件中的分工、职责。《江苏省交通厅地震应急预案》作为江苏省交通部门应对地震灾害的专项预案,定位准确,内容完整,特色鲜明,较好地贯彻了《江苏省地震应急预案》和《江苏省公路、水路交通突发公共事件总体应急预案》的有关要求,体现了江苏交通的实际情况,具有较强的指导性和可操作性。

3.5　本　章　小　结

应急物流法律法规可以规范个人、社团和政府部门在非常时期法律赋予的权力、职责和应尽的义务;同时也规范特殊人群在特殊时期、特殊地点的活动秩序和公正待遇,从而确保应急物流活动顺畅开展。应急物流在突发事件中的积极作用显而易见,但应急物流保障机制的缺陷和不完善也很明显。从本章所介绍的法律法规和预案可知,其中一个重要原因就是由于我国尚未建立相关应急物流的法律法规,应急物流可以依据的法规大都分散在国家的应急管理法规体系中,这是制约应急物流运作的主要障碍之一。

2014 年 12 月 8 日,国务院办公厅出台《国务院办公厅关于加快应急产业发展的意见》(国办发〔2014〕63 号)。该意见出台后,国家发展和改革委员会结合将应急物流工程列为十二项重点发展工程之一的《物流业发展中长期规划（2014—2020 年）》，正在积极开展物流规划方面的工作，同时也在积极组织编制应急物流发展规划。《国务院办公厅关于加快应急产业发展的意见》在宏观层面指出，要围绕提高突发事件防范处置的社会化服务水平，创新应急服务业态。在社会化救援方面，发展紧急医疗救援、交通救援、应急物流等应急服务。制度建设层面，《国务院办公厅关于加快应急产业发展的意见》指出需要完善应急避难场所、交通基础设施等应急设施设备配置标准，完善各类应急救援基地和队伍的装备配备标准，健全应急产品实物储备、社会储备和生产能力储备管理制度。在运作层面，《国务院办公厅关于加快应急产业发展的意见》要求国家发展和改革委员会同有关部门加强应急仓储、中转、配送设施建设，提高应急产品物流效率。针对当前我国应急管理法规本身尚未健全的客观现实，《国务院办公厅关于加快应急产业发展的意见》为我国应急物流体系从运输、信息、储备等基础设施到政策、制度、管理、运作等指明了明确的发展方向。采取系统规划、逐步完善的方法，从宏观层面、管理层面和运作层面稳步、全面推进我国应急物流法规建设，为应急物流提供坚实的法制保障。这必将推动我国应急物流健康发展，提高应急物流效率效果。

应急物流系统是国家应急管理系统中的一个子系统，其建设是在国家应急管理系统框架之内。应急物流法规本质上就是国家应急管理法规体系在保障应急物流系统运行方面的具体体现，是在国家应急管理法规体系中应急物流运作可以作为法规支撑和必须遵守的法规的集合，因此应急物流的法规建设也必须依托、融合于国家应急管理法规体系之中。

第4章　应急物流能力构成体系研究

应急物流能力是灾难损失程度的重要影响因素之一，是应急能力的重要组成部分。提高应急物流能力，需要对其构成进行全方位剖析，找到关键能力及其提高的关键点和落脚点，以提升节点物流能力、局部 OD 对综合物流能力及应急物流整体能力。从不同视角看，应急物流能力的构成不同，所捕捉到的能力点自然也不一样。阐述应急物流能力的概念，并从要素、网络、效果三个视角剖析了应急物流主要能力点；基于要素和效果视角的应急物流能力点，运用 FAHP 构建含应急物流系统投入、物流运作管理和物流效率效果的评价指标体系来描述应急物流能力的构成体系；建立基于三角白化权函数的 GEM 分析汶川、青海、芦山地震中应急物流能力，评价具体灾害事件中应急物流关键能力点、模块能力和综合能力水平，同时检验应急物流能力构成体系的完整性和科学性。

4.1　应急物流能力的含义

应急物流能力是灾难损失程度的重要影响因素之一，是应急能力的重要组成部分。灾害发生前后，应急物资与救援人员的运入，受灾群众转移、死者安葬、卫生防疫、灾后重建等都依赖于强大、柔性的应急物流能力。海地 7.0 级地震导致 20 多万人死亡，而智利 8.8 级地震仅夺走几百人生命；日本 9.0 级地震加海啸、核辐射的死亡人数不到 3 万人，而 8.0 级的汶川地震的死亡人数达到8 万，其间差异与应急物流能力的强弱密切相关。文献[52]认为，应急物流能力是特定的应急物流系统，是从应急需求分析与确认、应急物资采购与分拣、应急物资的配送与运输及交付应急客户的全过程中，在响应时间、响应速度、物流成本、订单交付准时性和可靠性等方面的综合反映。文献[57]认为，应急物流能力是为了有效应对突发性灾害事件带来的损失，采取救援性活动，对所需救灾物资从需求的分析、筹集、分拣、运输一直到送达到灾害现场的全过程中，在响应时间、响应速度和送达可靠性等方面的综合反映。笔者认为，应急物流能力是借助信息技术和管理技术，科学配置物流资源、强化物流运作管理，整合从应急需求分析与确认、应急物资筹措与采购、储存、运输、分发到交付给应急客户的全过程物流活动，以在物流响应时间、速度、流量、成本、柔性等方面满足应急需求的能力。

4.2　应急物流能力点分析

从上述学者给出的定义可以看出，应急物流能力构成涉及物流的资源配置、功能表现和运作管理，也可描述为在应急效果上的综合反映。应急物流能力点，即为形成应急物流综合能力的单个物流要素的能力、单个物流功能或活动的能力或单项物流效益所反映的能力等。没有能力点能力的提高，就没有模块能力的提高，更没有综合能力的提高。应急物流能力的提高是系统工程，需要对其进行系统分析、全方位剖析，找到能力提高的潜力、能力点和落脚点，进而提升应急物流综合能力。从不同视角看，应急物流能力的构成不一样，所捕捉到的能力点自然也不一样。

4.2.1　应急物流要素能力点

应急物流要素能力点包括有形要素能力和无形要素能力。

（1）有形要素能力。包括物流基础设施，如车站、机场、码头、管道、道路等；物流设备工具，含运输类设备、仓储类设备、装卸搬运类设备、流通加工类设备、包装类设备、集装类设备等；物流信息平台与技术，含物流公共信息平台、车联网、物联网、网联网、GIS 技术、全球定位系统（global positioning system，GPS）技术、北斗定位技术、RFID、EDI、物流软件等；物流组织成员，包括政府、军方和社会组织等有形物质或人力资源能力，是有形、硬件资源在数量、容量、可得性、生产率等方面的能力体现。

（2）无形要素能力。主要是指应急物流运作管理能力。从物流功能视角来说，无形要素能力主要包括运输、储存、配送、流通加工、装卸搬运、包装、信息处理七个物流基本功能的个体能力与一体化运作能力；从管理视角看，无形要素能力是应急物流活动中的调研、决策、计划、指挥、组织、协调与优化等综合运筹管理能力；从运作视角看，它是根据现有物流资源，设计布局应急物流供需网络，进行应急物流节点选址，进行应急运输方式选择与线路设计、应急物流资源优化配置、应急物流活动组织的能力。

4.2.2　应急物流网络能力点

应急物流网络从要素性质视角看，既是由节点、路段、路径（OD 对间通道，由若干节点和路段组成）组成的网络，也是由物流基础设施、信息化技术、物流组织组成的网络。两类性质的网络互相包含、相互渗透。基础设施能力包含节点基础设施、路段基础设施和网络基础设施等能力，节点能力包含节点基础设施、节点信息化平台和技术、节点组织等能力。应急物流网络能力则是从出救点集合到救援点集合的路网中，基础设施网络、信息网络和组织网络在空间、功能和流程上的耦合能力与综合能力。其能力点包含节点能力、路段能力和网络能力。

（1）节点能力是应急物流系统中物资储备库、紧急物资供应点、应急中转站、灾区物资接收与分发点等的信息平台与技术能力、容量管理能力、流量管理能力、物流业务能力、衔接运输方式能力及柔性能力等。

（2）路段能力包括海陆空路段路径可得性、可选性、通达能力与衔接能力。陆地路段环境状况（如两侧建筑物密度与高度、交叉路口的数量与宽度、车道数量与宽度、桥梁与隧道通行情况等）、路段容量与最大最小通行能力及毁损路段的修复能力等，航空、水运的航线网络、航线可选性、航线容量、环境状况及航线的鲁棒能力等都是衡量路段能力的重要内容。

（3）网络能力是指从应急供应点集到需求点集间的由节点、路段和路径组成的航空、水路、铁路、公路耦合的立体网络能力。它是体现 OD 集合基于最终应急物流需求，应急物流供应链网络在资源筹集、分配、物流组织方面的集成一体化能力。

4.2.3　应急物流效果能力点

应急物流能力强弱的最终评判是其能否在灾后物流环境下，利用现有、有限物流资源和条件，快速、准确、低成本地将应急物资、人员配送到救援区域，满足骤增的物流需求，实现救灾减灾目的。时间能力、流量能力、成本能力和柔性能力是从应急效果角度衡量应急物流能力构成的重要内容。

（1）时间能力。时间能力即为时间最短化能力。快速反应、时间效益最大化是应急物流的核心能力。由于思想上、组织上、行动上的"绿色通道"，应急物流在路段及各节点的时间效率都有不同程度的提高，应急物流时间会大大缩短。突发事件发生时，出现道路阻塞、中断及修复等情况的概率较大，所以会增加非常态的物流时间。路段群、路径的时间最小化能力综合反映了物流基础设施、物流装备技术、物流信息化技术、物流指挥组织运作、物流预警的快速反应和应对的水平及能力。从救灾响应过程看，时间能力主要体现在应急物流供应链三个阶段：①响应阶段。该阶段时间能力主要反映在从获知灾害事件发生的消息到启动应急物流预案的快速响应能力，也是应急物流人、财、物各类资源组织方案确定的时长，包括灾害事件类别、规模、影响程度的确认，灾区物流环境的分析，应急物流需求的初步评估，应急物资实物与数字化储备分布的掌握，应急物资筹集、物流方式选择与整合、物流路线的选择与确定、物流人员与物流设备的组织方案形成等所需要的时长。②配装阶段。根据应急物流响应方案，组织人、财、物各类资源直到整装待发的时间能力。根据响应阶段的分析和确定的方案，在物流指挥中心的统一部署下，优化来自政府、军队、社会等多方救灾资源的配置，迅速形成 OD 对（集）之间应急供应链网。特别的，首节点（集）担负着物资采购与配装、应急物流车辆与人员等资源迅速集结的重要任务，有着非常态组织延迟时间，它的时长是应急物流时间能力的重要体现。常见标志性事件为第一批救援物资/人员启程时间，航空、公路、铁路、水运等不同物流方式第一批救援物资/人员启程时间等。③输送阶段。救援物资从出救点（集）到救援点（集）准确递送到应急客户（灾民）手中的运输、中转等所有物流活动的时间最小化能力，包括 OD 对间节点、路段所需的物流时间，即路段运输，节点作业、阻抗应对等待等的时间和。常见标志性事件为第一批救援物资/人员到达灾区时间；灾区所有救援点都能接收第一批救援物资的时间；灾区救援物资/人员需求满足率为 50%/80%/100% 的实现时间；应急物流时间节约率（即全程应急物流时间相比于常态物流时间的节约程度）等。

（2）流量能力。流量能力即流量最大化能力。突发事件发生前，物流需求平稳；突发事件发生后，物流需求猛增，满足激增的物流需求就代表着流量能力的突破。应急流量能力是整个应急物流供应链的最小流量最大化能力，表现为节点处理流量水平和路段通行流量水平。也可以描述为：时间窗内完好、准确地到达救援点的救援人员数、物资量，如紧急物资流量（如药品、设备工具）和一般物资流量（食物、水、帐篷、棉被等），特别是在救援区域（如最后 3/2/1 千米）单位时间流量能力。具体表现在应急路段通行不畅（如阻塞或瓶颈路段）情况下，通过对部分路段实行封锁或管制、开辟新通道等有效协调手段迅速增加流量的能力。应急物流流量能力的考察点主要有时间窗 6/12/24/48/72 小时内应急物资数量需求满足率；第一批救援物资/人员组织规模、到达灾区的规模，6/12/24/48/72 小时内到达救援点的救援人员数量、物资量、设备量，最后 3 千米小时流量。

（3）成本能力。成本能力即为成本最小化能力。应急物流管理中的物流成本居高不下，主要由以下几个因素促成：①传统思想认为应急物流具有弱经济性，物流成本效益与速度效益存在效益背反现象，因此在传统应急物流管理中，时间效益压倒一切，很少顾及物流成本。②出于"一切为了救援"的思想，全民上阵，资源不能得到优化配置，整体秩序混乱，显现出"帕累托无效率"状态，增加了有形无形物流成本。③灾害救援中往往只关注灾害事件引发的直接损失与直接成本，很少考虑灾害事件带来的间接损失与间接成本，也很少分析评价应急物流预案、方案执行之后的利弊得失。现代应急物流管理理应体现经济学思考，考虑应急物流资源的成本投入与成本管理，如应急中转站设立与运营成本，救援车辆、直升机等设施设备征用与运营成本，应急物流人员投入成本及相比于常态物流的综合成本节约率等，做到有预案、有管理、有成效，实现"帕累托最优"。如果救援投入挽回的灾害损失价值小于救援投入价值（生命价值除外），就应该考虑救援投入度。应急救援不能、也不可能超出"需要与可能"的基本制约，成本-效能理论（成本耗费所形成的价值与所付出成本的比值，用于衡量成本使用效果）同样适用于应急物流管理[41]。国家对灾害进行分类分级，并配以相应的响应级别、救援规模和力量，其目的就是从成本-效能角度考虑救援应对，避免救援过度或救援浪费。凡事预则立，不预则废。应急物流成本管理尤其如此。应急物流系统在有计划、有准备的前提下做到标准化、柔性化、规模化和信息化，将会使应急物流在保证短时间、大流量前提下，将应急物流成本降至接近或低于常态物流服务的成本水平。平时的精心设计与准备会带来危急时刻的从容应对，会收到速度快、效率高、服务好、成本低的应急物流管理实效。

（4）柔性能力。柔性能力即为柔性应变应对能力。应急物流的不确定性、非常规性特点，使得应急物流除了时间最短化、流量最大化的能力外，还需具备超出常态物流系统的柔性应变应对能力。柔性能力是系统面对变化的内外部干扰，即时学习、快速调整自身条件来适应、应对的能力。柔性能力即要求应急物流具有适应性、开放性、扩展性和创新性，即时学习、即时适应、即时调整、即时响应。具体体现在以下几方面：①应急物流资源协作、共享能力。应急事件中，对政府、军队、社会物流人财物资源的征用、调度与整合，应急物资库联动、国家与地方储备库纵向配送、灾区资源横向转运等可以迅速增强应急物流能力。②常态物流与应急物流的快速转化能力。迅速搭载常态、军用物流设施、通道及其他物流资源，如军用直升机、运输机的调用，大型物流企业的配送中心运作体系等。物流绿色通道的构建是应急初期物流能力的柔性表现。物流技术、设备工具和专业人员瞬间集结能力，虚拟物流供应链的组织等动态物流潜力的瞬间能力转化是应急物流柔性不可或缺的。③集成/一体化能力。应急物流能力不是系统内各节点线路物流能力的简单叠加，而是对物流供应链上所有物流资源进行有效整合和良好组织、协调后所拥有强大的整体物流能力。物流供应链各节点、线路的集成，流程与功能的整合（如信息化、标准化、智能化运作）、配送优化（如越库配送、拼装配送），应急物流链各节点联系的紧密程度（信息共享、运作一体化）等都将促进并体现应急物流系统的集成或一体化。④干扰管理能力。即应急物流受到内外部、主客观、不同程度的扰动后的应对管理能力，包括出行风险规避、风险路径选择、对向路段时段征用、非机动车与行人干扰应对、路段修复和路径重构等能力。

4.3 基于评价法的应急物流能力构成分析

建立应急物流能力构成体系，是为了在总体分析框架内深度剖析应急物流能力。应急物流能力的构成可以从多个视角诠释。特定灾害中的应急物流能力提升的关键要素或主要能力点究竟是哪些？如何建设？这是急需回答的问题。基于"以评促建"的思想，借助已有研究、灾害事件救援经验和专家组智慧，建立应急物流能力评价指标体系，综合了要素、功能和效果视角的面向灾害事件的应急物流能力构成体系；通过应急物流能力指标对各灾害实例的评价，找出关键要素或主要能力点及有待提升之处，明确应急物流能力的建设内容和建设重点。一般来说，应急物流能力评价是对应急物流要素、功能、效果等方面的表现进行评价，而这些又是特定角度下应急物流能力的构成内容。应急物流能力要素、功能和效果等能力点是评价指标的主要来源，因此应急物流能力评价指标体系也是综合了要素、功能和效果视角的面向灾害事件的应急物流能力构成体系。换言之，评价法可以实现对应急物流能力构成体系的分析，厘清应急物流能力体系中的关键要素或主要能力点及不足之处，从而明确应急物流能力进一步提升的潜力和方向。

环顾全球，学者们从不同角度运用不同方法对应急物流能力进行分析，其中以建立评价体系的方式来剖析应急物流能力的构成最为普遍。文献[52]建立评价体系以剖析应急物流能力的内涵与构成。文献[56]利用 FAHP 建立评价指标体系，认为应急物流能力包括指挥系统、储备系统、配送系统、信息系统四个大类的能力。文献[57]运用灰色模糊层次分析法（grey fuzzy analytic hierarchy process，GFAHP）构建了评价指标体系，认为应急物流能力应该包括组织协调能力、柔性运作能力、信息处理能力等。部分学者通过建立评价指标体系剖析应急物流的局部能力构成，如应急物流的保障能力构成[18]、即时响应能力构成[53]、抗风险能力构成[55]、节点能力构成[58]等。

4.3.1　应急物流能力评价指标设计原则

为尽可能反映应急物流能力评价指标体系的全面性、系统性和科学性，以灾害发展及应对过程为主线，基于应急物流的要素能力点和效果能力点，兼顾管理视角设计应急物流能力评价指标。在建立指标体系时，遵照以下四个原则：

（1）全面性与简明性。指标少而精，具有代表性且含义明确丰富。

（2）独立性与协调性。指标密切联系但相对独立。

（3）系统性与层次性。指标体系是有机联系的系统，需从多角度、多层次描述。

（4）实用性和可行性。指标易被使用者理解，易于分析评价。

4.3.2　应急物流能力指标项选取

评价指标体系的科学性界定是目前学界有争议的难题之一。系统论认为：子系统功能的健全、协调和有机统一有利于系统整体功能的完善与提升，并使得系统表现出的整体功能大于各子系统功能的代数和，即呈现 1+1＞2 的功能效果。从现有关于应急物流能力评价的国内外专业文献，涵盖所有内容的评价体系几乎没有，也很难实现，大多从一条主线或一个视角选择主要属性或主要特征建立评价体系。对于复杂系统工程的评估，可以基于其主要功能、主要属性或主要特征建立评价指标体系来实现，并进行与时俱进的调整。

应急救援，特别是 72 小时黄金救援，考验应急物流体系的资源水平、资源配置和整体协调能力。应急物流能力在很大程度上体现在对应急物流活动中人、财、物资源的组合配置能力，因此系统资源投入是应急物流能力的前提和保证；如何组合、配置、管理资源是应急物流能力最直接的体现，是核心内容；而应急物流效率效果是应急物流能力水平最直接的反映。因此，应急物流能力评价体系至少应包含应急物流系统投入、应急物流运作管理和应急物流效率效果三个方面，这也是应急物流能力构成的主要内容。根据前期资料收集和调研结果初拟指标项，经多位专业人士座谈、个别访谈等反复论证[①]，设计包括三个模块（准则层）共15 项指标的应急物流能力评价指标体系，如图 4.1 所示。评价指标体系尽可能反

图 4.1　应急物流能力评价指标体系

① 应急物流能力评估体系中，评价指标的选择和权重的确定是核心内容，因此专家组成员的选择是研究应用成败的关键之一。一般来说，专家组成员应具有权威性和代表性。本书研究在江苏省国民经济动员办公室的合作支持下，根据江苏省国民经济动员专家库信息，选择经历过地震、洪水等自然灾害地区的省、市级相关应急管理政府部门，行业企业单位的政府工作人员、企业专家，以及长期从事应急物流管理研究的研究人员组建动态专家组。专家组成员有 3 位参与过重大应急救援活动，有 5 位正在或曾经从事应急物流管理工作，有 5 位长期从事应急物流研究工作，选择的专家至少不是"伪专家"，因此专家组具有一定的权威性和代表性。组织两次专家座谈会，先后有 22 名相关专家参与。在研究过程中，对 26 家相关政府部门、企事业单位实施访谈，并与其中 5 名专家多次个别交流，他们都以认真的态度参与了这项工作，并给予很大指导和帮助。

映应急物流能力构成体系的全面性和科学性，主要从灾害发展及应对过程视角分析灾害事前（投入）、事中（运作）、事后（效果）应急物流能力，又考虑从物流要素功能视角分析软硬件资源及应急运输、存储、配送、装卸搬运、信息技术等能力，也考虑基于管理视角评估应急物流活动中决策、计划、指挥、控制、反馈等能力。

1. 应急物流系统投入

（1）预案与演练。主要考察预案科学性和预案演练情况。预案科学性包括预案可执行性、灵活性、完整性和与时俱进等；预案演练包括演练内容、频率和规模等。芦山地震中，应急物流速度和力度引人瞩目，在很大程度上得益于相对成熟的应急预案和演练。

（2）物流基础设施。主要考察物资储备库和路桥网建设。物资储备库包括选址科学性、规模适应性、功能多样性、与其匹配的运输方式等；路桥网建设包括是否构成高效、节能、环保的物流基础设施网络体系等。

（3）信息化技术与网络。主要考察信息化环境、信息化技术和信息数据库等内容。信息设备条件、内外部互联网络构成对信息化环境的评价内容；而信息化技术的评价主要是针对现代信息采集、处理、传输、反馈技术，如北斗、GPS、遥感技术（remote sensing，RS）、GIS、物联网技术、EDI 的应用等；信息数据库包括地震救援和工程抢险装备信息数据库等。

（4）应急物流队伍。主要考察应急物流队伍结构和执行力。应急物流队伍中骨干突击人员人数（物流、救援、排险等综合能力），专业物流力量构成比，军队、消防、武警、民兵物流人员组成等；应急物流队伍执行力主要指对应急物流任务的认知程度和执行水平。

2. 应急物流运作管理

（1）指挥与协调能力。主要考察军政民物流资源统筹、出救点布局、配送方式与路线统筹等。军政民物流资源统筹是军队、政府、社会的各类物流资源的参与和统筹安排情况；出救点布局是根据待选供应点现有资源优势与能力，确定出救点及其负责的救援点；配送方式主要是指在灾后 6/12/24/48/72 小时内，对不同阶段海陆空运输方式的分配及其间的立体协作统筹安排；路线选择主要是指在路径设计时是否考虑了里程最短路、时间最短路、直达最简路、风险最小路等。

（2）物资储备能力。主要考察静态储备和动态储备能力。前者包括国家到地方各级储备库的物资结构与数量；后者是能力与技术的储备，包括物资、设备及供应商信息库建设，与不同应急物资供应商的合作关系，及瞬时应急物资采购、生产、供应的一体化能力等。动态储备能力的权重将不断增大。

（3）物流资源组织能力。主要考察灾后迅速搭载物流设施、筹措物流设备与工具、调集物流专业人员的能力。应急物流设施的快速确定与启用，应急物流信息平台的搭建速度与有效性，直升机、运输机、救援车、船舰及其他物流设备、人员等到位的速度和规模等是评价该项指标的重要内容。

（4）物资运输能力。主要考察灾后 6/12/24/48/72 小时内，航空、铁路、公路、管道等方式将物资从供应点运至救援点的速度、运力和成本，水陆空管立体协调程度与效率，运输工具与运输物资的活性等。

（5）节点运作能力。主要考察应急物流节点信息化、智能化、自动化运作水平，初节点物资组织分配效率、末节点物资分发效率、中间节点配转效率，节点间平稳、快速、无缝衔接运用能力等。

（6）阻抗应对能力。主要考察应急物流风险识别、规避与管理能力，物流设施修复时间和成本水平，物流设备和工具修复、转换、替代时间与成本水平，最后 3 千米物流通行能力等。

（7）供应链一体化能力。主要考察应急供应链运作是否吸纳供应链思想、运用供应链技术，如快速反应（quick response，QR）、有效客户反应（efficient customer response，ECR）、供应商管理库存（vendor managed inventory，VMI）等，使得物流各节点、各环节、各活动无缝连接，提高整体运用效率，取得良好应急效果。

3. 应急物流效率效果

（1）时间效益。时间指标的关键词是“短”。时间效益是应急物流的核心价值。主要考察点是第一批物资/人员启程时间、到达灾区时间，航空、公路、铁路等不同运输方式运送的第一批物资/人员启程时间、到达灾区时间，应急物资/人员覆盖灾区所有区域所需要的时间，应急时 OD 对间物资运送所需的物流时间相比于常态时的物流时间的节约率等。

（2）流量效益。流量指标的关键词是“大”。主要考察第一批物资/人员组织规模、到达灾区的规模，6/12/24/48/72 小时内到达救援点的人员数、物资量、设备量，最后 3 千米的小时流量，6/12/24/48/72 小时内灾区对物资量需求满足率。

（3）成本效益。成本指标的关键词是“低”。传统思想认为应急物流具有弱经济性，因此其显现出“帕累托无效率”状态。现代应急物流应体现成本与效能的经济学思考，有预案、有管理、有成效，实现“帕累托最优”。理应考虑应急中转站设立与运营成本，车辆、直升机等设施设备运营成本，物流人员投入成本及相比于常态物流的综合成本节约率。

（4）服务效益。服务指标的关键词是"优"。除了时间短、流量大、成本低外，应急物流效率效果还包括应急物资送达的准确、可靠和柔性等方面。

4.3.3 应急物流能力灰模糊分析

应急物流能力是由多个指标描述和控制的不确定性复杂系统。对其进行分析评价，指标体系的科学构建固然重要，但评价的方法也是影响评价结果的重要方面。对于复杂系统，组合模型或算法会更科学有效。FAHP 将一个复杂系统的求解分解为对多个简单子系统的模糊求解，再逐级模糊综合，是 AHP 和模糊综合评价法（fuzzy comprehensive evaluation method，FCE）的组合[218]。FCE 的研究对象具有内涵明确、外延不明确的特点，而 GEM 适用于外延明确、内涵不明确的问题[219]。根据研究对象的特点，运用 AHP 思想构建指标体系、FCE 确定指标权重、GEM 确定评价灰类并求解的组合模型能够优势互补，有较好适用性。

1. 应急物流能力指标项权重模糊确定

指标项权重确定步骤：①专家参考经过整理的原始资料数据，结合个人经验对各模块指标项的重要性排序，遵照 FAHP 的标度原则[218]用 0.1～0.9 数量标度对指标两两比较，综合评判相对重要性。②根据收回的专家有效评价表数量和每位专家给出的指标相对重要性评判值，构造指标间模糊关系矩阵，并将其一致化形成一致判断矩阵。③采用方根法计算指标权重并进行归一化处理，从而模糊确定指标层和准则层指标权重。

2. 中心点三角白化权函数建立

基于端点和中心点的三角白化权函数的 GEM 是分析应急物流能力构成的两种有效方法。鉴于后者相对规范，不存在多重交叉现象，且评估结果相对较优，本书建立基于中心点三角白化权函数的 GEM，步骤如下。

（1）基于灰色聚类思想，结合专家意见、指标实际情况要求，模糊确定灰类个数和灰类边界，划分 $i(i=1,2,\cdots,m)$ 指标的 s 个评价灰类 $[a_1^i,a_2^i],\cdots,[a_k^i,a_{k+1}^i],\cdots,[a_s^i,a_{s+1}^i]$。

（2）根据公式 $\delta_k^i=\dfrac{1}{2}(a_k^i+a_{k+1}^i)$ 确定指标 i 灰类 k 的中心点 δ_k^i（$k=1,\cdots,s$）。它是最可能属于该灰类的点，一般取值 1。考虑建模需要，分别将灰类取数域向左、

右延拓，得到 0 灰类中心点 δ_0^i 和灰类 $s+1$ 的中心点 δ_{s+1}^i，则中心点集合为 $\delta_k^i = \{\delta_0^i, \delta_1^i, \cdots, \delta_s^i, \delta_{s+1}^i\}$。

（3）对于灰类 k，连接点 $(\delta_k^i,1)$ 与第 $k-1$ 个灰类的中心点 $(\delta_{k-1}^i,0)$ 和第 $k+1$ 个灰类的中心点 $(\delta_{k+1}^i,0)$，即可获得指标 i 关于灰类 k 的三角白化权函数 $f_k^i(\cdot)$（$i=1,2,\cdots,m;k=1,\cdots,s$）。

（4）建立三角白化权聚类函数，见式（4.1）。计算对象 j 指标 i 的实际值/评价值 x_{ij} 在灰类 k 的隶属度 $f_k^i(x_{ij})$，即指标 i 的灰类聚类系数。

$$f_k^i(x_{ij}) = \begin{cases} 0, & x_{ij} \notin [\delta_{k-1}^i, \delta_{k+1}^i] \\ \dfrac{x_{ij} - \delta_{k-1}^i}{\delta_k^i - \delta_{k-1}^i}, & x_{ij} \in (\delta_{k-1}^i, \delta_k^i] \\ \dfrac{\delta_{k+1}^i - x_{ij}}{\delta_{k+1}^i - \delta_k^i}, & x_{ij} \in (\delta_k^i, \delta_{k+1}^i] \end{cases} \tag{4.1}$$

3. 对象综合聚类系数计算及灰类判断

根据式（4.2）计算对象 j 关于灰类 $k(k=1,2,\cdots,s)$ 的综合聚类系数。

$$v_k^j = \sum_{i=1}^m f_k^i(x_{ij}) \cdot \omega_i, \quad j=1,\cdots,n \tag{4.2}$$

其中，ω_i 为指标 i 在综合聚类中的权重，$\sum_{i=1}^m \omega_i = 1$。如果是对象准则层聚类，$\omega_i$ 为层次权重；对目标层聚类时，ω_i 为组合权重。

由 $\max\limits_{1 \leqslant k \leqslant s} \{v_k^j\} = v_k^{j*}$，$j=1,\cdots,n$，判断对象 j 所属灰类 k^*。当有多个对象同属于灰类 k^* 时，可根据综合聚类系数的大小确定其优劣或位次。

4.3.4　实例分析

1. 汶川、玉树、芦山地震应急物流运作情况

地震是最严重的自然灾害之一。以其为背景来研究应急物流能力，可以对在其他突发事件中强化应急物流能力起到很好的借鉴作用。2008 年 8.0 级的汶川地震、2010 年 7.1 级的玉树地震和 2013 年 7.0 级的芦山地震震惊全球。三次地震尽管因地震震级、地形地貌显现不同的影响范围、破坏程度和次生灾害，但应急救援中物流资源投入和运行管理直接影响着救援速度、力度、成本和质量。汶川抗

震第一时间，由于缺乏挖掘机、起重机、直升机、运输机等大型物流设备，缺乏小型停机坪，严重影响第一时间及后续救援的效率效果；玉树地震因为物流救援人员的高原反应而难以实施有效救援；而芦山地震中因为信息化水平的大大提升使得救援有序高效。第一批到达灾区的救援人员、物资和设备的数量、时间，空中运输方式的投入度，时间窗内运到灾区的救援人员和物资的数量，运出的伤员人数等是衡量应急物流系统投入、运作管理能力的重要数据。对于指标项选取、权重确定及对特定灾害事件中应急物流能力的评价，采用定量和定性法结合，即综合实际数据资料和专家意见的方法是较有效的做法。收集整理来自中国政府与地方门户网站、新浪军事网、中国新闻网、凤凰网、360 百科、知网的大量文献资料，结合调研访谈资料，并根据数据可得性和对象对比需要，从地震灾害的基本情况，应急管理系统的软硬件资源、条件和潜力情况，应急响应和应急运作管理三个方面，罗列了包括地震基本参数、次生灾害情况、应急救援体系、预案与演练、应急物流队伍、应急物流阻抗、应急响应、时间窗 6/12/24/48/72 小时及 7 天内水陆空物流力量投入、物流生命工程抢通、应急物资保障等 26 个方面，整理了汶川、青海、芦山、东日本地震中的应急物流表现，设计成表呈现给专家学者，见附录中的附表 1、附表 2、附表 3。东日本地震资料仅作为专家对比、评价的参照资料。

2. 应急物流能力指标项及权重确定

　　首先专家对初拟的指标项提出增删、修改建议，最终讨论确定的评价指标体系如图 4.1 所示；根据 9 级标度法则对指标重要性进行综合评判；根据专家评分构建模糊关系矩阵和一致判断矩阵；最后采用方根法计算评判因素权重并进行归一化处理，从而模糊确定准则层相对于目标层的评判权重为 $\omega = (0.316, 0.375, 0.309)$，指标层相对于准则层的评判权重为 $\omega_1 = (0.263, 0.254, 0.241, 0.242)$，$\omega_2 = (0.203, 0.116, 0.226, 0.113, 0.119, 0.105, 0.127)$，$\omega_3 = (0.354, 0.256, 0.227, 0.163)$。

3. 应急物流能力评价灰类确定及对象指标项取值

　　综合专家意见，各指标采用"优""良""中""差"四个灰类，评价灰类集合为 $G = \left\{ u_{ij}^1 = [9.0, 7.5), \ u_{ij}^2 = [7.5, 5.5), \ u_{ij}^3 = [5.5, 3.5), \ u_{ij}^4 = [3.5, 1.5) \right\}$。专家参考汶川、青海、芦山和东日本地震的相关应急救援资料，对汶川、玉树、芦山地震中应急物流能力各指标打分。依据专家专业知名度、职称/职务、专业实践性的排名等对比模糊确定其专业权威性，用权威加权系数表示。排名在评价专家总人数前 30% 的专家，对其每个评价对象（三次地震）的综合分值乘以加权系数 1.1，排在总人数后 30%的专家乘以加权系数 0.9，排在中间的 40%的专家采用其实际得分值，即加权系数为 1.0。专业知名度主要是指专家在专业或行业被知晓、了解的程度；专业实践性主要从专家当前或曾经的工作性质与评价对象的相关程度，以及有无参加灾害救援或服务实践的次数和在救援中的工作性质等情况判定。表 4.1 是对专家评分加权平均后的得分。

表 4.1 汶川、玉树、芦山地震中应急物流能力指标分值

目标层	准则层	指标层	指标权重	组合权重	指标分值		
					汶川地震	玉树地震	芦山地震
U	U_1 0.316	u_{11}	0.263	0.083	4.385	5.274	6.874
		u_{12}	0.254	0.080	3.678	3.556	7.553
		u_{13}	0.241	0.076	3.349	3.422	7.241
		u_{14}	0.242	0.076	4.563	6.721	7.327
	U_2 0.375	u_{21}	0.203	0.076	3.483	4.197	7.103
		u_{22}	0.116	0.044	4.233	6.931	6.836
		u_{23}	0.226	0.085	3.516	5.546	6.564
		u_{24}	0.113	0.042	5.258	4.473	7.464
		u_{25}	0.119	0.045	4.186	4.541	6.375
		u_{26}	0.105	0.039	3.353	3.264	5.554
		u_{27}	0.127	0.048	3.234	3.167	6.211
	U_3 0.309	u_{31}	0.354	0.109	3.299	5.289	7.285
		u_{32}	0.256	0.079	6.329	4.717	7.904
		u_{33}	0.227	0.070	4.331	5.394	5.706
		u_{34}	0.163	0.050	6.264	6.991	7.228

4. 指标白化权聚类系数计算

根据公式 $\delta_k^i = \frac{1}{2}(a_k^i + a_k^{i+1})$，则得到 $\delta_k^i = \{9.50, 8.25, 6.50, 4.50, 2.50, 0.75\}$。根据前文所述步骤可构建三角白化权函数：

$$f_1^i(x) = \begin{cases} 0, & x \notin [6.5, 9.5] \\ \dfrac{x-6.5}{1.75}, & x \in (6.5, 8.25] \\ \dfrac{9.5-x}{1.25}, & x \in (8.25, 9.5] \end{cases}, \quad f_2^i(x) = \begin{cases} 0, & x \notin [4.5, 8.25] \\ \dfrac{x-4.5}{2}, & x \in (4.5, 6.5] \\ \dfrac{8.25-x}{1.75}, & x \in (6.5, 8.25] \end{cases}$$

$$f_3^i(x) = \begin{cases} 0, & x \notin [2.5, 6.5] \\ \dfrac{x-2.5}{2}, & x \in (2.5, 4.5) \\ \dfrac{6.5-x}{2}, & x \in (4.5, 6.5) \end{cases}, \quad f_4^i(x) = \begin{cases} 0, & x \notin [0.75, 4.5] \\ \dfrac{x-0.75}{1.75}, & x \in (0.75, 2.5) \\ \dfrac{4.5-x}{2}, & x \in (2.5, 4.5) \end{cases} \quad （4.3）$$

根据上组公式及对象指标分值，计算每次地震事件中应急物流能力各指标的灰类白化权聚类系数，即指标的灰类隶属度。结果见表 4.2～表 4.4。

表 4.2　汶川地震中应急物流能力评价指标聚类系数

指标 灰类	u_{11}	u_{12}	u_{13}	u_{14}	u_{21}	u_{22}	u_{23}	u_{24}	u_{25}	u_{26}	u_{27}	u_{31}	u_{32}	u_{33}	u_{34}
优	0.000	0.000	0.000	0.000	0.000	0.000	0.000	0.000	0.000	0.000	0.000	0.000	0.000	0.000	0.000
良	0.000	0.000	0.000	0.031	0.000	0.000	0.379	0.000	0.000	0.000	0.000	0.000	0.915	0.000	0.882
中	0.943	0.589	0.425	0.969	0.492	0.867	0.508	0.621	0.843	0.427	0.367	0.400	0.086	0.916	0.118
差	0.058	0.411	0.576	0.000	0.509	0.134	0.492	0.000	0.157	0.574	0.633	0.601	0.000	0.084	0.000

表 4.3　玉树地震中应急物流能力评价指标聚类系数

指标 灰类	u_{11}	u_{12}	u_{13}	u_{14}	u_{21}	u_{22}	u_{23}	u_{24}	u_{25}	u_{26}	u_{27}	u_{31}	u_{32}	u_{33}	u_{34}
优	0.000	0.000	0.000	0.126	0.000	0.246	0.000	0.000	0.000	0.000	0.000	0.000	0.000	0.000	0.281
良	0.387	0.000	0.000	0.874	0.000	0.754	0.523	0.000	0.021	0.000	0.000	0.395	0.109	0.447	0.719
中	0.613	0.528	0.461	0.000	0.849	0.000	0.477	0.987	0.980	0.382	0.334	0.606	0.892	0.553	0.000
差	0.000	0.472	0.539	0.000	0.152	0.000	0.000	0.014	0.000	0.618	0.667	0.000	0.000	0.000	0.000

表 4.4　芦山地震中应急物流能力评价指标聚类系数

指标 灰类	u_{11}	u_{12}	u_{13}	u_{14}	u_{21}	u_{22}	u_{23}	u_{24}	u_{25}	u_{26}	u_{27}	u_{31}	u_{32}	u_{33}	u_{34}
优	0.214	0.602	0.423	0.473	0.345	0.192	0.037	0.551	0.000	0.000	0.000	0.449	0.802	0.000	0.416
良	0.786	0.398	0.577	0.527	0.655	0.808	0.963	0.449	0.938	0.527	0.856	0.551	0.198	0.603	0.584
中	0.000	0.000	0.000	0.000	0.000	0.000	0.000	0.000	0.063	0.473	0.145	0.000	0.000	0.397	0.000
差	0.000	0.000	0.000	0.000	0.000	0.000	0.000	0.000	0.000	0.000	0.000	0.000	0.000	0.000	0.000

5. 目标层和准则层综合聚类系数计算

根据式（4.2），分别计算汶川、玉树、芦山地震中应急物流能力目标层和准则层指标三角白化权综合聚类系数。聚类结果如表 4.5 所示。根据公式 $\max\limits_{1\le k\le s}\{v_k^j\}=v_k^{j*}$，判断对象 j 所属灰类 k^*，结果见表 4.5 中加"*"的数字。

表 4.5　汶川/玉树/芦山地震中应急物流能力目标层和准则层综合聚类系数

聚类目标	汶川地震				玉树地震				芦山地震			
	优	良	中	差	优	良	中	差	优	良	中	差
U_1	0.000	0.008	0.734*	0.258	0.031	0.313	0.406*	0.250	0.425	0.575*	0.000	0.000
U_2	0.000	0.043	0.577*	0.389	0.054	0.242	0.544*	0.170	0.188	0.734*	0.088	0.000
U_3	0.000	0.378	0.390*	0.232	0.046	0.386	0.568*	0.000	0.432	0.478*	0.090	0.000
U	0.000	0.135	0.569*	0.299	0.044	0.309	0.508*	0.143	0.339	0.604*	0.061	0.000

6. 模型结果分析

（1）从目标层看，应急物流能力在芦山地震中综合表现最强，其次为玉树地震、汶川地震。表 4.5 中目标层 U 灰色聚类结果表明，芦山地震中应急物流能力属于"良"类，而汶川、玉树地震中的应急物流能力都属于"中"。芦山地震相比于汶川和玉树地震，应急物流显现出较优能力。从数值来看，应急物流能力尽管在玉树、汶川地震中都属"中"类，但前者比后者强，因为前者在"良"中的隶属度为 0.309，高于后者的 0.135，而后者在"差"中的隶属度 0.299 却高于前者 0.143。相比而言，应急物流在芦山地震中表现出的能力是全方位大幅度的提升。

（2）从准则层看，应急物流能力投入和运作管理能力近年来获得了长足发展。但相比而言，运作管理能力提升还有较大空间。如表 4.5 所示，芦山地震中应急物流系统投入相比于运作管理优势明显，在"优"类中的聚类系数 0.425 接近于"良"值 0.575，因而其在效率效果中的"优"类隶属度介于"优"和"良"。汶川地震中系统投入在灰类"中"的值也是最高的，但其运作管理水平处于"中差"。而在玉树地震中，系统投入和运作管理尽管不及在芦山地震中的水平，但相比于汶川地震，其数值明显改善。

（3）如表 4.2~表 4.4 所示，汶川地震中，应急物流流量和柔性表现不俗，在灰类"良"中有绝对优势的隶属度；而在信息化水平、指挥协调、阻抗应对、供应链一体化及时间效益方面较差。玉树地震中，u_{14}、u_{22}、u_{34} 在"优"类中出现非 0 值，尽管隶属度不高，但说明在玉树地震中应急物流队伍、物资储备筹措和服务效益等指标项已体现出"优"能力，从其在"良"中的隶属度也可说明这一点。如前所述，芦山地震中，所有能力指标较前两次地震大大提升，特别是在物流基础设施、运输能力、时间效益、流量效益、柔性效益方面都表现出高水平，而其他指标项均属于"良"类，这与获得国内外高评价的现实救援表现、效率、效果相一致。

4.4　本章小结

　　本章阐述了应急物流及其能力的含义，从应急物流要素、网络、效果三个视角剖析了应急物流能力点；基于应急物流要素能力点和效果能力点，运用 FAHP，从应急物流系统投入、应急物流运作管理和应急物流效率效果三个模块构建评价指标体系以描述应急物流能力构成体系；运用 GEM 分析评价了汶川、青海、芦山地震中应急物流能力，评价具体灾害事件中应急物流关键能力点、模块能力和综合能力水平，以寻求应急物流能力构成的关键要素或主要能力点及能力提升潜力，明确应急物流能力的建设内容和建设重点，同时也检验应急物流能力构成体系的完整性和科学性。

　　应急物流能力构成体系的分析，为寻求并优化应急物流关键要素或主要能力点准备了总体框架和理论支持。从评估结果来看，应急物流网络体系软硬件资源的投入与现有水平，运输、存储、分发等应急物流活动的运作管理决定着时间能力、流量能力、成本能力和柔性能力水平，是应急物流关键要素和主要能力点。应急物流网络系统和应急物流运作管理核心问题——LRP 将分别在第 6 章、第 7 章进行深入研究。

第 5 章 应急物流能力突变与控制研究

在社会科学中，系统本身的精确描述很难做到，用突变模型研究各种突发事件和交通流问题是本书良好的基础和启示。应急物流能力的特征和突变模型的适用性表明突变模型是研究动态应急物流能力有效的工具之一。以应急物流能力为状态变量，以应急物资数量需求、应急时间需求和应急成本需求为三个控制变量建立燕尾突变模型对应急物流能力的变化情况展开研究。通过对应急物流能力的势函数、平衡曲面和奇点集的讨论分析，求解其突变临界点，并讨论其稳定性和变化方向，在此基础上建立应急物流能力的控制模型，以优化控制应急物流能力。

5.1 突 变 理 论

5.1.1 突变理论发展概况

突变（catastrophe）一词源于希腊文，意指灾难性、巨大的突然变化。自然界事物存在两种变化的现象：一种是连续不断的、光滑的变化，如气温变化、水的流动等，已成功地运用数学微积分方法进行描述；另一种是不连续的变化，如水的沸腾、桥梁突然崩塌、地震突然发生等。这些现象的共同点在于事物从一种形式突跳至完全不同的另一种形式，过程连续而结果不连续，是系统整体的突然变化，我们称这种现象为"突变"。

突变理论（catastrophe theory）是法国数学家 René Thom 提出的一种拓扑学理论，来源于动力学的 Poincaré-Andronov 分叉理论和光滑映射的 Whitney 奇异性理论，主要研究平衡点转换问题，也就是光滑动力体系中平衡稳定态的分叉问题。突变理论的创立是非线性科学的重要成就之一，能够直接描述和处理不连续性系统问题，特别适用于内部运作机理未知系统的研究。1968 年，Thom 发表了论文《生物学中的拓扑模型》，为突变理论的诞生奠定了基础。1972 年出版的专著《稳定性结构与形态发生学》是突变理论诞生的标志。Thom 在书中第一次提出突变理论的含义，并用奇点、拓扑学、稳定性等数学概念和理论来分析研究自然、社会现象中的各种结构、形态、状态的非连续性突变，从而为突变理论的产生奠定了基础[174]。

Thom 的专著出版后掀起了一股"突变热"。许多著名的科学杂志，如 *Nature*、

Scientific American 等，都发表了相关介绍性的文章。英国瓦维克（Warwick）大学数学研究所所长，皇家学会会员 Zeeman[171-172]教授等在突变理论的理论体系和普及应用等方面进行补充、改进与完善，遂使突变理论与 Prigogine 教授的耗散结构理论，以及 Hake 教授的协同论，并称为 20 世纪 70 年代"自然科学的三大辉煌成就"。耗散结构理论、协同论和突变理论也是系统论主要的三大思想体系。突变理论引起了国际相关学界的广泛关注，基于突变理论的研究文献也与日俱增。关于突变理论应用方面的学术论文散见于力学、数学、生物学、社会科学等多个学科。

5.1.2　突变理论基本原理

Thom 认为突变理论仅是一个数学纲要：从应用角度而言，突变理论与其他学科的关系相当密切，不能将它看成独立的数学分支；就数学理论而言，也很难界定突变理论的起点和终点。尽管它的基础理论看似高深，涉及群论、拓扑学、微分流形等多个学科，但它的实际应用却相当容易，目前已经渗透至众多应用学科，成功地解决了那些用其他方法无法解决的问题。

突变现象的基本特征是：系统在状态空间演化发展过程中有多个稳定态，控制参数变化至一定范围，系统会从一个稳定态向另一个稳定态跃迁，即突变发生[205]。突变现象需要在某种运动形式下方能实现平衡位置的转换。目前，突变理论有两种形式的转换约定：一是理想延迟约定，即系统始终停留在原来的稳定平衡态，直至该稳定平衡态消失；二是 Maxwell 约定，系统达到极大值所在稳定平衡态后总是向全局极小值点所在的平衡态方向移动，直至极小点所在平衡区域稳定。

突变理论中，把可能出现突变的那些变量称为内部变量或状态变量，而把引起突变原因的、连续变化的因素称为外部变量或控制变量。

定义 5.1　对于一个呈现不连续状态的系统，若其任何时刻状态都可由给定的 m 个变量 $y_1, y_2, \cdots, y_m$ 的值加以确定，同时该系统还受到 n 个独立变量 $x_1, x_2, \cdots, x_n$ 的控制，即 $x_j (j = 1, 2, \cdots, n)$ 联合确定 $y_i (i = 1, 2, \cdots, m)$ 的值，则 $y_i (i = 1, 2, \cdots, m)$ 为状态变量，$x_j (j = 1, 2, \cdots, n)$ 为控制变量。

对于存在突变现象的系统只要确立了它的状态变量和控制变量维数，就可以建立相应系统的突变演化模型，进而寻求其演化特点和演化规律。

突变理论研究对象为系统的整体性质，能表征系统全局性质的势函数通常是不错的选择。奇异性理论对函数在极小点和极大点处的研究进行了延伸推广。经典的静态分叉理论是突变理论处理平衡点之间的相互转换问题的理论基础。因此，以突变理论、奇异性理论、静态分叉理论等为基础，能够对大量存在突变现象的系统进行深入研究。根据系统势函数表征对系统临界点进行分类，从而可以通过研究各类临界点附近非连续变化特征来获得系统的整体变化特征。求解步骤如下：

（1）建立势函数。首先精心设计状态变量和控制变量，根据两者数量关系特征建立系统的势函数 $v(y_1, y_2, \cdots y_m; x_1, x_2, \cdots x_n)$。它可能是一元函数也可能是多元函数。以只含一个状态变量的势函数说明求解步骤，即建立系统势函数 $v = f(y; x_1, x_2, \cdots, x_n)$。

（2）确定平衡曲面。任一种突变皆由势函数决定，平衡曲面即为满足势函数的一阶导数（或偏导数）为零的点集。某类型的突变全程可通过其相应的平衡曲面来表述。由 $\dfrac{\partial v}{\partial y} = 0$ 得到其平衡曲面方程，即系统所有平衡点所组成的平衡曲面。

（3）确定奇点集。令势函数的 Hessian 矩阵 $\dfrac{\partial^2 v}{\partial y^2} = 0$，得到势函数 v 的奇点集。它是由 v 的所有退化临界点构成的平衡曲面的一个子集。奇点也被称为分叉点、临界点、突变点等。

（4）确定分歧点集。将奇点集投影到 n 维控制空间中，即通过方程 $\begin{cases} \dfrac{\partial v}{\partial y} = 0 \\ \dfrac{\partial^2 v}{\partial y^2} = 0 \end{cases}$ 消去所有状态变量。显而易见，分歧点集是控制空间中所有使势函数的状态发生变化的点的集合，也就是那些可能导致系统发生突变的临界点的集合。

（5）讨论临界点及其稳定性。控制变量的不同取值将决定状态变量在控制空间中处于不同的分歧点集区域。在控制空间的各个区域中选取临界点进行讨论，讨论各区域有无奇点，有几个奇点，奇点是否稳定等，从而分析系统是否稳定，是否会发生突变。

5.1.3　突变理论基本类型

一般情况下，我们所接触的突变现象都是发生在一维时间和三维空间的四维控制空间中的初等突变。Thom 已证明：当控制变量不大于四维时，最多有七种形式的突变，即七种初等突变：折迭（fold）突变、尖点（cusp）突变、燕尾（swallowtail）突变、蝴蝶（butterfly）突变、椭圆脐点（elliptic umbilic）突变、双曲脐点（hyperbolic umbilic）突变、抛物脐点（parabolic umbilic）突变。当控制变量不大于五个时，最多也只有十五种突变形式[174-175]。七种初等突变应用最广泛。研究过程中经常会用到突变类型的几何性质，用来解释和描述应用问题中的实际现象。七种初等突变的势函数表示如表 5.1 所示。

表 5.1 初等突变函数（7 种）

突变类型	控制变量数量	状态变量数量	势函数形态
折迭	1	1	$x^3 + ux$
尖点	2	1	$x^4 + ux^2 + vx$
燕尾	3	1	$x^5 + ux^3 + vx^2 + wx$
双曲脐点	3	2	$x^3 + y^3 + wxy - ux - vy$
椭圆脐点	3	2	$x^3/3 - xy^2 + w(x^2 + y^2) - ux + vy$
抛物脐点	4	2	$y^4 + x^2y + wx^2 + ty^2 - ux - vy$
蝴蝶	4	1	$x^6 + tx^4 + ux^3 + vx^2 + wx$

注：u, v, w, t 为参数

5.1.4 突变模型突变指征

运用突变理论来描述系统性态变化的前提是这个系统出现两种以上突变指征。在系统势函数尚未建立的情况下，突变模型的建立与否取决于系统外部状态是否符合突变指征。一个系统的突变指征主要体现在以下五个方面。

（1）突跳。突跳是系统可以应用突变理论的最典型的突变指征。系统势值在很短时间内发生较大变化。如果采用理想延迟约定，系统突跳表现为由一个局部极小跳到另一个局部极小或全局极小，其位势数值产生不连续的变化；如果采用 Maxwell 约定，系统位势数值会发生连续变化，但其导数不连续。

（2）多模态。多模态是指系统可能存在两个或两个以上不同状态，系统的势函数在某些控制参数范围内可能有两个或两个以上的极小值。

（3）不可达。系统有多个稳定和不稳定的平衡态。突变现象是系统从一个稳定平衡态直接突跳到另一个稳定平衡态，不经过不稳定平衡态，即为不可达性。若势函数的局部极小点大于一个，则它至少有一个不稳定点，这意味着系统至少有一个不稳定平衡态。齐曼突变机构的中叶就是一个不稳定平衡态。

（4）发散。控制变量数值在退化临界点附近的一个微小摄动可能导致状态变量很大的变化，甚至导致系统突变，这种现象称为发散。

（5）滞后。突变的发生与控制变量变化的方向有关，控制变量从 A 局部极小向 B 局部极小变化与控制变量从 B 局部极小向 A 局部极小变化所发生的突变状态是不相同的，即为滞后现象。也就是说，当系统突变的物理过程并非严格可逆时，会出现滞后现象。系统遵循 Maxwell 约定时则没有滞后现象。

5.2　应急物流能力燕尾突变模型

5.2.1　突变理论对应急物流能力研究的适用性

20 世纪六七十年代，法国数学家 Thom 借助于奇点理论和结构稳定性理论提出突变理论。该理论认为：突变系统在状态空间演化过程中有多个稳定态和不稳定态，当控制参数发生变化并越过一定界限时，系统会从一个稳定态向另一个稳定态跃迁，直接跨过其间不稳定态，即发生突变。突变系统存在五个突变指征：多模态、不可达、突跳、发散和滞后。根据不同突变指征、状态变量和控制变量的数目，Thom 等建立了七种初等突变模型：折迭、尖点、燕尾、蝴蝶、椭圆脐点、双曲脐点和抛物脐点[175]。根据突变理论，系统如果显现两个及以上的突变指征，就可以运用突变理论进行分析；根据状态变量和控制变量的数目可以选择相应的初等突变函数作为系统的演化模型，分析突变系统的演化特点和规律。

应急物流能力是由多个参数描述和控制的复杂问题。一方面，突发事件的发生和紧急救援的需求成为社会各界关注的焦点。本着"救援第一"和"绿色通道"的思想，应急物流能力会在思想上、组织上和通行上变得异常强大。另一方面，突发事件（如地震、洪水等）会毁坏甚至阻断物流通道与设施，加之可能引起的伴生性事件，如信息沟通不畅、次生性灾害、民众聚集引起的交通堵塞等，这些又会造成应急物流能力的巨大削弱。在多种条件、多种因素作用下，这个复杂系统呈现多模态（能力强、能力弱两种基本稳定态，能力较强、能力较弱等多种不稳定状态）、突跳（如应急物资从各地涌向救援点，当超出救援点承受能力时，应急物流能力会出现停滞甚至崩溃）、发散（突跳出现后，系统出现严重堵塞甚至次生灾害，已无法通过自组织改变现状）、不可达（系统在多种不稳定区域不断运动调整直至到稳定状态，不稳定即为不可达）等特性。这就使得应急物流能力不断在能力强（满足应急物流需求）、能力弱（不能满足应急物流需求）之间突变。拟选用一个状态变量、三个控制变量来描述应急物流能力，根据 Thom 的理论，可用燕尾突变模型来分析应急物流能力的突变结构和突变特征。突发事件发生时，应急物流能力受到扰动，控制变量发生不同变化，从而使应急物流能力不断呈现"能力强—能力弱—能力再强—能力再弱"的状态，即发生应急物流能力从一稳定态向另一稳定态的突跳。

5.2.2　控制变量与状态变量

突发事件对应急物流能力的影响首先表现为控制变量的变化，进而引起状态变量在多个状态空间变化以至系统的突变。应急物流能力追求的是最大限度满足应急物流需求，主要体现在应急物流物资流量大、耗时短（速度快）、成本低等方面。因此，本质上，流量、时间和成本是应急物流能力的三个控制要素。考虑到三个要素实际值相对于应急需求的相对满足程度更能动态体现其对状态变量和系统函数的影响，同时也考虑到三个控制要素在量纲上的一致性，对控制变量作修正，设计应急物流流量变化率、时间变化率和成本变化率为控制变量。现对控制变量和状态变量作如下定义。

定义 5.2　应急物流流量变化率 $\phi(q)$，第一控制变量，表示应急时的 I 个供应点物资流量 $\left[\sum q_i(s)\right]$ 相对于 J 个救援点物资需求量 $\left[\sum q_j(d)\right]$ 满足程度的变化情况，即：

$$\phi(q) = \frac{\sum q_i(s) - \sum q_j(d)}{\sum q_j(d)} \times 100\%, \quad i = 1,2,\cdots,I; \; j = 1,2,\cdots,J \qquad (5.1)$$

假设货源充足，则物资流量（供应量）仅指在约束条件下到达救援点的流量，即 $\sum q_i(s)$ 是在时间窗 $[0, t_w]$ 内实际通过图 5.1 中路段群 r_{cdk}（$k=1,2,\cdots,K$）的流量和。时间窗是指救援点需要紧急物资供给的有效时间区间（时段）。应急物流系统对救援点的物资供应，必须在救援点要求的有效时间区间内进行。采用单边上限时间窗，即 $[0, t_w]$。图 5.1 中，路段群 r_{abm}（$m=1,2,\cdots,M$）、r_{cdk} 为公路运输路段，路段群 r_{bcn}（$n=1,2,\cdots,N$）存在公路运输、铁路运输和航空运输等多种运输方式。而路段群 r_{cdk} 表示直达救援点的公路运输方式，根据受灾情况，可能存在各种车型的公路运输，如大车、小货车和人力车等。时间窗内的 V 种运输方式通过 r_{cd} 路段区间 K 条道路的总流量为

$$\sum q_i(s) = \int_0^{t_w} \sum_{k=1}^{K} \sum_{v=1}^{V} q_{kv}^{cd}(e)\,\mathrm{d}t \qquad (5.2)$$

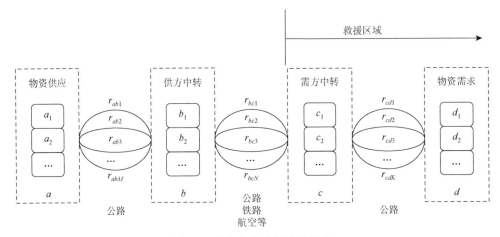

图 5.1　应急物流路径分段示意

定义 5.3 应急物流时间变化率 $\phi(t)$ ，第二控制变量。表示应急时物流时间 $\left[\sum t_A(e)\right]$ 与时间窗长度 $[T(e)]$ 相比的变化率 $\left[\text{以常态物流时间} \sum t_A(z) \text{为参照}，\right.$ $\left. T(e) = \sum t_A(z)\right]$ 。

$$\phi(t) = \frac{\sum t_A(e) - T(e)}{T(e)} \times 100\% \quad (5.3)$$

$\sum t_A(e)$ 和 $\sum t_A(z)$ 分别表示应急 e 时和常态 z 时物资在所有节点、路段、网络中流动所需时间和， A 为所有路段和节点的集合。常态物流时间由各路段的运输时间与节点作业时间组成，即 $\sum t_A(z) = \sum t_A^1(z) + \sum t_A^2(z)$ 。而突发事件发生时，由于思想上、组织上、行动上的"绿色通道"，在路段群 r_{abm} 、 r_{bcn} 段及各节点在时间效率上都有不同程度的提高，物流时间会大大缩短；而在路段群 r_{cdk} 段，由于受到内外部扰动，发生道路阻塞、中断及修复等情况的概率较大，因而会增加非常态的等待时间。由此应急物流时间由运输时间、节点作业时间和阻抗应对时间三部分组成，即：

$$\sum t_A(e) = \sum t_A^1(e) + \sum t_A^2(e) + \sum t_A^3(e)$$
$$= \sum_{r=1}^{R} \sum_{v=1}^{V} t_{rv}^1(e) \times p_{rv}^1(e) + \sum_{u=1}^{U} \sum_{v=1}^{V} t_{uv}^2(e) + \sum_{h=1}^{H} t_h^3(e) \times p_h^3(e) \quad (5.4)$$

其中， $t_{rv}^1(e)$ 和 $p_{rv}^1(e)$ 分别表示第 v 种运输方式在路段 r 的运输时间和运输任务份额， $p_{rv}^1(e) = \dfrac{q_v(s)}{\sum q_v(s)} \times 100\%$ ； $t_{uv}^2(e)$ 表示在第 v 种运输方式在第 u 个节点的作业时间，其中第一个节点包含非常态物资组织延迟时间； $t_h^3(e)$ 和 $p_h^3(e)$ 分别表示第 h 次阻抗应对时间和阻抗发生的概率。

定义 5.4 应急物流成本变化率 $\phi(c)$ ，第三控制变量。表示应急时的物流成本 $\left[\sum c_A(e)\right]$ 与常态物流成本 $\left[\sum c_A(z)\right]$ 相比的变化率。

$$\phi(c) = \frac{\sum c_A(e) - \sum c_A(z)}{\sum c_A(z)} \times 100\% \quad (5.5)$$

应急物流成本主要由运输费用、中转费用和阻抗应对费用组成，即：

$$\sum c_A(e) = \sum c_A^1(e) + \sum c_A^2(e) + \sum c_A^3(e)$$
$$= \sum_{r=1}^{R} \sum_{v=1}^{V} c_{rv}^1(e) \times p_{rv}^1(e) + \sum_{u=1}^{U} \sum_{v=1}^{V} c_{uv}^2(e) p_{uv}^2(e) + \sum_{h=1}^{H} c_h^3(e) \times p_h^3(e) \quad (5.6)$$

其中， $c_{rv}^1(e)$ 和 $p_{rv}^1(e)$ 分别表示第 v 种运输方式在路段 r 的运输费用和运输任务份额， $p_{rv}^1(e) = \dfrac{q_v(s)}{\sum q_v(s)} \times 100\%$ ； $c_{uv}^2(e)$ 和 $p_{uv}^2(e)$ 分别表示在第 v 种运输方式在节点 u 的中转费用和承担的费用份额； $c_h^3(e)$ 和 $p_h^3(e)$ 分别表示第 h 次阻抗应对费用和阻

抗发生概率。运输、中转费用与流量相关，运输费用主要包括基本运费（如公路、铁路、航空的基本运价）和里程运费（与路段长度、货物重量、燃油、人工和损耗等相关的费用）。

定义 5.5　应急物流能力 l，系统状态变量，是指突发事件发生后，应急物流能力面向救援点在物资大流量需求、短时间需求和低成本需求上的满足程度。在外界各种扰动下，控制变量发生不同程度变化时，它是直接导致应急物流能力突变的变量。它的稳定与否是系统是否会发生突变的直接影响因素，也可以说应急物流能力和应急物流能力是自变量和因变量的关系。它的微小摄动可能导致系统状态的完全变化，即突变。由于各个控制变量变化方向和程度的不一致，从而带来状态变量不断变化，进而引起能力系统在强、弱两个稳定态和介于强弱之间的多个不稳定态之间发生变化。

5.2.3　应急物流能力突变模型

根据突变理论和研究对象特点，以应急物流能力为状态变量，以流量变化率、时间变化率和成本变化率为控制变量，构造应急物流能力的燕尾突变模型势函数：

$$f(l;\phi(q),\phi(t),\phi(c)) = l^5 + \phi(q)l^3 + \phi(t)l^2 + \phi(c)l \qquad (5.7)$$

其中，l 为应急物流能力；$\phi(q)$ 为流量变化率；$\phi(t)$ 为时间变化率；$\phi(c)$ 为成本变化率。由 $f'(l)=0$ 得到其平衡曲面方程

$$5l^4 + 3\phi(q)l^2 + 2\phi(t)l + \phi(c) = 0 \qquad (5.8)$$

再由 $f''(l)=0$ 得奇点集方程为

$$10l^3 + 3\phi(q)l + \phi(t) = 0 \qquad (5.9)$$

5.3　应急物流能力突变奇点及其稳定性讨论

5.3.1　应急物流能力分歧曲线和势函数曲线

将式（5.8）和式（5.9）联立，消去 l，可得燕尾模型的分歧点集：

$$4096\phi^6(q) - 46629\phi^4(t) + 4096\phi^3(c) = 0 \qquad (5.10)$$

应急物流能力的分歧点集为多维空间 $[\phi(q),\phi(t),\phi(c)]$ 中的一个空间曲面，曲面上的点就是可能导致应急物流能力发生突变的奇点。燕尾模型的分歧点集曲面在 $\phi(q)>0$ 和 $\phi(q)\leqslant 0$ 时的 $\phi(t)$-$\phi(c)$ 截面曲线图象不同。根据本书研究对象的特点，当 $\phi(q)>0$ 已 100%满足需求，所以仅对 $\phi(q)\leqslant 0$ 时的情况作探讨。当其他控制参数保持不变，$\phi(q)$ 趋向于 0 的过程就是应急物流能力增强的过程。借助

式（5.8）～式（5.10），做出 $\phi(q) \leqslant 0$ 时的分歧曲线图（图 5.2），其中小图为相应的势函数空间曲线图。曲线将势函数空间曲面划分为不同的区域，不同区域截线形状不同、极值点个数不同、势函数性质不同，应急物流能力的稳定状态存在差异。

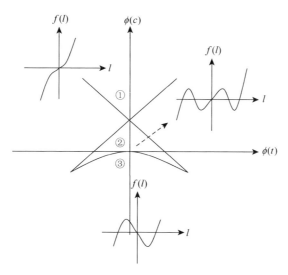

图 5.2　当 $\phi(q)$ 为常数 $[\phi(q) \leqslant 0]$ 时的分歧点集及势函数

5.3.2　应急物流能力突变临界点及其稳定性分析

由燕尾突变分歧点集的对称性特征，保持控制因子 $\phi(q)$ 为常数，讨论 $\phi(t) - \phi(c)$ 平面在 $\phi(q) \leqslant 0$ 时的区域分割情况。由于分歧点集是平衡位置的个数和性质改变的界线，只需找一个点作代表就可以了[175]。考虑满足"应急"时间需求，即 $\phi(t) = 0$ 时的情形，由式（5.8）求出平衡曲面的解为

$$l^2 = \frac{1}{10}(-3\phi(q) \pm \sqrt{\Delta}) \tag{5.11}$$

其中，$\Delta = 9\phi^2(q) - 20\phi(c)$。将式（5.11）代入式（5.9）得

$$f''(l) = \left\{ \pm \left[\frac{1}{10}(-3\phi(q) \pm \sqrt{\Delta}) \right]^{1/2} \right\} \cdot \left\{ 20 \times \left[\frac{1}{10}(-3\phi(q) \pm \sqrt{\Delta}) \right] + 6\phi(q) \right\} \tag{5.12}$$

当 $f''(l) > 0$，则应急物流能力的势函数有极小值点 l 是稳点奇点，应急物流能力处于某一稳定状态，不会发生突变；当 $f''(l) < 0$，则系统的势函数有极大值点 l 是不稳点奇点，应急物流能力处于某一不稳定状态，会发生突变；当 $f''(l) = 0$，则系统的势函数只有拐点，不会发生突变。根据式（5.9）～式（5.12）和图 5.2 分析可知，当 $\phi(t) = 0$ 时系统有三种状态。

状态 1：当 $\phi(q) \leqslant 0$ 且 $\phi(c) > \dfrac{9}{20}\phi^2(q)$ 时，系统势函数无奇点，应急物流能力处于稳定状态，不会向其他状态突变。

状态 2：当 $\phi(q) \leqslant 0$ 且 $0 < \phi(c) \leqslant \dfrac{9}{20}\phi^2(q)$ 时，系统势函数有 4 个奇点，$l_{1,2,3,4} = \pm\left[\dfrac{1}{10}(-3\phi(q)) \pm \sqrt{\Delta}\right]^{1/2}$，其中 $l_2 = -\left[\dfrac{1}{10}(-3\phi(q)) + \sqrt{\Delta}\right]^{1/2}$、$l_3 = \left[\dfrac{1}{10}(-3\phi(q)) - \sqrt{\Delta}\right]^{1/2}$ 为不稳定奇点，会导致应急物流能力向其他状态发生突变。

状态 3：当 $\phi(q) \leqslant 0$，$\phi(c) \leqslant 0$ 时，系统势函数有 2 个奇点，$l_{1,2} = \pm\left[\dfrac{1}{10}(-3\phi(q)) + \sqrt{\Delta}\right]^{1/2}$，同样不稳定的奇点（负解）会使得应急物流能力状态发生突变。

从以上状态可知，区域中不稳定奇点越多系统越活跃，越容易发生突变。当 $\phi(t) = 0$ 时，系统在状态 2 或状态 3 时都存在不稳定的奇点，当不稳定奇点越过分歧点集时，系统就会发生突变，要么从一个稳定状态变到另一个稳定状态（如从状态 2 到状态 3 或从状态 3 到状态 2），要么稳定状态消失（如从状态 2 到状态 1 或从状态 3 到状态 1）。

5.4　应急物流能力优化控制

突变模型中，势函数越大代表应急物流能力性能越强。但根据 Maxwell 约定，势函数达到极大值后会向一个极小值点方向迅速移动，直至分歧集另一区域中平衡稳定，即系统发生突变。此时，必须借助外力作用，势函数方能再向极大值方向移动。或者在势函数极大值时改变控制变量，稳定控制点在极大值点附近活动，只要控制点不越过分歧集，系统就不会发生突变。由于系统有多个控制变量，且控制方向不一致，系统的变化趋势复杂而不确定，如遇路段阻塞，控制流量可以重新获得物流流量，但降低了供给；如遇路段阻断，则需借助大物流设施设备等令其重新通行，增加了流量，减少了等待时间，但提高了成本。突变模型给我们提供了系统状态和变化方向，而对控制参数的控制可以使系统始终向良好状态发展。控制变量控制方向不一致，很难找到一组解使得多目标中每个目标达到最优。借助帕累托最优思想，建立非线性规划控制模型求解非劣解：

$$\max f = l^5 + \phi(q)l^3 + \phi(t)l^2 + \phi(c)l \tag{5.13}$$

$$\text{s.t.}\quad 4096\phi^6(q) - 46629\phi^4(t) + 4096\phi^3(c) = 0 \tag{5.14}$$

模型表示保持控制点在分歧点集相应区域内时，力求系统势函数最大。通过对相应分歧点集的控制点进行管控，以达到应急物流能力的高性能保持。突发事件发生后，应急物流能力面向救援点物资大流量需求、短时间需求和低成本需求，力求三者平衡提升，以获得最大的应急物流能力，达到最好的救援效果。也就是说，当$\phi(q)$向正方向变化，$\phi(t)$和$\phi(c)$向负方向变化的过程，也是应急物流能力趋于强能力的过程。因此，将模型转化为以$\phi(t)=0$（进行应急时间管理，满足应急时间需求）时系统的最大流量和最小成本为目标的非线性规划模型：

$$\max z = \left\{ \sum q(s), 1/\sum c(e) \right\} \tag{5.15}$$

$$\text{s.t. } q_{l_{a_i c_i}}(s) = \sum_j q_{l_{c_i d_j}}(s), \quad i=1,2,\cdots I \tag{5.16}$$

$$q_i(s) \leqslant \overline{C_i}, \quad i=1,2,\cdots I \tag{5.17}$$

$$\phi^6(q) + \phi^3(c) = 0 \tag{5.18}$$

$$\phi(t) = 0 \tag{5.19}$$

$$q_i(s) \geqslant 0, t_A(e) \geqslant 0, c_A(e) \geqslant 0, \quad i=1,2,\cdots I \tag{5.20}$$

式（5.15）为目标函数，求解最大应急流量、最小应急成本；式（5.16）和式（5.17）为流量（供应量）约束，中转节点的流入量与流出量需相等，还要满足路段弧容量$\overline{C_i}$的限制；式（5.18）为流量变化率和成本变化率的平衡约束[由式（5.10）$\phi(t)=0$时得到]；式（5.19）为时间约束；式（5.20）为非负约束。

5.5　仿真算例分析

5.5.1　仿真算例

江苏南方地区发生 7.0 级地震。灾害发生后，受灾严重的d_1、d_2、d_3、d_4四个城市对应急物资的需求量（折合平均）至少为 250 吨。根据四个城市的物资需求和外援城市物资供应情况，决定从a_1、a_2两个周边城市调运物资 900 吨，从西北城市a_3调运物资 80 吨、从东北城市a_4空运紧缺物资 20 吨。根据灾情，救援物资需在 12～16 小时内到达救援点，时间越短救援效果越好。结合某物流公司的运行数据和本案例情况分析，物流常态下从四个供应点到四个需求点的总运输成本约为 20 万元，路段单位运输成本为 2.5 元/5 吨·千米。图 5.3 为从四个供应点城市到救援点的拓扑结构，S、T为虚拟节点，表示供应点集和需求点集，不发生流量、时间和成本。表 5.2 为各路段、节点相关流量、时间和费用数据。根据物流公司经验，对于时速为 60 千米/小时、100 千米/小时、40 千米/小时的路段，路段应急通行能力（应急通行能力=常态通行能力–常态流量）分别 300 辆/小时、500 辆/小时、200 辆/小时。应急时，节点平均服务能力为 10 辆/小时。救援车采用标准 5 吨车型，假设满载。

表 5.2　应急物流相关路段、车辆数据

序号	路段	距离/千米	车辆数/辆	节点时间/(小时/辆)	节点费用/(元/辆)	路段常态运行时间/小时	阻抗概率	阻抗应对时间/小时	阻抗应对单位成本/(元/小时)
1	r_{a1b1}	12	90	0.5	20	0.26	—	—	—
2	r_{a2b2}	15	90	0.5	20	0.33	—	—	—
3	r_{a3b3}	18	16	0.5	20	0.39	—	—	—
4	r_{a4b4}	9	4	0.5	20	0.20	—	—	—
5	r_{b1c1}	180	90	—	20	1.80	—	—	—
6	r_{b2c2}	160	90	—	20	1.60	—	—	—
7	r_{b3c3}	225	—	0.5	20	2.25	—	—	—
8	r_{b4c4}	400	—	1	20	1.20	—	—	—
9	r_{c1d1}	25	25	0.5	20	1.25	0.4	2	1000
10	r_{c1d2}	16	65	0.5	20	0.80	0.2	3	500
11	r_{c2d3}	8	35	0.5	20	0.40	0.8	2	1000
12	r_{c2d4}	18	55	0.5	20	0.90	0.5	5	500
13	r_{c3d1}	25	4	1	30	1.25	0.9	5	1000
14	r_{c3d2}	21	4	1	30	1.05	0.5	2	600
15	r_{c3d3}	20	4	1	30	1.00	0.4	3	300
16	r_{c3d4}	15	4	1	30	0.75	0.7	4	800
17	r_{c4d1}	25	1	1.5	50	1.25	0.2	3	500
18	r_{c4d2}	10	1	1.5	50	0.50	0.5	6	500
19	r_{c4d3}	16	1	1.5	50	0.80	0.5	7	500
20	r_{c4d4}	17	1	1.5	50	0.85	0.4	4	500

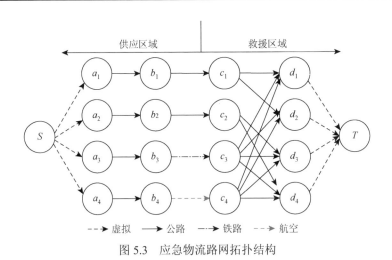

图 5.3　应急物流路网拓扑结构

5.5.2　结果分析

考虑单边时间窗 $t_w(e)$ 分别为 12 小时、13 小时、14 小时、15 小时、16 小时的流量变化和成本变化情况。当 $\phi(t)=0$ 时，根据式（5.1）～式（5.6），式（5.15）～式（5.20），各项运算结果如表 5.3 所示。

（1）从表 5.3 左 6 列可以看出，单边时间窗 $t_w(e)$ 为 12 小时、13 小时、14 小时的时候，系统很活跃、势函数很不稳定，皆有两个不稳定奇点。随着 $\phi(q)$ 由负值向 0 方向的变化、$\phi(c)$ 由正值向 0 方向的变化，在 14 小时向 15 小时过渡的过程中系统发生突变，系统由四奇点的稳定态转变为二奇点的稳定态，$\phi(c)$ 由正值变为负值。从 $\phi(q)$ 和 $\phi(c)$ 的变化情况来看，在 12 小时到 13 小时变化过程中变化幅度较大，但控制点未越过临界点，因此系统性质未发生变化，但这个阶段的变化推动了后面阶段的突变。

表 5.3　应急物流能力各项指标运算结果

时间窗/小时	突变情况					控制情况			
	$\phi(q)$	$\phi(c)$	l	$f^*(l)$	稳定否	$\max \sum q(s)/\min \sum c(e)$			
						$\alpha_0 = 0$	$\alpha_1 = 0.1$	$\alpha_2 = 0.3$	$\alpha_3 = 0.5$
$t_1(e)=12$ $\phi(t)=0$	−0.816	0.034	1.596 −1.596 0.120 −0.120	36.734 −36.734 −0.277 0.277	稳定 不稳定 不稳定 稳定	188 /150 772	181 /161 388	169 /180 338	156 /193 608
$t_2(e)=13$ $\phi(t)=0$	−0.289	0.018	0.845 −0.845 0.155 −0.155	5.310 −5.310 −0.097 7.187	稳定 不稳定 不稳定 稳定	711 /172 077	765 /182 654	875 /201 297	984 /213 665
$t_3(e)=14$ $\phi(t)=0$	−0.184	0.001	0.768 −0.768 0.043 −0.043	4.109 −4.109 −0.023 0.023	稳定 不稳定 不稳定 稳定	816 /191 210	870 /201 764	980 /220 217	1089 /232 026
$t_4(e)=15$ $\phi(t)=0$	−0.084	−0.009	0.716 −0.716	3.489 −3.489	稳定 不稳定	916 /210 344	970 /220 874	1080 /239 136	1189 /250 388
$t_5(e)=16$ $\phi(t)=0$	0.000	−0.015	0.735 −0.735	3.972 −3.972	稳定 不稳定	1016 /227 031	1070 /232 952	1180 /242 104	1289 /245 107

注：$\max \sum q(s)$ 的单位为吨，$\min \sum c(e)$ 的单位为元，α_i 为阻抗应对时间减少率

（2）根据表 5.3 右 4 列数据可以看出，通过时间管理，当阻抗应对平均时间缩短 10%、30%、50% 后，不同时间窗内 $\sum q(s)$ 和 $\sum c(e)$ 的值会发生不同程度的变化，相应的控制点会发生变化，α 表示阻抗应对平均时间缩短程度。从表 5.3 中数据可以看出，12 小时内的流量相比于管控前 188 吨小幅度的下降，分别为 181 吨、169 吨、156 吨。但在 12 小时到 13 小时阶段，流量分别获得 765 吨、875 吨和 984 吨，较 1 小时前提高了 321.90%、417.91%、529.32%，而管控前的提高率为 278.19%，说明在时间管理初期应急物流能力效果不明显甚至倒退，但在后期提升很快。从供应量满足率突变情况来看，当 $\alpha_1 = 0.1$ 时，流量在 16 小时内全部满足；当 $\alpha_2 = 0.3$ 时，流量在 15 小时内全部满足；当 $\alpha_3 = 0.5$ 时，流量在 14 小时内全部满足。从成本变化来看，时间管控程度越高，成本越高。阻抗应对平均时间缩短 10%、30% 时，流量变化率大于成本变化率，而缩短 50% 时后者远大于前者。类似本案例情况，当时间窗是 13 小时且 $\phi(t) = 0$ 时，流量变化率得到较大幅度

提升，而成本变化率却没有大幅提升是较理想的状态。

（3）流量和时间的满足程度是衡量应急物流能力最重要的指标。本案例中，相比于常态物流，应急物流时间增加主要在于非常态供应始节点的物资组织时间延迟和路段 r_{cd} 的应对阻抗。承担 90%物资供应任务的周边城市尽管路途不长，但因物资流量大，货源组织的难度和路途遇阻风险使其物流时间较长。运算表明，当 $\phi(q)=0$，即流量与最低需求量相等，物资到达救援点的平均时间为 14.28 小时，此时 $\phi(t)=0.262$，$\phi(c)=-0.021$，属状态 3，有 2 个奇点（±0.805），不稳定奇点使得系统状态可能发生突变。如果加强外力作用，在 $\phi(q)=0$ 条件下能够缩短应急时间，成本持平或下降；或者在 $t_w(e)$ 保持不变、$\phi(t)=0$ 的条件下，能够增加流量、成本持平或下降，皆可表明应急物流能力在不断提升。

5.6　本章小结

运用燕尾突变理论，以应急物流能力为状态变量，应急物流流量变化率、时间变化率和成本变化率为控制变量，建立应急物流能力突变模型，构建系统势函数并确定了系统平衡曲面、奇点集和分歧点集，讨论了应急物流能力在时间需求满足状态的突变临界点及其稳定性，在此基础上提出应急物流能力控制模型，并用算例对模型作了验证。通过研究得出以下三点结论：①通过调查及实测获得控制变量数据后，即可以确定控制点的奇点集和分歧点集，分析系统在分歧点集各区域的奇点个数和性质，进而确定系统当前状态的稳定性和突变趋势，以采取相应的管控措施。②根据应急物流需求的特点、不同时段的主要目标、控制变量的性质和外力作用程度对相关控制变量进行有效管理，将对应急物流能力的瞬时提升起到非常明显的作用与效果。③应急物流能力的稳定与提升是系统工程，鉴于各控制要素在管控中活动方向的相背情况，借助帕累托思想对主要要素进行控制，求解非劣解，在获得时间效益、流量效益的同时力求成本效益是可行思路。

分析应急物流能力在多个不同控制方向的控制变量影响下的变化状态，寻求其变化规律，是为了寻求优化控制应急物流能力的时机和关键点，实现应急物流能力从"弱"到"强"的突变。时间效益已不再是现代应急物流的唯一目标和要求，不再是应急物流能力强的唯一表现。以时间效益为第一目标，寻求时间效益、流量效益、成本效益、服务效益的帕累托最优是未来应急物流能力的要求和优化方向。而这些目标的实现需要两个应急物流关键能力的突破与优化——应急物流网络能力和应急物流运作管理中的定位-路径能力。这两个关键能力在很大程度上代表应急物流活动中资源配置和运作管理的水平与能力，将在后续章节深入研究。

第6章　应急物流网络能力研究

第4章应急物流能力构成体系研究中认为，应急物流系统投入（模块 U_1）是应急物流能力的前提和保证。物流基础设施、信息化技术与网络、应急物流队伍三项指标是应急物流系统投入的重要内容，是应急物流运作与管理能否高效运作的基础条件，是良好的应急物流时间、流量、成本和服务效益的保证。从网络和系统视角看，应急物流基础设施网络、信息网络和组织网络是应急物流网络能力建设的基本内容。在应对重大自然灾害和公共突发事件的过程中，供水、电力、通信和物流四大网络被称为生命线，而应急物流网络又是其他生命线的生命线。但是，地震、洪水、暴雨、暴雪、火灾等灾害揭示物流网络具有脆弱性和不稳定性，灾害或多或少会对物流网络造成或大或小的扰动，这种扰动对物流网络的干扰影响程度、破坏程度及修复难度难以估量与控制。由此，应急物流网络抗毁性[91]、可靠性[93, 95, 101]等已成为研究热点和难点。一方面要求应急物流网络具有感知的、动态的和外部适应性的应对能力；另一方面，当常态物流网络无论如何优化都很难满足应急物流需求时，构建或重组立体、多级、动态的应急物流网络，统筹规划、科学组织应急物流网络资源能够迅速、稳定地提升应急物流网络的可靠能力、修复能力和扩张能力。

6.1　应急物流网络灾害干扰影响分析

地震、洪水等灾害对应急物流网络的破坏主要是对地面物流网络要素，如路、桥、车站、码头、机场、仓库、配送中心等的干扰破坏，因此主要对地面应急物流网络灾后受扰情况进行分析。应急物流网络节点和路段要素是否受损和受损程度的外在影响因素主要有灾害强度，如地震强度、洪水强度等；节点和路段所处外部环境，如周边建筑物的高度、密度、强度和复杂程度等；地形地貌和灾后事态严重程度，如次生灾害等。内在因素主要是节点或路段的耐灾、抗毁强度，如节点建筑、路段本身的抗震强度等。地面应急物流网络受到扰动后的状态有两种情况：一是扰动对应急物流网络没有产生物理上破坏影响，原有物流网络拓扑结构、构成要素未发生改变，保持常态物流功能和能力；二是应急物流网络因受到外来冲击，其网络拓扑结构、构成要素发生不同程度的改变，网络原有物流功能和能力受到影响。

6.1.1　应急物流网络常态拓扑结构与功能受扰不变

受到灾害干扰后，由于外在干扰力度不够或物流网络本身强大等原因，应急物流网络拓扑结构未发生改变，节点和线路的物理结构和功能正常，在流量、速度和成本方面保持常态功能水平。尽管如此，灾害也会对应急物流网络的功能和能力产生扰动和新的要求。

1. 外部物资需求的骤增对应急物流网络的扰动

突发事件造成外界对物资需求突发骤增，带来应急物流的流量和时间要求骤升，势必产生物流网络满负荷、超负荷现象。在管理协调不充分的情况下，极易发生因时间紧迫、流量突增造成的设施设备故障、交通事故等次生事件，从而造成应急物流网络运行不畅、保障不力。

2. 内部网络要素对应急物流网络的扰动

网络中应急组合的节点、线路等主客观能力是否匹配，有无短板要素，能否在短时间内协调，集成地运作存在较大不确定性，灾区需求信息的动态变化造成的牛鞭效应，应急物流供应链中某节点、线路的异常可能造成的涟漪效应等，都会干扰整个应急物流网络的运行保障活动。

6.1.2　应急物流网络常态拓扑结构与功能受扰变化

1. 应急物流网络部分节点或路段受损，部分功能受损

突发事件，如地震、洪水等会毁坏甚至阻断物流通道与设施，加之可能引起的伴生性事件，如信息沟通不畅、次生性灾害、民众聚集引起的交通堵塞等，都可能造成物流网络功能毁损。物流网络受到外来冲击后网络拓扑结构、构成要素发生改变，网络原有物流功能和能力受到影响。物流网络部分节点受损，导致与其相连的所有 m 条物流链路因破坏（或断裂）而功能下降（或消失）；路段受损或断裂，路段容量和流量受影响，导致两头节点功能受影响。而且由于涟漪效应，还会影响到更多上下游的节点，影响到整个应急物流网络的功能和能力。图 6.1 所示的网络 $N = (V, E)$ 为简单应急物流网络，V_1、V_2 为灾区一级中转站，V_3、V_4 为二级中转站，V_5、V_6 为救援点，也是灾区物资分发点。从一级中转站到各救援点的路径中，如果 V_3 节点损坏或损毁，V_3 内部物流运作能力下降，V_5 节点物资供应将会减少、减缓甚至中断，V_6 节点也由原来两个供应源减少为一个。出口不畅、进口受阻。V_3 节点内部物流运作不畅，导致应急物资储存积压、接收物资能力下降，即进口受阻，进而致使 V_1、V_2 节点的物资出货能力受损。供应链物流网链将出现涟漪效应现象，影响供应链上游多层节点的运作，甚至整个应急物流网络的运作。类似地，如果路段 E_{36}（V_3 与 V_6 之间的边）受损，V_3 节点的物资不能顺利供应 V_6 需求点，一方面增加了 V_4 节点及其上游节点的负担，另外，仅由 V_3 节点供应的物资将缺席于 V_6。

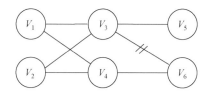

图 6.1　部分节点或路段受损的物流网络

2. 应急物流网络大部分要素或高危节点、关键路段损毁，网络功能毁损

如果路面物流网络大部分网络要素遭破坏，或网络中的高危节点、关键路段受损极易造成整个物流网络瘫痪。如图 6.2 中网络 $N = (V, E)$ 所示，V_1 为灾区一级中转站，V_2 为二级中转站，V_3、V_4、V_5 为救援点。从一级中转站到各救援点的路径中，V_2 是 V_1 到 $V_3 \sim V_5$ 的必经节点，E_{12}（$V_1 - V_2$）是必经路段。如果节点 V_2 或路段 E_{12} 损毁，且短时间内无法恢复，会造成整个地面物流网络瘫痪。一个物流网络，即使没有高危节点或路段，但如果物流网络中多个节点破坏或路段中断也会造成整个地面物流网络瘫痪。图 6.2 中选取几组路段或节点，如 E_{13}、E_{14} 和 E_{46} 三个路段，E_{35}、E_{46} 路段和 V_4 节点，V_3 和 V_4 节点等，上述任一组合皆会使得应急物流网络瘫痪，出救点物资无法通过陆运的方式送达救援区域。汶

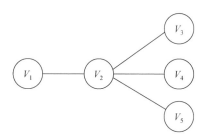

图 6.2　含高危节点或路段的物流网络

川震后出现多个生命孤岛正是由于多条关键路段断裂（如国道 G213、G317），玉树地震中由生命线（如国道 G214）路面结冰、大裂缝等因素造成一段时间内地面物流网络不通。

6.2　应急物流网络干扰应对能力分析

不管应急物流网络受到外来冲击后是否遭到破坏、破坏程度如何，应急物流网络的内部要素、拓扑结构、物流功能都需做出相应调整，以应对突发骤增的灾区物流需求，这就需要应急物流网络能够具备强大的干扰应对能力，即网络在遭到人为或自然的外来扰动下，不受影响或者受影响后能够在规定时间和条件下，完成网络拓扑结构修复、重构和拓展，实现功能保持、扩展和提升，确保应急物流网络畅通的能力。应急物流网络干扰应对能力包含网络可靠能力、网络修复能力和网络扩张能力三个方面。

6.2.1　应急物流网络可靠能力

应急物流网络的可靠能力是首要能力，主要指物流网络遇外界扰动后不受影响、不被破坏和遇扰能应，应之能胜的能力。主要包括节点可靠能力和线路可靠能力，两者决定了网络连通可靠性、网络容量可靠性、行程时间可靠性和网络成本可靠性。网络连通可靠性是指应急网络中任何 OD 对间至少存在一条连通路径、一种可行运输方式的概率。OD 对间可选路径越多，可行运输方式越多，连通性就越好。网络容量可靠性主要指应急物流网络容量大于等于常态物流网络容量的概率。OD 对间一条路径的容量往往取决于最小容量的节点或路段，如最小处理能力的节点或最小通行能力的路段。应急物流网络容量可以通过改造和管理改善，它的大小决定着网络最大流的水平。行程时间可靠性是指应急物流任何 OD 对间行程时间小于等于常态物流所需时间的概率。网络中的行程时间取决于节点处理速度能力和路径运输速度能力，以及遇阻应对的时间能力。网络成本可靠性是应急物流成本与常态物流成本的正向偏离度接近 0 的概率，甚至产生负向偏离的概率。

6.2.2　应急物流网络修复能力

应急物流网络修复能力是指当物流网络遭到破坏后快速修复完好或网络重构，至少保证网络路径连通、容量正常的能力。灾后物流网络运输、通信线路损坏甚至断裂，网络节点破坏导致资源流入流出异常，物流装备设施受损等情况发生时，如果受损网络能够修复，那么网络修复完好率、修复速度与成本是衡量网络修复能力水平的重要指标；如果物流网络不能或限定时间内不能完全修复，则修复能力表现为网络残缺条件下的物流网络重构能力，如运输方式的转换、路线重构、节点重新定位等。因为灾害，受损的关键路段导致整个网络通行能力变小。迅速调集力量维修受损路段、限时调整路段本对向（征用流量小的对向路段的部分车道为本向）、搭建应急立交、增加运输方式（如航空）、对相关路段进行管制等都是有效修复手段，可以提高网络修复能力。因为灾害，应急中转站的处理能力受损，无法应对应急物流流量和速度要求，成为物流网络的能力瓶颈。迅速调集维修和物流专业人员、调整物流设施设备和改善物流管理方法等都是恢复该节点运作能力的有效手段，同时可并行增设应急中转站，以确保节点运作正常、网络运行畅通。

6.2.3　应急物流网络扩张能力

　　应急物流网络扩张能力是指物流网络受干扰时，最大限度地挖掘和扩张比常态物流更强大的网络容量、能量和功能。网络扩张能力是一种再生能力，是更具自适应性和柔性的能力。面对骤增的客观应急需求和主观应急要求，应急物流供应链网需要做出快速反应，对物流网络内外部资源动态调整，形成物流网络节点、要素或成员联合、协作、共融而再生的网络扩张超能力。灾后救援黄金期，需要迅速组建和优化应急物流网络，吸收军方物流网络资源，如军用铁路、机场、码头，直升机、运输机等军事运输及装卸工具；吸收政府物流资源，如政府物资库等要素；吸收武警、消防、医疗、公安、交通、通信等各种救援力量；有选择地吸收社会化的专业物流组织，如大型专业物流配送企业，搭载其成熟快捷的物流配送网络，采用其规范高效的物流运作流程和技术。面向救灾要求，在应急指挥中心的统一指挥下，统筹应急各方物流基础设施网络、信息网络和组织网络资源，快速形成网络要素合理、要素组合科学、网络功能改善、运行保障能力全面瞬时提升的应急物流网络。

6.3　应急物流网络构建

　　应急物流的基本问题是如何在有限时间内满足骤增的应急物流需求。灾害对应急物流网络的干扰影响、破坏程度及修复难度难以估量与控制，考验着应急物流网络的可靠能力、修复能力和扩张能力。在灾后应急物流需求骤增、常态物流网络遭到破坏的"内忧外患"的情况下，需要构建、重组并整合物流基础设施网络、信息网络和组织网络，统筹规划、科学组织物流资源，将常态物流网络迅速转换为具有感知的、动态的和外部适应性的应急物流网络。

6.3.1　应急物流基础设施网络

1. 应急物流基础设施网络结构

　　应急物流基础设施网络的立体、多级与集成，将有效对接节点与线路、衔接不同运输方式、集成不同物流功能，发挥可靠、柔性、能力倍增的网络效应，以保障应急物流的一体化高效运作。应急物流网络基础设施是指满足应急物流组织与管理需要的、具有单一或综合功能的场所或组织的统称，主要包括机场、车站、物流中心等节点，公路、铁路、航道等路线。它是根据应急物流需要，在常态物流网络设施基础上的选择、调整和扩展。应急物流基础设施网络以覆盖尽可能多的受灾区域、高效满足应急需求为目的，设计四级关键路径、多种物流方式的应急物流多级立体基础设施网络拓扑结构，如图6.3所示。

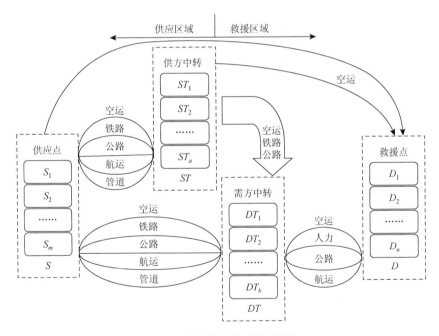

图 6.3　应急物流基础设施网络

2. 应急物流基础设施网络结构功能剖析

　　（1）"多级"是指应急物流供应链的层级。采用四级供应链结构。应急物流的主要任务是向灾区骤增的人员和物资需求提供高效物流服务，因此应急网络中以正向物流为主。第一级为供应点集合，包括供应各类应急物资和设备的直接供货商、制造商、各界捐赠源、国家物资储备库等节点，通过五大运输方式向供方中转和需方中转运送紧急资源。对于特殊或紧急的资源，如医用设备、道路修复设备等，可以直接空运至救援一线区域。第二级为供方中转集合，主要由临时征用社会物流企业的配送网络、车站、码头、机场、国家物资储备库等设施构成，拥有完备的存储、装卸搬运、流通加工、信息管理等物流功能的物流基础设施设备，拥有专业物流人员和成熟的物流运作管理能力。供方中转负责对接上游供应商，通过集货、理货、配货后，向下游需方中转或救援点调配物资与设备。第三级为需方中转集合，是在灾区有限的内外部资源环境下，由临时征用的具备一定常态物流功能的专业物流企业、车站、码头、机场或其他可以进行物流中转的场所构成，负责对接上游供应商或供方中转的物资、设备，并直接向各救援点配送。第四级为救援点集合，负责接收来自上游各级供应方发来的物资、设备，并向灾民配发。救援点之间互相调拨、优化配置救援物资，兼顾公平救援目标。供方中转和需方中转尽管都是应急中转，但侧重有所不同。供方中转设施设备人员完备且不受灾害直接的影响，可以多承担应急供应链的物流任务，如集聚物资、适用于最终救援点的流通加工等，而后者更多的是符合"就近原则"的简单流通加工和物资的即转配发。需方中转所处环境多变恶劣，供方中转的存在将大大缓解需方中转的压力及需方中转的"不可能"功能，有利于应急供应网络的畅通运行。

（2）"立体"是指包含海陆空多种运输方式的基础设施拓扑结构形态。应急物流活动中任何一项资源的选择和运用，尽可能多目标考虑，挖掘其最大使用价值。立体物流网络中的节点既是地面物流方式的基点，也是其他运输方式的落脚点；既具有存储调节供需的功能，又具有流通加工的功能。因此节点，特别是需方中转节点的选址很关键，既要考虑节点的运营能力，又要考虑其可连接的运输方式，即能否起到对接不同运输方式的枢纽作用。第三、四级物流网络身处灾区，最易受到扰动和冲击。灾后 72 小时内，公路、铁路网络运能不确定，空运、航运等受扰较少的运输方式或成为主力，可在小路、山路通行的人力（车）、摩托等运力虽小但较灵活的运输方式是有效补充。

6.3.2　应急物流信息网络

1. 应急物流信息网络结构

信息先于行动，应急物流信息是应急物流活动的指南。可靠准确的灾情信息、物流资源信息的获取和共享是有效高效应对危机的前提和保证。应急物流信息网络是依靠通信、信息、传感和供应链等技术，耦合通信、计算机、广播电视、传感和卫星等异质网络，能够实现应急物流供应链在信息的收集、整理、加工、储存、传递等方面集成一体化运作的有机网络。如图 6.4 所示，应急物流信息网络是保障应急物流供应链信息活动的巨系统。基于通信网络、广播电视网络、计算机网络、传感网络和卫星网络等耦合而成的异质互融网络，以及 barcode、RFID、RS、GIS、北斗信息系统、GPS 和 EDI 等信息技术，根据内外部环境有选择地运用 QR、ECR、EOS、企业资源计划（enterprise resource planning，ERP）、VMI、电子政务系统（electronic government system，EGS）、应急管理系统（emergency management system，EMS）和智能运输系统（intelligent transportation system，ITS）等供应链管理技术，整合应急物流供应网链，为应急物流指挥、组织与运作提供信息技术和信息通道，保证应急物流高效的一体化运作。

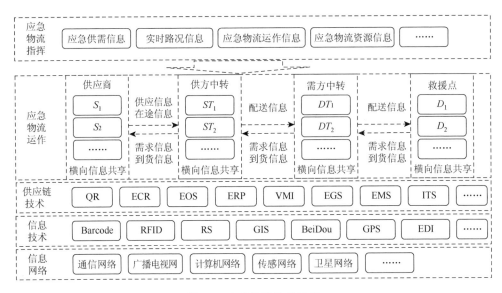

图 6.4　应急物流信息网络

2. 应急物流信息网络结构功能剖析

（1）应急物流指挥信息网络功能。有了可以收集、处理、传输的现代化信息技术和网络，应急物流指挥中心能够实时获取准确全面的灾区物资需求信息、供应方物资供应信息、应急物流网络路况信息、节点与线路的实时物流运作情况和各项人、财、物资源信息，通过现场监测、现场视频、现场互动指挥协调节点和线路的应急物流资源调配。应急物流信息网络平台即可实现应急物流网络纵向、横向节点间信息互通共享，节点能够及时准确地与横向节点共享应急物流资源信息、向下游节点提供物资供应信息和在途信息，向上游节点提供需求信息和到货信息，为整个应急物流供应链无缝链接、有序运作提供信息先导。

（2）应急物流运作信息网络功能。第一时间实现对应急供需信息、实时路况信息、应急物流资源信息的获取、加工、传输或共享，是应急物流节点确定、运输方式选择和物流路线设计及应急物流资源配置的重要基础，关系到全盘救援行动的成败。因灾后内外部环境的不确定和不断干扰，常态物流信息网络往往遭到破坏而中断，异质耦合的应急物流信息网络将大大提升网络应变应对能力。汶川震后初期，震中汶川、映秀灾区通信等基础设施几乎全部被毁，基层信息员被埋，一度成为与外界失联的"信息孤岛"。应急指挥部启动军方遥感飞机执行空中探测任务，调动北斗双频卫星定位系统为抗震救灾提供准确的数据和图像信息。在通信完全中断的情况下，信息技术人员利用北斗装备，迅速为应急指挥部及一线抗震救灾组织，搭建定位准确、信息反馈及时、救援组织位置态势共享的应急指挥控制平台，为指挥部全面精确掌握救灾情况、实时指挥一线救援行动提供了有效可靠的指挥手段。雅安地震中，北斗卫星定位系统、精准的数字电子地图、可单兵携带的卫星电话、无人机、战场电视等先进导航、定位、探测和通信装备，可以在常态信息网络不畅的重灾区实现灾情感知、前进观测、目标定位、实时信息传输、特种通联和地空导引等功能，为实现反应速度更快、应急能力更强、救援效率更高的"中国速度＋中国力度=中国效率"提供坚实支持。

6.3.3　应急物流组织网络

1. 应急物流组织网络结构

应急物流组织网络分为静态和动态两个方面。静态物流组织是指在应急物流活动中有明确分工的物流单位、团体；动态物流组织是根据救灾目标设计组织结构，明确应急物流组织网络中的单位、团体在组织中的角色，明确这些角色在应急物流活动中的权利和义务，使信息、资源和任务能够在应急物流链中顺畅流动。相比于常态物流组织网络，由于行动目标和任务内容的变化，应急物流组织网络中的成员及其关系会发生很大变化。政府成为组织网络中的主导者、指挥者，军队成为组织网络中的中坚力量。不同的救灾阶段，应急物流组织网络中的成员结构、数量和角色会发生动态变化。例如，在灾后初期，军队后勤起着主体作用，而进入灾后恢复期，社会物流组织逐步承担着灾后重建的物流任务。

2. 应急物流组织网络结构功能剖析

（1）应急物流指挥网络功能。如图 6.5 所示的应急物流组织网络中，应急物流指挥和应急物流组织构建了完整的应急物流组织网络，单向箭头代表任务流，双向箭头代表信息流。灾后组织的第一要务就是成立应急物流指挥中心，认清灾后环境和形势，迅速做出决策和行动部署，指明各节点、各部门任务目标、责权和实现路径，这是后续救援行动能否科学、高效的关键。应急物流指挥中心根据灾情、资源和环境的动态信息，向应急物流各部门合理调配物流人才资源，有效配置、运用设施设备资源，提供资金和信息资源，指挥协调应急物流组织的顺畅运行。

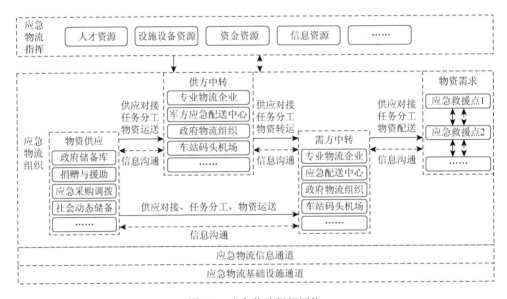

图 6.5　应急物流组织网络

（2）应急物流组织运作网络功能。参与一线应急物流活动的组织成员根据应急指挥指令，基于供应链的无缝链接思想，除了组织自身的高效运作，还需在信息沟通、物流流程等方面与上下游组织高效无缝对接。根据应急指挥指令，明确自己在应急物流链中的角色、权利与责任；主动对接指定的上下游组织，明确双方在合作中的任务分工，进而组织资源迅速开展物资运送、转运、配送活动，做到物流活动每一环节、每一步骤的及时响应（just in time，JIT），形成有序、快速、清晰、流畅的任务流，保障将救援人员和物资尽快运至灾区。应急物流组织网络中，第一、二级受灾害扰动较小，可直接选择救援物资生产企业、综合配送中心或物流园区、大型快递公司作为物资供应点和供方中转点，借助它们成熟的物流配送网络，精良的设施设备，专业的人才、流程和技术，实现救援物资的生产、集聚和流通加工。第三级组织处于灾区或灾区近围，直接面向救援点，可以选择物流条件和环境相对较好的车站、码头、机场，进驻非灾区的专业物流企业、政府物流组织，或临时组织各方力量组建应急配送中心等，其主要任务是流通加工或配装配送。第四级主要由政府组织、军方力量、社会企业或 NGO 组成，直接向灾民配发救灾物资，必要时各救援点还需要进行物资的横向调拨，保障救援的全面和公平。第三、四级物流网络最易受到扰动，其组织应变能力决定着应急物流综合能力，因此在该段对应急物流组织网络能力要求会更高、更复杂。

　　相比于常态物流组织网络，应急物流组织网络中的主体来源结构复杂。本着"救援第一"的思想，应急物流各组织会在思想上、行动目标上保持高度一致，各级主体主观上愿意与上下游及同级组织共享信息和资源，应急物流组织网络会更开放、共融。又由于这些组织在性质、价值取向等方面存在较大差异，组织结构很难在短时间内达到较高的紧密程度。随着不同救灾阶段救灾目标、要求和任务的变化，网络中的成员会产生相应调整和变化，从而使应急物流组织网络演变成为开放的、信息和资源充分共享的、可动态重组的多边共融网络。

6.3.4　应急物流网络耦合功能

1. 应急物流网络耦合协同思想

　　灾难救援实践中虽已出现多种物流方式和物流网络的应急配合，但还处于"各自为政""穷于应付"的被动应急状态，效率不高，效果不佳。应急物流网络在灾后内外部各种扰动下，应急物流任务的高效实现需要立体耦合的协同物流网络的保障。从协同学的视角看，协同运作是应急物流网络发展的重要方式和主导趋势。耦合度可以用来反映应急物流各网络之间的协同程度，反映应急物流网络要素彼此间作用的影响程度。耦合度高，则网络之间协同作用强，网络应变应对能力就越好，应急物流运作效率就会高；反之，应急物流子网络间协同运作难度就会大，网络应变应对能力就会差，运作效率就会低。可见，应急物流网络的耦合作用和协调程度决定了应急物流网络走向何种结构、何种秩序，更是决定了应急物流网络拥有怎样的应变应对能力。

2. 应急物流网络耦合功能实现

　　如图 6.6 所示，一方面，随着与外部自然环境、社会环境和政策环境的交互，立体多级应急物流网络实现网络感知、网络规划、网络运行，并在运行中不断学习创新，产生自适应内外部环境的反应和行为，网络应变能力不断改善和提升。另一方面，应急物流子网络在目标、政策、结构、功能、标准、技术等方面互联、互补、互促，不断磨合和调整，提高子网络间的耦合度，使得各类应急物流资源"入网"后很快便从无序走向有序。同时，不断整合纳入的资源和要素，又进一步增强了应急物流网络的整体实力，进而使网络对物流资源整合能力不断增强。应急物流网络在内部协同、外部交互中不断增强网络功能和网络效应，形成整体耦合和协同运作的具有强应变能力的应急物流网络，实现应急物流的时间效用、空间效用和形质效用，最大程度、第一时间满足应急物流需求。

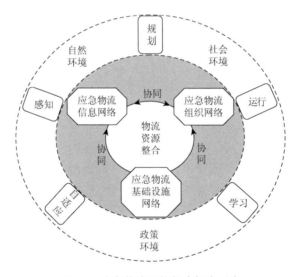

图 6.6　应急物流网络能力概念示意

6.4　本 章 小 结

首先，从拓扑结构和功能视角分析突发事件对应急物流网络的干扰影响和破坏程度，剖析应急物流网络面对干扰的应对能力，即可靠能力、修复能力和扩张能力；然后，基于"保畅通"要求，从系统组成视角构建了含应急物流基础设施网络、信息网络和组织网络的立体、多级、动态的应急物流网络，并通过概念图阐明应急物流网络内部协同、外部交互的耦合思想和功能实现。应急物流网络的灾后干扰影响、应对能力剖析和理论模型的建立为弱化灾后干扰对应急物流网络的影响、保证应急 OD 对间物流畅通和提升应急物流网络应对能力提供了理论和实践参考。

　　近些年重大灾害应急物流实践中，无论是物流"生命线"的打通，还是应急物资到达速度与规模的提升，皆表明应急物流网络应对干扰的能力不断增强，但同时也反映出应急物流网络可靠能力、修复能力和扩张能力的相对有限性。面对灾后激增的应急物流需求，无论常态物流网络是否受到外界扰动，都需要对其迅速做出调整、重组和优化，转换功能应对应急要求。应急物流强能力一方面取决于应急物流网络软硬件资源配置，另一方面取决于应急物流网络运作管理和功能实现。定位-路径能力是应急物流能力的又一核心内容，很大程度上体现应急物流运作管理能力，第 7 章将对其进行专门研究。

第7章 应急物流定位-路径能力研究

LAP 和 VRP 是常态物流能力的核心问题，也是应急物流能力的核心问题。科学设定应急物流目标，提升应急物流定位-路径能力，既可以对灾害快速反应，也可以降低救援物流成本，取得时间效益和成本效益的同时优化。应急物流定位-路径能力是指解决和优化 ELLRP 的能力。从现有文献看，LAP、VRP 和 LRP 在常态物流研究领域已取得较丰富的成果。作为应急物流核心能力的 ELLRP 的研究还不多见。目前对 ELLRP 的研究多专注于确定性环境下的优化问题；对其研究的目标较单一，即较多地关注成本最小化、路径最短化或时间最小化；模型及算法可行性验证多采用针对性不强的算例或仿真实例，其研究结果的科学性和现实参考性有待探究。

现代应急物流救援是面向众多不确定的多目标优化问题。面对受灾规模和程度、救援人力和物力、车辆与路况等不确定情况，不仅要考虑救援时间效益最大化、灾害损失最小化，还需兼顾救援成本最小化，避免救援过度或浪费。研究结果最终要指导实践，验证算例尽可能贴近实际，增强其实践指导意义。基于对应急中转站、救援点和救援车的系列假设和约束条件，构建 ELLRP 多目标优化模型；根据时间窗、距离和路阻等待时间等因素进行应急中转站定位和救援点分配，再设计 GA-ACO 混合求解算法进行全局和局部路径寻优；运用 SOLOMON 标准数据测试模型和算法可行性，并求解以江苏地震为背景的仿真实例。

7.1 ELLRP 优化模型

7.1.1 ELLRP 描述及条件假设

ELLRP 是指当突发事件发生后，以时间效率为核心，根据备选应急中转站处理能力和救援点需求等情况，解决应急中转站定位和救援路线安排问题，将灾区急需的药品、食品等物资和救援人员运送至救援点，以将人员伤亡和财产损失降至最少。应急救援时间有单边软时间窗（unilateral soft time windows）要求，即救援点 i 对救援车 k 有最迟到达时间 LT_i 限制，超过时间窗将增加延时惩罚。运输方式可根据灾情、灾后周期、应急物资可得性、运输方式可得性等进行综合选择。例如，灾后初期，如果路段完全中断，灾区如孤岛，只能采用直升机或运输机（有条件）、人力车或人力（没条件）等运输方式；约 12 小时之后，主干道、通信等基础设施经过抢修逐步恢复，此时是救援频率、效率高峰期。救援物资尽可能从灾区邻域筹措（就近原则），此时可得性、灵活性、便利性最优的公路运输是最佳应急运输方式。为有效求解 ELLRP，假设：①假设救援运输方式为公路运输，救援车为标准化箱式货车，车载量相同且已知。②应急中转站、救援点坐标和车辆行驶速度已知。③各救援点对救援物资需求及时间窗可知。④路段风险发生概率、等待时间可知。⑤应急中转站处理能力相同且已知。⑥救援物资供应充足、救援车充足。⑦各救援点物资回收量均小于物资需求量，保证车辆不超载。⑧最少应急中转站个数=需求点物资需求量总和/应急中转站处理能力，最后确定的应急中转站个数应大于等于最少应急中转站个数。⑨送往救援点的应急物资，如食品、药品和生活用品等可以混装于同一救援车。

7.1.2　ELLRP 模型符号及变量设计

假设救援配送网络中有 M 个节点，$S = \{s | s = 1, 2, \cdots, M\}$，其中 $S_1 = \{s | s = 1, 2, \cdots, m\}$ 为备选应急中转站集合，$S_2 = \{s | s = m+1, m+2, \cdots, M\}$ 为救援点（需求点）集合。K 表示救援车集合，$k \in K$；G 表示货物种类集合，$G = \{g | g = 1, 2, 3\}$（1 为食品，2 为药品，3 为生活用品等）；T_{ik}^a 表示救援车 k 到达需求点 i 的时间，$i \in S_2$；T_{ik}^b 表示救援车 k 离开需求点 i 的时间，$i \in S_2$；t_{ijk}^a 表示救援车 k 从节点 i 到节点 j 的行驶时间，$i, j \in S$；t_{ijk}^b 表示救援车 k 从节点 i 到节点 j 的风险应对时间（含拥堵等待时间、道路中断和救援车破坏修复时间），$i, j \in S$；t_i 表示灾后应急中转站 i 建立的时长；LT_i 表示救援车到达需求点 i 的时间窗，$i \in S_2$；t_{ik} 表示救援车 k 在节点 i 的服务时间（卸、装、等待时间），$i \in S$；d_{ij} 表示节点 i 到节点 j 的距离，$i, j \in S$；C_u 表示救援车单位距离行驶成本；C_k 表示救援车 k 的固定运营成本；C_m 表示单位延时惩罚成本；C_c 表示应急中转站固定运营成本；q_i^g 表示需求点 i 对物品 g 的需求量，$i \in S_2$；S_j^g 表示供应点 j 对物品 g 的供应量，$j \in S_1$；r_i 表示需求点 i 需要回收的物品数量（假设 $r_i \leqslant q_i$），$i \in S_2$；D_k 表示救援车 k 的载重量，$k \in K$。并引入决策变量：

$$x_i = \begin{cases} 1, & \text{在} i \text{处设立应急中转站} \\ 0, & \text{否则} \end{cases}$$

$$y_{ik} = \begin{cases} 1, & \text{需求点} i \text{由救援车} k \text{服务} \\ 0, & \text{否则} \end{cases}$$

$$z_{ijk} = \begin{cases} 1, & \text{救援车} k \text{由节点} i \text{行驶节点} j \\ 0, & \text{否则} \end{cases}$$

7.1.3 ELLRP 模型构建

为求得应急物流时间效益和成本效益的综合优化，建立 ELLRP 的多目标优化模型：

$$f = \min(\partial_1(f^1 / f^1_{\max}) + \partial_2(f^2 / f^2_{\max})) \tag{7.1}$$

$$f^1 = \sum_{i \in S_1} x_i t_i + \sum_{i \in S} \sum_{k \in K} y_{ik} t_{ik} + \sum_{i \in S} \sum_{j \in S} \sum_{k \in K} z_{ijk}(t^a_{ijk} + t^b_{ijk}) \tag{7.2}$$

$$f^2 = \sum_{i \in S_1} x_i C_c + \sum_{i \in S} \sum_{k \in K} y_{ik} C_k + \sum_{i \in S} \sum_{j \in S} \sum_{k \in K} z_{ijk} C_u d_{ij} + C_m \sum_{i \in S_2} \sum_{k \in K}(T^a_{ik} - LT_i) \tag{7.3}$$

$$\text{s.t.} \quad \sum_{g \in G} \sum_{i \in S} q^g_i y_{ik} \leqslant D_k, k \in K \tag{7.4}$$

$$\sum_{g \in G} \sum_{i \in S} q^g_i y_{ik} - \sum_{g \in G} q^g_i + r_i \leqslant D_k, k \in K \tag{7.5}$$

$$\sum_{k \in K} \sum_{j \in S} z_{ijk} = 1, i \in S_2 \tag{7.6}$$

$$\sum_{i \in S} \sum_{j \in S} z_{ijk} \leqslant 1, k \in K \tag{7.7}$$

$$\sum_{i \in S_1} S^g_i y_{ik} \geqslant \sum_{j \in S_2} q^g_i, g \in G \tag{7.8}$$

$$T^a_{ik} + t_{ik} + t^a_{ijk} + t^b_{ijk} = T^a_{jk}, i, j \in S, k \in K, i \neq j \tag{7.9}$$

$$P\left(\sum_{i \in S_2}(LT_i - T^a_{ik}) \geqslant 0\right) \geqslant 0.8, k \in K \tag{7.10}$$

$$x_i = 0,1, \ i \in S_1 \tag{7.11}$$

$$y_{ik} = 0,1, \ i \in S_2, \ k \in K \tag{7.12}$$

$$z_{ijk} = 0,1, \ i \in S, \ j \in S, \ k \in K \tag{7.13}$$

式（7.1）为多目标函数，将子目标作适当改进以量纲一致。f^1 为时间最小化目标，是第一目标，f^2 为次要目标，表示成本最小化，∂_1、∂_2 表示子目标重要程度。式（7.2）为时间最小化目标 f^1，由应急中转站建立时间、节点停留时间（含卸和装）和救援车的行驶时间、应对风险时间三个部分组成。式（7.3）为成本最小化目标 f^2，由应急中转站运营费用、救援车固定运营费用、救援车行驶费用及超过时间窗的惩罚费用四个部分组成。式（7.4）～式（7.10）是目标函数的约束条件：式（7.4）表示救援车载重约束，式（7.5）表示救援车在每一节点装卸后仍不超载，式（7.6）表示需求点有且只有一辆救援车服务（或只属于一条线路），式（7.7）表示每辆救援车只服务于一条线路，式（7.8）表示供应的救援物资能够满足所有需求点需求，式（7.9）表示救援车到达相邻两节点前节点的时间，加上在此节点服务的时长、两个节点路段中的行驶时长和风险应对时长，等于到达后节点的时间，式（7.10）表明救援车在时间窗内到达各需求点的概率不小于 0.8。式（7.11）~式（7.13）表明取整约束。

7.2 ELLRP 算法设计

应急 LAP 和 VRP 组成 ELLRP，它们是应急物流能力的两个关键部分，两者相互依赖、相互影响，因此有必要将这两个 NP-hard 问题从集成、整体、系统角度研究。目前 LRP 研究思路主要有：先定位分配，再安排路线[157]；先安排路线，再定位分配[158]；节约插入法[159]；等等。求解分析多采用启发式算法，如 GA、禁忌搜索算法、模拟退火算法、ACO、粒子群算法的基本算法、改进算法及混合算法等[118, 212]。如第 2 章所述，将基本算法作改进或混合可以得到较理想的结果，设计混合 GA 和 ACO 的启发式算法，对 ELLRP 优化模型进行求解。

7.2.1 GA-ACO 混合启发式算法的基本思路

GA 和 ACO 同是通用性强、适应性广的优化算法，分别由 Holland 教授[213]和 Dorigo 教授[217]提出。两种算法的独立性、自适应性、并行性等优点使得它们对复杂优化问题能求得较满意解。鉴于 GA 的全局强搜索能力与 ACO 的局部强搜索能力，GA 早期搜索速度快与 ACO 后期搜索速度快等鲜明互补优势，在 VRP 阶段分全局和局部二阶段寻优：①全局混合搜索阶段。考虑 ACO 中相关算法的特点，运用 ACO 的 AS_{rank} 算法（基于排列的 AS）和 GA 算法随机并行产生各自初始种群。各自迭代 n_1^{ACO}、n_1^{GA} 代调用混合算法以检验解的收敛性，并调整各自的最优解。②局部精确寻优阶段。当混合算法收敛到一定范围，运用 ACO 的 ACS 算法进行局部寻优，获取精度更高的解。

7.2.2 GA-ACO 混合启发式算法设计

1. 编码设计

GA 和 ACO 采用相同路径（解）编码方法——自然数编码，染色体（解）的长度为应急中转站个数+车辆数+救援点个数。设有 M 个节点，前 m 个为备选应急中转站，集合为 $S_1=\{s|s=1,2,\cdots,m\}$，$M-m$ 个救援点，集合为 $S_2=\{s|s=m+1,m+2,\cdots,M\}$。如 $S_1=(1,2,3,4,5)$，$S_3=(6,7,\cdots37)$，最优路径为 "1 31 19 17 36 8 18 1

9 10 25 11 14 1 22 15 24 26 21 1 2 16 29 13 7 2 12 35 27 30 2 4 37 32 23 28 6 4 34 20 33 4"，表明 5 个备选应急中转站中 1，2，4 号被选中，从 1 号、2 号、4 号应急中转站分别发出 3 条、2 条、2 条救援路线，共派出 7 辆车，每条线路起点和终点一致，其间数据为行车顺序，染色体（解）的长度为 3+7+32=42。

2. GA-ACO 混合适应度值改进策略

适应度函数值是算法所得解优劣程度的度量标准。在混合算法迭代过程中，阶段性地将适应度函数值混合后进行判定，是获得高质量解的有效方法之一。本章设计混合适应度函数，在 VRP 全局并行寻优中，周期性地将其运用在迭代过程中检验解，以期获得高质量解。设蚂蚁规模和种群规模分别为 N_{ACO}、N_{GA}，全局寻优阶段第 t 代 ACO 解和 GA 种群的当代适应度值（对两个子目标值进行线性拉伸、变换获得）、最大适应度值、平均适应度值分别为 $f_{ACO}^i(t)$，$f_{ACO}^{max}(t)$，$f_{ACO}^{avg}(t)$，$f_{GA}^i(t)$，$f_{GA}^{max}(t)$，$f_{GA}^{avg}(t)$，则第 t 代混合适应度值为

$$f(t) = \alpha_2 f_{GA}^{avg}(t) + \beta_2 f_{ACO}^{avg}(t) \tag{7.14}$$

其中，$f_{GA}^{avg}(t) = \frac{1}{N_{GA}}\sum_{i=1}^{N_{GA}} f_{GA}^i(t)$ $f_{ACO}^{avg}(t) = \frac{1}{N_{ACO}}\sum_{i=1}^{N_{ACO}} f_{ACO}^i(t)$，

$$\alpha_2 = \frac{f_{GA}^{max}(t) - f_{GA}^{avg}(t)}{f_{GA}^{max}(t) - f_{GA}^{avg}(t) + f_{ACO}^{max}(t) - f_{ACO}^{avg}(t)}, \quad \beta_2 = \frac{f_{ACO}^{max}(t) - f_{ACO}^{avg}(t)}{f_{GA}^{max}(t) - f_{GA}^{avg}(t) + f_{ACO}^{max}(t) - f_{ACO}^{avg}(t)}。$$

3. GA 策略

GA 染色体选择：采用精英保留策略与轮盘赌选择法结合，即将代适应度值最高的解直接遗传，其他染色体根据其适应度值进行轮盘赌选择。GA 染色体交叉：根据自适应交叉概率 p_c[见式（7.15）]，对选中的染色体两两进行交叉，采用 2-opt 算子交换法，交换两个交叉点间的基因。GA 染色体变异：根据自适应变异概率 p_m[见式（7.16）]，采用倒位变异法，对染色体中随机选取的两个基因座之间的基因逆序排列。在 GA 中，仅对以应急中转站为单元的子种群元素作线路内和线路间交叉和变异操作，在算法不同阶段将子种群作相应分合处理。

$$p_c(t) = \begin{cases} \alpha_3(f_{GA}^{max}(t) - f_{GA}^{i\ m}(t))/(f_{GA}^{max}(t) - f_{GA}^{avg}(t)), & f_{GA}^{i\ m}(t) \geq f_{GA}^{avg}(t) \\ \beta_3, & f_{GA}^{i\ m}(t) < f_{GA}^{avg}(t) \end{cases} \tag{7.15}$$

$$p_m(t) = \begin{cases} \alpha_4(f_{GA}^{max}(t) - f_{GA}^i(t))/(f_{GA}^{max}(t) - f_{GA}^{avg}(t)), & f_{GA}^i(t) \geq f_{GA}^{avg}(t) \\ \beta_4, & f_{GA}^i(t) < f_{GA}^{avg}(t) \end{cases} \tag{7.16}$$

其中，$f_{GA}^{i\ m}(t)$ 为第 t 代两个交叉染色体中较大者，α_3，β_3，α_4，β_4 为小于或等

于 1 的常数。当染色体适应度值小于平均值时，需要有较大的交叉和变异概率来改变较差染色体，因此，在设定参数值时，一般设 $\alpha_3 < \beta_3$，$\alpha_4 < \beta_4$[215]。

4. ACO 改进策略

ACO 策略主要包括寻优改进策略与信息素更新策略。

（1）寻优改进策略。在应急物流路径选择中，时间是首要因素，它也是蚂蚁寻优的重要指引之一。将随机比例（random proportional）概率公式和伪随机比例（pseudorandom proportional）概率公式做改进并运用于 ACO 的 AS_{rank} 和 ACS 两种算法中。AS_{rank} 算法中位于城市 i 的蚂蚁 k 选择城市 j 作为待访问城市的概率为

$$p_{ij}^k(t) = \frac{\tau_{ij}^\alpha(t)\eta_{ij}^\beta(t)\omega_j^\gamma(t)}{\sum\limits_{l\in\Phi_i^k}\tau_{il}^\alpha(t)\eta_{il}^\beta(t)\omega_l^\gamma(t)}，\text{ 如果 } j\in\Phi_i^k \tag{7.17}$$

其中，α，β，γ 为三个参数，分别决定信息素、启发式信息和时间紧急程度的相对影响力；$\tau_{ij}(t)$，$\eta_{ij}(t)$，$\omega_j(t)$ 分别表示 t 时刻边 ij 的信息素值、启发式信息值和需求点 j 的时间紧急程度值。Φ_i^k 代表位于城市 i 的蚂蚁 k 可以直接到达城市的集合。

ACS 算法中蚂蚁选择城市 j 的规则为

$$j = \begin{cases} \arg\max\limits_{l=\Phi_i^k}\left\{\tau_{ij}^\alpha(t)\eta_{ij}^\beta(t)\omega_j^\gamma(t)\right\}, q\leqslant q_0 \\ J, q > q_0 \end{cases} \tag{7.18}$$

其中，J 是根据 $p_{ij}^k(t)$ 产生的随机变量；q_0 表示当前蚂蚁选择可能最优移动方式的概率，它可以调节算法对新路径的探索度，$0\leqslant q_0\leqslant 1$；$q$ 是均匀分布的随机变量，$0\leqslant q\leqslant 1$。

（2）信息素更新策略。全局寻优阶段 AS_{rank} 算法信息素更新策略：只有至今全局最优的蚂蚁和本次迭代 N_{ACO} 只蚂蚁中前 m_1 只蚂蚁才可以释放信息素。排名第 r 的蚂蚁将根据式（7.19）进行第 t 次信息素更新：

$$\tau_{ij}(t) \leftarrow \tau_{ij}(t) + \sum_{r=1}^{m_1}(m_1+1-r)\Delta\tau_{ij}^r(t) + (m_1+1)\Delta\tau_{ij}^{best}(t) \tag{7.19}$$

其中，$\Delta\tau_{ij}^r(t) = 1/C^r(t)$，$\Delta\tau_{ij}^{best}(t) = 1/C^{best}$，$C^r(t)$ 和 C^{best} 分别为第 r 只蚂蚁所走路径和代最优路径。局部寻优阶段 ACS 算法中，结合局部、全局信息素更新策略，且隐含信息素更新在 $\tau_0\leqslant\tau_{ij}(t)\leqslant 1/C^{best}$ 范围内深入寻优，以保证解的质量和收敛效率。局部信息素更新策略是指蚂蚁构建路径过程中，每经过一条边，就更新该边上信息素：

$$\tau_{ij}(t) \leftarrow (1-\xi)\tau_{ij}(t)+\xi\tau_0 \tag{7.20}$$

其中，ξ 为参数，$0<\xi<1$；τ_0 是信息素初始值，$\tau_0=1/(M-m)/C^{(M-m)^2}$ [216]；$M-m$ 代表救援点数量。而 ACS 算法每一次迭代后的全局信息素更新仅指在当前最优蚂蚁走过的路径上进行信息素释放，这将大大降低全局信息素更新复杂度：

$$\tau_{ij}(t) \leftarrow (1-\rho(t))\tau_{ij}(t)+\rho(t)\Delta\tau_{ij}^{best}(t), \forall(i,j)\in C^{best} \tag{7.21}$$

其中，$\Delta\tau_{ij}^{best}(t)=1/C^{best}$；$\rho$ 为信息素蒸发速率。

5. 算法阶段转换和终止策略

（1）第一阶段调用混合适应度函数时机：ACO 与 GA 每迭代 n_1^{ACO}、n_1^{GA} 次。

（2）进入第二阶段时机：第一阶段最优混合适应度函数值保持 n_2 次

$$\left|\frac{f^{best}(t+1)-f^{best}(t)}{f^{best}(t)}\right| \leqslant \varepsilon_1$$，未见局部停滞等早熟现象，仅收敛于某一范围，或者迭代次数达到给定值 N_1^{max}，转入 ACS 法精确寻优，ε_1 为任意小的精度值，$\varepsilon_1>0$。

（3）算法终止：如果连续 n_3 次 $\frac{f_{ACS}^{best}(t+1)-f_{ACS}^{best}(t)}{f_{ACS}^{best}(t)}\leqslant\varepsilon_2$，则认为算法收敛，$\varepsilon_2$ 为任意小的精度值，$\varepsilon_2>0$，或者迭代次数达到给定值 N_2^{max}。

6. 算法实施步骤

步骤 1：初始数据输入。

（1）备选应急中转站和救援点的经纬度 (x_i,y_i)，备选应急中转站容量和车辆容量，救援点物资需求量 q_i 和物资回收量 r_i（$r_i<q_i$），需求点单边时间窗 LT_i，路段阻塞等待时间等。

步骤 2：应急中转站定位与救援点分配。

（2）根据救援点时间窗、备选应急中转站与救援点之间距离及路段阻塞等待时间等确定应急中转站及其负责的救援点。

步骤 3：VRP 优化控制参数设置。

（3）GA 相关参数设置：染色体种群规模 N_{GA}，α_3，β_3，α_4，β_4。

（4）ACO 相关参数设置：蚁群规模 N_{ACO}、信息素参数 α、启发式信息参数 β、时间窗参数 γ、信息素初始值 τ_0、信息素更新参数 ξ 等。

（5）混合算法相关参数设置：两阶段最大迭代次数 N_1^{max} 和 N_2^{max}，进化阶段和算法终止判定参数 ε_1 和 ε_2，计算与调用混合适应度函数的两种算法运行次数 n_1^{ACO} 和 n_1^{GA} 及 n_2 和 n_3。

步骤 4：GA 和 AS$_{rank}$ 算法混合寻优。

（6）GA：产生小于等于 m 组（组数为已确定的应急中转站个数）规模同为 N_{GA}，长度不同的 GA 初始子种群，计算初始种群的目标函数值 $f_{GA}^i(t)$。

（7）GA：采用精英法和轮盘赌法从子种群中选择若干较优解，根据式（7.15）和式（7.16）计算 $P_c(t)$ 和 $P_m(t)$，并进行 GA 的交叉、变异、逆转和重插入操作，形成新种群。

（8）GA：根据式（7.14）中的相应子式计算 $f_{GA}^{avg}(t)$，并记录本次迭代最优解 $f_{GA}^{max}(t)$。若优于历史最优解 f_{GA}^{best}，则 $f_{GA}^{best}=f_{GA}^{max}(t)$。$t_{GA} \leftarrow t_{GA}+1$。若 $t_{GA}<n_1^{GA}$，返回（7）。

（9）AS$_{rank}$：将 N_{ACO} 只蚂蚁随机地放在小于等于 m 个应急中转站中，并对所有边信息素赋初值 $\tau_{ij}(0)=c$（c 为常数）。

（10）AS$_{rank}$：将蚂蚁初始点置于解集中，每只蚂蚁 k 根据式（7.17）和剩余车载量寻找下一救援点 j，将 j 至于解集中。

（11）AS$_{rank}$：若每只蚂蚁都已遍历救援点，计算 $f_{ACO}^i(t)$，$f_{ACO}^{avg}(t)$，$f_{ACO}^{max}(t)$。若本次最优解 $f_{ACO}^{max}(t)$ 优于历史最优解 f_{ACO}^{best}，则 $f_{ACO}^{best}=f_{ACO}^{best}(t)$。

（12）AS$_{rank}$：对 $f_{ACO}^i(t)$ 排序，前 m_1+1 只蚂蚁根据式（7.19）释放信息素，进行全局信息素更新。$t_{ACO} \leftarrow t_{ACO}+1$。若 $t_{ACO}<n_1^{ACO}$，则返回（9）。

（13）混合：根据式（7.14）计算 $f(t)$。若优于历史最优解 f^{best}，则 $f^{best}=f(t)$。

（14）混合：比较 f_{ACO}^{best} 和 f_{GA}^{best}，若 $f_{ACO}^{best}>f_{GA}^{best}$，则 $f_{ACO}^{best} \leftarrow f_{GA}^{best}$；反之，$f_{GA}^{best} \leftarrow f_{ACO}^{best}$。

（15）混合：若最优适应度函数 $\left|\dfrac{f^{best}(t+1)-f^{best}(t)}{f^{best}(t)}\right| \leq \varepsilon_1$ 保持 n_2 次不变，认为算法在既定范围 $[-\varepsilon_1,\varepsilon_1]$ 收敛，或达到设定迭代次数，转入（16）开始 ACS 局部精确寻优。否则 $t \leftarrow t+1$，返回（7）。

步骤 5：ACS 局部精确寻优。

（16）$f_{ACS}^{best}=f_{ACO}^{best}$，$t_{ACS} \leftarrow 0$。

（17）将 N_{ACO} 只蚂蚁随机放在小于等于 m 个应急中转站，根据式（7.21）更新 f_{ACS}^{best} 经过边的信息素。

（18）在 $[0,1]$ 间产生随机值 q，每只蚂蚁根据式（7.18）和剩余车载量寻找下一救援点 j，且每经过一条边，调用式（7.20）更新该边的信息素。

（19）若每只蚂蚁已遍历救援点，记录 $f_{ACS}^{max}(t)$。若本次最优解 $f_{ACS}^{max}(t)$ 优于历史最优解 f_{ACS}^{best}，则 $f_{ACS}^{best}=f_{ACS}^{max}(t)$。

（20）若最优适应度函数 $\dfrac{f_{ACS}^{best}(t+1)-f_{ACS}^{best}(t)}{f_{ACS}^{best}(t)} \leq \varepsilon_2$ 保持 n_3 次不变化，或达到最

大迭代次数，输出 f_{ACS}^{best}，算法结束。否则，$t_{ACS} \leftarrow t_{ACS} + 1$，则返回（17）。

7.3 仿真实例分析

7.3.1 模型与算法可行性验证

由于 LRP 问题未见有测试数据，采用 SOLOMON 的 R101 标准测试数据。设目标函数为总路径（目标函数的重要依据），首先测试带软时间窗的车辆路径问题（vehicle routing problem with soft time window，VRPSTW）问题［可看成仅一个配送中心的带软时间窗的定位路径问题（location routing problem with soft time window，LRPSTW）］，并将其数据改进（将几个配送点改成备选配送中心）测试 LRPSTW 问题。运用 Matlab7.6.0 编程求解，获得了相对较优结果。在 VRPSTW 模型测试中，主要参数为：$N_1^{max} = N_2^{max} = 100$，$N_{ACO} = N_{GA} = 50$，$D_k = 200$，$n_1^{ACO} = n_1^{GA} = 20$，$\alpha = 1$，$\beta = 2$，$\gamma = 1$，$n_2 = 20$，$n_3 = 10$。运行 10 次，最优解和平均解均能收敛在较稳定水平，其中第 7 次迭代到 160 代终止（第一阶段迭代 100 次，第二阶段迭代 60 次结束），在第二阶段获得最好解 1376.5513，需要 11 辆车。关于此解未见其他结果参照，但已知目前硬时间窗的最好解是 1645.79，需 19 辆车[219]。在 LRPSTW 模型测试中，将 3 组配送点改为配送中心，先进行定位分配，再安排路线，参数同上，求得最好解为 894.4542，需 8 辆车。在 VRPSTW 测试中，相比于硬时间窗解本书解的质量有所提高，而 LRPSTW 所得解比 VRPSTW 所得解质量又有新的改进，说明模型和算法有效，可以将其运用于相关实例求解中。

7.3.2 仿真实例设计与求解

假设江苏于某日凌晨 00：00 发生 8.7 级地震，江苏各地均有不同程度破坏。相关决策部门对灾区灾情分析后，立即在 64 个县市设立救援点。根据各地灾情、现有设施和道路情况初选 5 个应急中转站，准备向灾区提供救援物资和救援人员。各救援点对物资数量（多品种折算）和时间窗要求见表 7.1。应急中转站组建时间为 1，最大运营能力均为 800，固定运营费用为 100。救援车载重为 50，固定运营费用为 20，单位行驶成本为 1，行驶速度为 60，假设路阻等待时间为行驶时间的 20%（与路程长度成正比），救援车在各节点接受服务时间为 0.5，超时间窗单位惩罚成本为 500。时间和成本的权重分别为 0.75 和 0.25。要求科学确定应急中转站、合理安排配送救援车及其行车路线，使得各救援点在最短时间内以最小代价获得救援。

表 7.1　江苏灾区应急中转站坐标和各救援点坐标、物资需求量、时间窗信息表

备选应急中转站	1 沛县	2 溧水	3 海安	4 盱眙	5 启东				
经度 x	1.355 0	2.223 0	4.113 5	1.732 5	5.112 3				
纬度 y	3.830 0	0.755 0	1.413 0	1.512 5	1.012 3				
救援点	6 南京市	7 溧水县	8 高淳县	9 无锡市	10 江阴市	11 宜兴市	12 徐州市	13 丰县	14 沛县	15 铜山县
经度 x	118.784 6	119.027 8	118.891 7	120.304 3	120.283 9	119.824 7	117.191 8	116.594 1	117.292 5	117.168 8
纬度 y	32.085 13	31.648 78	31.314 86	31.567 27	31.912 9	31.331 88	34.259 86	34.687 33	34.705 96	34.167 91
需求量 q /时间窗 LT	13/8:00	19/7:00	26/8:30	13/8:00	15/7:00	29/9:00	16/8:00	16/6:00	12/10:00	19/8:00
救援点	16 睢宁县	17 新沂市	18 邳州市	19 常州市	20 溧阳市	21 金坛市	22 苏州市	23 常熟市	24 张家港	25 昆山市
经度 x	117.942	118.354 1	117.968 8	119.974 4	119.484 3	119.598 2	120.585 2	120.752 1	120.555 5	120.981 1
纬度 y	33.900 45	34.367 08	34.308 64	31.810 73	31.413 71	31.721 34	31.298 49	31.651 84	31.873 23	31.382 44
需求量 q /时间窗 LT	23/8:00	20/9:00	28/6:00	19/6:00	22/9:00	12/9:00	17/10:00	9/9:00	11/9:00	18/8:00
救援点	26 吴江市	27 太仓市	28 南通市	29 海安县	30 如东县	31 启东县	32 如皋市	33 海门市	34 连云港	35 赣榆县
经度 x	120.644 2	121.108 8	120.892 7	120.458 8	121.187 4	121.657 1	120.575	121.17	119.220 6	119.126
纬度 y	31.155 44	31.447 83	31.981 13	32.541 7	32.313 52	31.805 37	32.367 32	31.891 35	34.597 04	34.838 54
需求量 q /时间窗 LT	29/10:00	3/11:00	6/11:00	17/7:00	16/8:00	16/9:00	9/7:00	21/8:00	27/8:00	23/8:00
救援点	36 东海县	37 灌云县	38 灌南县	39 淮安市	40 涟水县	41 洪泽县	42 盱眙县	43 金湖县	44 盐城市	45 响水县
经度 x	118.771 4	119.239 2	119.315 8	119.014 4	119.260 7	118.873 1	118.544 6	119.020 5	120.162 5	119.578 4
纬度 y	34.539 75	34.280 75	34.084 28	33.610 22	33.779 03	33.291 77	33.009	33.022 92	33.347 82	34.196 83
需求量 q /时间窗 LT	11/7:00	14/10:00	8/10:00	15/9:00	8/7:00	16/8:00	31/10:00	9/11:00	15/11:00	15/7:00
救援点	46 滨海县	47 阜宁县	48 射阳县	49 建湖县	50 东台市	51 大丰市	52 扬州市	53 宝应县	54 仪征市	55 高邮市
经度 x	119.821 1	119.800 6	120.257 9	119.798 6	120.321 5	120.461 2	119.412 7	119.358 6	119.184 3	119.458 7
纬度 y	33.987 58	33.779 18	33.772 37	33.461 84	32.848 88	33.192 99	32.394 86	33.239 25	32.269 98	32.778 38
需求量 q /时间窗 LT	7/8:00	18/9:00	16/10:00	11/8:00	27/8:00	36/9:00	30/10:30	13/10:00	10/10:00	9/9:00
救援点	56 江都市	57 镇江市	58 丹阳市	59 扬中市	60 句容市	61 泰州市	62 兴化市	63 靖江市	64 泰兴市	65 姜堰市
经度 x	119.57	119.455 6	119.606 3	119.797 3	119.168 1	119.921 9	119.852 2	120.274 5	120.051 5	120.126 4
纬度 y	32.432 62	32.199 81	32.006 71	32.232 69	31.942 14	32.455 24	32.908 33	32.012 64	32.169 59	32.506 58
需求量 q /时间窗 LT	14/7:00	18/8:00	12/10:00	6/11:00	7/11:00	18/7:00	28/10:30	3/9:00	13/10:00	19/8:00
救援点	66 宿迁市	67 沭阳县	68 泗阳县	69 泗洪县						
经度 x	118.274 7	118.768 5	118.703 3	118.216 2						
纬度 y	33.962 66	34.113 04	33.718 72	33.457 32						
需求量 q /时间窗 LT	10/8:00	9/9:00	20/9:00	25/10:00						

7.3.3　结果分析

为便于运算和结果显示,如图 7.1 所示,将江苏各地坐标分别纵向平移 31 度、横向平移 116.5 度。LAP 主要考虑时间窗、距离和路阻等待时间三个因素(权重为 0.5,0.3,0.2),确定应急中转站和分配救援点。第二阶段 VRP 主要考虑时间窗、车载、距离因素,相关参数设定: $N_1^{max}=150$, $N_2^{max}=100$, $N_{ACO}=N_{GA}=50$, $n_1^{ACO}=n_1^{GA}=10$, $n_2=n_3=5$, $\alpha=1$, $\beta=1$, $\gamma=2$, $m_1=6$, $\rho=0.15$, $q_0=0.9$, $\alpha_3=0.655$, $\beta_3=0.855$, $\alpha_4=0.025$, $\beta_4=0.055$, $\xi=0.1$, $\varepsilon_1=0.1$, $\varepsilon_2=0.01$ 等。运行 20 次,1 次运行到 77 代夭折,成功率 95%。第 12 次运算中在第 200 代结束,时间目标函数获得最优值 133.9317,此时成本目标函数值为 6.7531×10^4 ,路径总长为 61.6024,其救援路径如图 7.1 所示,共需 24 辆车。时间目标函数最优值和均值的迭代变化情况见图 7.2,在前 150 代寻优中,代均解均值为 145.1077,代最优解均值为 138.3965,后 50 代代均解均值为 139.5466,代最优解均值为 134.4388。从迭代数据可以看出,前 150 代寻优中,最优值和均值能够收敛于较稳定的水平,但未能收敛到既定范围,而进入 ACS 精确寻优阶段,在第 50 代就收敛于较理想水平,最优值和均值的偏差明显减小,解的稳定性和质量明显提高。

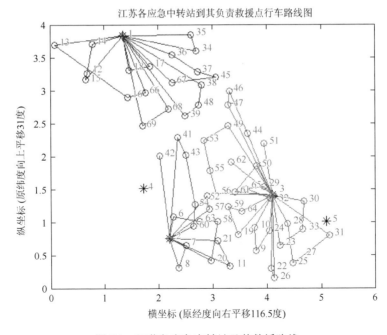

图 7.1　江苏各应急中转站及其救援路线

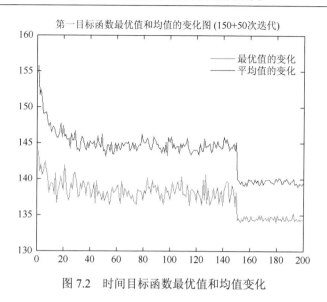

图 7.2 时间目标函数最优值和均值变化

7.4 本 章 小 结

灾害发生后迅速定位应急中转站、确定营救路线并迅速实施救援，以最少物流时间、最小物流成本、最大物流流量满足应急需求是优化 ELLRP 的核心任务，体现应急物流定位-路径能力水平。以时间效益最大化为主要目标、成本最小化为次要目标，考虑灾后众多不确定情况，确定救援点应急需求、时间要求和道路受阻概率和程度，明确备选应急中转站的处理能力、救援车辆类型和容量，基于系列假设构建了 ELLRP 多目标优化模型；根据时间窗、距离和路阻等待时间等因素进行应急中转站定位和救援点分配；设计 GA-ACO 混合求解算法进行全局和局部二阶段路径寻优，引入混合适应度函数进行解优劣的判定。运用 Matlab 7.6.0 编程，通过 SOLOMON 的 R101 标准数据测试了模型和算法的可行性，最后求解以江苏地震灾害为背景的仿真实例。研究过程和结果表明，多目标优化模型和改进混合算法具有较好的鲁棒性和有效性。

由于灾害发生后信息收集难度较大，参数设置对求解结果也有一定影响，在算例运算中对相关参数做了简化或省略，也未能有类似问题结果比较，因此设计的模型及算法的可行性和性能还需进一步验证。另外，关于多种运输方式（直升机、运输机、火车、卡车、人力车等）联运或直配，两级或多级设施的定位，多品种、异要求的应急物资供给，路网中断及次生灾害问题的处理也是应急物流定位-路径能力提升和优化的重要内容，需要继续深入研究。

第 8 章　应急物流典型案例

我国各类突发事件发生频繁,近年来就经历了三次大地震:2008 年的汶川地震、2010 年的玉树地震和 2013 年的芦山地震,造成巨大的人身伤亡和财产损失,更是造成深远的社会影响。应急物流管理是应急管理的重要组成部分。分析汶川、玉树、芦山三次地震中应急物流运作与管理能力、应急物流效果、应急物流瓶颈;对比阐述东日本地震中的应急物流管理启示,对提升我国应急物流能力、应急管理能力具有一定的理论和实践意义。

8.1　汶川地震中的应急物流

8.1.1　汶川地震应急救援概况

2008 年 5 月 12 日,我国四川省汶川县发生了里氏 8.0 级大地震,震中位于汶川县映秀镇附近,离成都市 79 千米。这次地震破坏面积及伤亡人数为新中国成立以来罕见。根据民政部统计数据资料,截止到 2008 年 9 月 11 日 12 时,汶川地震已造成 69 226 人遇难,374 643 人受伤,17 923 人失踪,破坏面积超过 10 万平方千米,四川、甘肃、陕西、重庆、云南、山西、贵州、湖北等八省(直辖市)均遭受不同程度的损失,地震波及大半个中国及多个亚洲国家和地区。汶川地震发生后,党中央、国务院高度重视,国家领导人第一时间做出"不惜一切代价救人"的抗震救灾领导方针。在党中央的号召下,各级政府、各条战线、各界人士迅速组织力量向灾区提供物资、设备、人力等各类救援,全国上下,万众一心,全力救灾。

8.1.2　汶川地震应急物流阻抗与困难

应急物流活动作为救援活动的重要内容之一,面临着前所未有的挑战。汶川地震破坏力强、影响面大。震中汶川县海拔 1325 米,周围山体环绕,地形复杂,地震发生后又逢多雨天气。震后相当一段时间,通往汶川、映秀的通道全线瘫痪,道路、桥梁、涵洞等交通要道毁损严重;整个灾区通信中断,信息沟通不畅,汶川一度成为"孤岛",与外界完全失去联系。上述这些灾情都给应急物流活动造成很大的困难。汶川地震的应急救援对我国的应急管理、应急物流管理能力进行了全方位的考验。中央到地方，应急各行各业都开始审视我国应急管理、应急物流的现状、问题和出路，因而也带来我国应急物流管理的理论、制度和实践的大思考、大讨论和大发展，它成为近年来我国应急物流管理研究最典型的一个案例。

8.1.3　汶川地震应急物流能力分析

1. 应急物流运作管理能力

（1）应急物流现代化技术运用能力。汶川地震中应急物流信息化水平有很大改善和提升。地震、台风、洪水等自然灾害救援中，卫星导航系统是抢险救灾的强有力的支持。汶川地震中共有 9 种型号 15 颗卫星为抗震救灾提供支援。参与抗震救灾的卫星包括"北斗"导航卫星、"遥感"系列卫星、"风云"系列气象卫星、"资源"系列卫星、"北京一号"卫星等。尤其是国产"北斗"卫星定位系统，为抗震救灾提供了强有力的物流信息支持。在通信、电力网络完全中断的情况下，技术人员利用"北斗"系统和装备，在很短时间内搭建一个信息反馈及时、定位准确、救援力量位置态势共享的应急指挥控制平台。基于"北斗"平台、"北斗一号"卫星定位系统及 1000 多台"北斗一号"终端机顺利运作，将各种信息及时准确地发出收回，为指挥部全面掌握救灾情况、实时指挥救援行动及一线抗震救灾部队应急物流运作提供了重要的物流信息支援。

应急信息系统平台是应急物流活动的中枢神经系统。通过应急物流信息系统平台，指挥机构统一领导、统一计划、统一组织，各条战线有计划、有组织地实施应急物流救助，增强了救援行动总体协调性。在信息公开、公正、公平的信息沟通机制下，捐赠的物资按统一的调运渠道运输配送，物资的运送信息及时跟踪、更新，实时发布灾区所需物资的发放情况，避免在流向、流程、流量等方面出现杂乱无序、各自为政的现象，既保证了对外和对内救援物资、应急物流信息的实时性和公开性，又真正做到使相关组织和人员明白灾区缺少和需要的物品，为救灾物资运输明确了方向和范围。

（2）应急物流指挥与协调能力。从中央来看，党中央于汶川地震当日召开紧急会议，成立由温家宝任总指挥，李克强、回良玉任副总指挥的抗震救灾总指挥部，对抗震救灾工作进行研究和全面部署。总指挥部下设抢险救灾、群众生活、地震监测、卫生防疫、宣传、生产恢复、基础设施保障和灾后重建、水利、社会治安 9 个工作组，负责各块抗震救灾工作。工作组涉及民政部、国家电网、邮政局、交通运输部、民用航空局、财政部、住房和城乡建设部、国家安全生产监督管理总局、中国银行业监督管理委员会、国家电力监督管理委员会等部门。各部门全面参与、协调联动，打破了条块分割、部门分割、地域分割、军地分割的界限，中央各部委的协调联动在此次地震中发挥了协同应急的巨大合力。

地方和军地协同方面，震后在省委、省政府的牵头下，四川省军地建立联席会议和信息沟通机制，省军区与公安、武警、防汛、应急等部门建立联合指挥体系，从整体上调控应急力量，有效解决了联合指挥、统一用兵问题，理顺了应急指挥管理体制。在通信、电力完全中断的情况下，借助"北斗"系统，临时搭建抗震救灾指挥部和一线救灾部队之间的应急指挥控制平台，为成都军区联合指挥部全面掌握救灾情况、实时指挥救援行动提供了支持。这实现了救援力量位置态势共享，为指挥员全面掌握救灾情况、实时指挥救援物流行动提供了可靠有效的指挥支持。

（3）应急物流资源组织能力。在应对突发事件的应急活动中，物流信息化、运输、存储、装卸搬运、配送是主要的物流活动。灾后初期，道路中断、通信中断，灾情无法监控，灾区的救援工作全面告急。国家遥感中心派出遥感飞机赴灾区勘查，向减灾委员会（简称减灾委）和救灾指挥部提供灾情。救灾部队试着从空、陆、水三路突进汶川。空军出动伊尔-76型军用运输机和运八型军用运输机向灾区空运、空投救灾物资；中国第二炮兵部队（简称二炮）从各地国防施工现场抽调近千名官兵，临时组成大型工程机械部队，携带重型挖掘机、装载机等机械，进行灾区道路抢修；交通运输部负责组织力量协调抢修公路；各地公路、铁路运输队伍夜以继日地从祖国各地运送救灾物资。根据灾区一些交通要道的毁损等状况，灵活采用飞机、铁路及摩托等各种可行、联运、综合的行进方式，力求以最快的速度将救灾物资和救援人员送至灾区。传统、原始的船只、摩托、人力搬运方式在灾后初期起到了十分关键的作用，成了不可或缺的运输力量。

汶川地震中应急物流的主体保障力量来自政府和军队。在公安部的协调下，全国各地派遣消防人员、特警、民警、专业救援队等奔赴灾区一线参加救灾。与此同时，来自五个军区、涉及 20 余个兵种的军方派出约 14.6 万名官兵参与地震救援，调集多兵种集团作战。动用军方各种运输、后勤保障设备 11 万台，出动各型飞机 1000 多架次，军列 92 列。当了解灾区道路已经发生毁灭性坍塌后，指挥部下达空降命令，将民用飞机纳入应急物流体系，这是我国救灾历史上首次无偿征用国内民航公司的民用客机，以弥补不足的军方运力。铁路部门 409 辆客车、1609 辆空平车和 800 辆空棚车随时待命。四川省军区按照"精干、可靠、管用"的原则，在各市各州迅速组建应急民兵营，并在县（市、区）下设应急民兵连，同时建立各应急专业分队。民兵预备役部队专业技术人员较多，四川省军区根据其专业进行合理分工，在通信、电力抢修、运输、医疗、防疫、机械等领域组建了各个专业应急分队，并配备相应专业救援器材 1800 余部（件、套）。上海企业界纷纷响应救援活动，迅速组织上海的交通物流企业，如上海医药、纺织控股、光明食品、良友集团、百联集团等生产销售企业与交运集团、上海航空、东方航空、铁路局、扬子江快运等专业运输企业，建立快速反应信息系统平台，联合构筑快速响应的应急物流网络，实现无缝衔接，平均每 10 小时就完成一批救灾物资从存储地出库装箱到机场或铁路的装机装车发送的全过程。

2. 应急物流效率效果

（1）应急物流时间效益。2008 年 5 月 12 日 14 时 28 分，汶川发生 7.8 级地震。14 时 46 分，震后 18 分钟，新华网发布消息：四川汶川发生 7.8 级强烈地震；军队启动应急预案，并做好先期准备和随后的迅速介入。15 时 32 分，震后 64 分钟，央视首条报道灾情视频播出。应急预案的启动是重大灾害应急响应的最直接标志。15 时 43 分，震后 75 分钟，国家地震局应急预案启动；16 时 28 分，震后 2 小时，国家减灾委、民政部根据《国家自然灾害救助应急预案》紧急启动国家应急救灾Ⅱ级响应；16 时 36 分，国家地震局启动Ⅰ级应急响应，并派出共计 216 人的现场应急工作队和紧急救援队奔赴灾区；18 时 49 分，国家气象局启动地震灾害Ⅱ级应急响应；22 时 15 分，国家减灾委民政部将响应升为Ⅰ级。据不完全统计，汶川地震发生后，国家相关部门共启动 11 项专项预案和部门预案。部分应急预案和应急响应启动时间见表 8.1。

表 8.1 汶川震后部分应急预案和应急响应启动一览

	14:46	军队启动应急预案
	15:43	国家地震局启动国家地震应急救援预案
	16:28	国家减灾委紧急启动Ⅱ级应急响应
	16:36	国家地震局启动Ⅰ级应急响应
2008.5.12	18:49	国家气象局启动地震灾害Ⅱ级应急响应
	20:11	青海消防启动灾害应急救援预案
	22:15	国家减灾委民政部启动Ⅰ级应急响应
	22:45	甘肃启动地震灾害气象服务Ⅱ级应急响应
	22:49	交通运输部启动全国水路突发事件应急预案
	00:06	外交部启动应对四川地震灾情涉外工作应急机制
	3:00	全军和武警部队全面启动应急机制
2008.5.13	7:20	中国网通启动地震抢险救灾保通信应急预案
	9:25	国家电网公司迅速启动应急机制
	9:41	交通运输部启动国家水陆交通运输应急Ⅰ级预案

　　震后仅 1 个多小时，胡锦涛同志做出指示：尽快抢救伤员，保证灾区人民生命安全；与此同时，温家宝带领民政部部长等既已启程奔赴抗震救灾前线。中国红十字会第一时间启动自然灾害救助Ⅰ级响应预案，并迅速从中国红十字会备灾中心调拨大量救灾物资。为了能让救灾物资及时运到灾区，铁道部部长当晚召开全国铁路紧急电视电话会议，对铁路部门下达全力救灾的命令。地震当日赶往灾区前线的救援力量包括国家地震灾害救援队、武警部队、解放军部队、当地组织的救援人员。震后 24 小时内，国务院多个部门各自召开救灾会议，传达中央抗震救灾精神，并分头成立应急机构或者宣布启动应急预案，迅速组织成立应急队伍待命。

　　四川省当日做出积极快速的应急响应。四川省省委书记第一时间做出批示，要求灾区各县、各部门、各单位党政干部和党员干部群众积极投入抗震救灾工作，要求各市（县）以属地管理为原则，在防震救灾指挥部的统一领导下，启动破坏性地震应急预案，迅速组织力量抗灾自救。当日下午，四川省政府发出紧急通知，要求全省各市、各有关部门对属地水库、桥梁、隧道、涵洞、房屋等进行安全隐患排查，对存在安全隐患设施进行管制和人员疏散；要求通信、运输、水、电、气等部门对安全保障工作迅速做出相应安排。地震当晚，四川省成立抗震救灾指挥部，在 21 个市（州）均成立了抗震救灾指挥部。四川省民政厅成立抗震救灾领导小组，全力组织开展抗震救灾工作。

　　（2）应急物流流量效益。应急物流人员保障方面，据不完全统计，地震发生 12 天内出动军队约 11.1 万人，武警 2.3 万人，民警及特警 2.4 万人，专业救援队 4000 多人，医务人员 8.8 万人及志愿者 6013 余万人。应急物流物资保障方面，救援人员和救灾物资覆盖 132 个乡镇。空军向灾区空运空投救灾物资 826 吨、空运人员 8932 名。铁路运输部队累计输送 41 703 人，累计运送物资 177 批 1626 车、装备 3961 台。公路运输累计出动汽车 2.3 万台次，运送官兵 15 万余人次、物资 9.5 万吨，运送各类抢险救援人员和转移灾区群众约 42.82 万人次，派出货车共计 6960 辆。

8.1.4　汶川地震应急物流主要问题评析

　　在汶川地震应急救援中，应急物流是应急救援强有力的支撑，但同时也暴露出应急物流的诸多不足。

　　（1）系统科学的应急物流预案缺失。应急物流是整个应急救援活动的重要组成部分，和其他应急活动有着千丝万缕的关系。目前应急物流的运行与管理借鉴总体应急预案中的相关内容，从而造成仅有框架上的指导、可执行力相对薄弱。目前铁道部及交通运输部还未出台针对大灾编制的应急物流预案。汶川震后，两部门曾临时做出应急物流预案，但在紧急状态下难免思虑不周，影响应急救灾的时间和效率。缺乏系统、科学、完善的应急物流预案，应急物流就没有统一的指挥和调度指导和标准，容易导致物流救援人员彼此之间责任和分工不明确，应急物流活动低效无效，从而造成救援物资配送和发放的混乱与延误。

（2）应急物流信息平台系统不完善。应急物流信息平台系统的规划和建设是应急物流系统必要的资源投入，可以根据灾害性质和程度等进行模块化设计和建设，并设计清晰的运作与管理指导。一旦发生灾害，只需搭建和调试信息平台，就可以最快的速度提供信息平台功能。汶川地震发生后，技术人员临时搭建了"北斗一号"支持下的信息平台，中国移动等通信运营商也为灾区的通信排除障碍、提供保障，确实为抗震救灾提供了有力的物流信息平台支持。事实证明，临时的、穷于应付而搭建的物流信息平台，其运作管理的效率效果并不理想。救灾过程中出现的军队和地方支援者之间的消息传播混乱、救灾物资分配出现的多种分发渠道、救灾物资发放极不平均等诸多问题，表明应急物流信息平台和应急物流信息管理仍不够完善，存在信息不对称和不确定性，特别是导致应急物流系统中信息的传播、交流和反馈受阻，以及多头指挥的混乱局面。

（3）应急物流资源未能充分挖掘。汶川地震救援中，参与救援的物流力量主要来自政府和军方，缺失有着成熟物流网络、技术和专业人员等资源的第三方物流企业的参与。应急物资的采购，社会捐助救灾物资的收集，对采购、捐赠物进行分类、分级、统计、再包装，根据灾区需求实际情况向灾区和救助工作组配送配发都是第三方物流企业最擅长的工作。第三方物流企业参与应急物资的采购、储存、运输、配送配给等运作与管理活动，可以有效避免重复作业和无效作业，高效提升救灾物资配送效率。第三方物流力量未能纳入救援物流体系，也就是未能将专业化的运输、仓储、配送、管理等功能运用到应急物流中来，没有发挥专业物流企业的效用。灾害发生后，应急物资的输送分秒必争，仅仅依靠政府和军方配送，运输保障力量有限薄弱，具有专业物流技术和资源的第三方物流参与到应急物资配送的队伍中来非常必要。

（4）应急救援物流装备运用水平有待提升。四川是地震常发地区，当地政府和群众抗震抗灾意识不够，缺乏必要的救援救灾装备，致使灾后初期幸存者难以自救、互救。汶川地震中的应急救援装备也相对落后。一方面因为先进救援装备缺失，另一方面因为先进救援装备管理不灵活。军队用于应战的一些特种装备在条件恶劣、灾情紧急的情况下，能够对抢险救灾起到举足轻重的作用，但是由于这些特种装备属于军工用品，具有保密性、价格昂贵、使用严格限制等特点，往往很难在救灾活动中发挥其应有的作用。又因为救援装备的质量及装备操作技术水平不尽如人意，如军用直升机在灾区失事而迟迟未能找到其残骸，救援初期装备不够被迫向俄罗斯租用大型救援直升机等，汶川地震72小时黄金期救援效果大打折扣。

8.2　玉树地震中的应急物流

8.2.1　玉树地震应急救援概况

2010 年 4 月 14 日 7 时 49 分，我国青海玉树藏族自治州发生了 7.1 级地震，震中位于玉树县。玉树地震受灾面积为 35 862 平方千米，受灾人口为 246 842 人，受灾地区波及青海玉树藏族自治州的玉树县、杂多县、称多县、治多县、囊谦县和曲麻莱县 6 个县及四川甘孜藏族自治州的 7 个县。其中，玉树藏族自治州损失最为惨重。据玉树藏族自治州民政部门统计数字，截至 2010 年 5 月 30 日，玉树藏族自治州因地震死亡 2698 人，失踪 270 人，受伤 12 135 人，致残 3500 人。

经历汶川地震后，中国在玉树地震中的应急物流救援，从救援意识、应急预案、联动机制，到专业配备和制度安排都有很大程度提高。国务院、国防部 20 多个所属部门建立联席会议制度，地震局、公安部、国家安全生产监督管理总局等部门建立应急联动工作机制，使得在玉树地震救援中各应急部门更有针对性、更有效地开展应急联动救援工作，提高了应急联动救援效率效果。

8.2.2　玉树地震应急物流阻抗与困难

青海玉树县地处青藏高原东部、玉树藏族自治州最东部，境内平均海拔 4493.4 米，以高山峡谷、山原地带为主，其间有很多湖盆和小盆地，地形复杂，地势高耸，给交通物流造成极大困难。降雪、路面结冰及部分路段瞬间风力较大等天气因素，通往结古镇的公路多处路面开裂，结古公路段两旁办公楼全部倒塌，对交通运输和救灾工作很是不利。结古镇到巴塘机场公路旁的西杭电站主干水渠被震塌引发部分山体滑坡，阻断了结古镇通往巴塘机场的道路，造成公路运力严重不足。通信网络受损，性能不稳定，大部分时期处于中断状态，玉树藏族自治州三个县震后失去通信联络。全州唯一机场震后通信设施受损。高原反应、极寒高原气候和救援劳累等因素，使得救援人员不仅不能起到救援作用，还可能成为救援对象，严重影响救援工作。另外，青海玉树县少数民族聚集，有着不同的语言、宗教信仰和习俗，在救援物流中难以交流沟通，也是影响救援效果的重要因素之一。

8.2.3　玉树地震应急物流能力分析

1. 应急物流运作管理能力

(1) 应急物流现代化技术运用能力。信息技术和平台在玉树应急管理体系中的作用同样不可或缺。玉树震后北斗等卫星系统投入运行，震后第一幅影像就是通过环境减灾卫星传回。RS 提升，震后 1.5 小时，航空遥感飞机传回第一组图像。我国首个自主研发的具有世界先进水平的测图系统投入使用，中央气象台首次推出公路交通天气实况图。玉树救援投入卫星移动电话、抗震救灾手机、应急通信车、发电油机等现代化物流设备，并运用生命探测仪、蛇眼探测仪等寻找被埋生命。相比政府信息公开在地震抢险中的效应，3G 网络传输等新技术、QQ、微博、博客等互联网新媒体在玉树救灾中得到运用。政府部门的官方网站及记者通过博客和微博向大众传递救援行动最新进展。青海政府在有较多受众的"天涯论坛"发布震区急需救援物资讯息等。对于闭塞的少数民族高原地区，传统的信息传播工具仍是很有效的传播工具。地震当天，官兵立即在结古镇多个灾民安置点架设卫星天线，安装电视播放器，架设高音喇叭，使灾区人民在第一时间听到、看到党中央、国务院指挥全国人民进行抗震救灾的情况，很大程度上增强了灾区群众战胜困难的决心和勇气。

（2）应急物流指挥与协调能力。青海玉树发生强烈地震后，党中央高度重视，温家宝同志赶赴灾区指导抗震救灾工作。地震当天，国务院成立抗震救灾总指挥部，下设抢险救灾、群众生活、卫生防疫、基础设施保障和生产恢复、地震监测、社会治安、宣传、综合 8 个工作组，涉及民政部、公安部、地震局等国家部委、机构，回良玉同志任前线总指挥。青海省成立抗震救灾一线指挥机构，迅速组织抢险救援、物资调拨、医疗救助、生活安置等抗震救灾工作。救援前期，军队、国家、地方指挥不统一、协调不顺利；统一思想后，国务院相关部委"前指"和兰州军区"联指"都统一纳入青海省指挥部，军地统一指挥、部际联动有很大提升。

（3）应急物流资源组织能力。玉树无铁路、无河道，仅靠空运和公路两种方式运送人员和物资。灾后初期，减灾委、民政部紧急启动国家一级救灾应急响应，拟从中央救灾物资郑州、合肥、成都储备库调运抗震救灾物资到西宁。为了在短时间内迅速把救灾物资和救援人员运到灾区，转运大量的伤员，空军调用了数架大型运输机伊尔-76，中国国际航空公司紧急抽调米-17 直升机（高原机型）执行救灾飞行任务，运输救援队和急需物资前往灾区。新建的玉树巴塘机场是灾区唯一的机场，仅同时容纳 2～3 架飞机同时起降，而且巴塘机场不具备夜航能力。地震次日晚，空军在巴塘机场部署 3 套夜航设备，保障运输机能够昼夜实施输送。二炮携带数台专业化重型救援装备，如挖掘机、推土机、装载机、吊车、消防车、千斤顶和铁钳等破拆工具等，这些救援装备在路桥修复、破拆高强度建筑物体等艰巨的任务中发挥奇效，可以应对复杂的救援环境。

铁路资源方面，青藏铁路公司依照铁道部、青海省政府的抗震救灾工作要求，立即启动应急预案，成立抗震救灾应急领导小组，对抗震救灾工作的铁路交通运输进行全面部署。及时下发调度命令，要求各级运输部门对由铁路运输的救灾设备、机械等抢险救灾物资——帐篷、粮食、棉被、棉衣、电煤、油品和日常生活必需品，按照"手续从简、重点保证、从速发运"原则，优先抢运。各级调度重点掌握挂有抢险救灾物资的列车，在分界口优先组织交车。对救灾物资要做到随到、随装、随运，不限数量地有多少运多少，以最快速度运抵灾区。青藏铁路公司的西宁站是玉树抗震救灾物资的重要转运站。西宁站连夜组织专业人员备好吊车、叉车、铲车等大型物流机械，清理货位，做足中转、存储、装卸搬运准备，确保有足够资源和快捷物流流程服务于抗震救灾物资的管理。成都铁路局设立"抢"12 次救灾物资专列运行会让的等级优于普通旅客列车，即优先放行、优先交车，沿途不得保留，一路绿灯。

公路资源方面，为保障救灾人员、物资快速运抵灾区，确保通往灾区道路交通畅通，青海交通部门开辟"绿色通道"，保证抗震抢险救灾人员和物资顺利运送。青海省公安厅发布了《关于对玉树抗震救灾通道实行交通管制的公告》，开通抢险救灾绿色通道，部署交警指挥监管交通，抽调公安特警、武警协助交通管理。24 小时不间断地对通往玉树灾区的道路进行秩序维护、交通疏导，以确保救灾人员、物资和设备安全顺利抵达灾区。

救援力量方面，玉树地震发生后，政府、军队、企业、群众迅速行动，各种专业救援队伍携带专业救援装备赶赴灾区开展搜救。大部分救援人员参加过汶川救援，有地震救援经验，救援能力增强。通过协调联动，互相配合，实施了快速、有序、有力的应急救援行动。据不完全统计，调集到灾区现场的各类救援人员达到 15 000 余人，其中解放军和武警部队 11 000 余人，公安消防和特警 2800 余人，地震灾害紧急救援队和矿山救援队伍 1500 余人。徐工集团派出救援先遣队，成都德邦物流快递公司派出 200 余名员工免费运送帐篷、药品、社会捐赠物资等。

2. 应急物流效率效果

（1）应急物流时间效益。与汶川地震时相比，中央政府和地方政府对玉树地震的应急响应更为迅速，应急联动效率更高。震后 41 分钟，减灾委、民政部紧急启动国家Ⅳ级救灾应急响应；同时，青海省委、省政府启动地震Ⅰ级应急响应和重大灾情Ⅱ级应急预案，并成立抗震救灾工作领导小组和抗震救灾指挥部。震后 56 分钟，国务院成立抗震救灾总指挥部，地震局启动Ⅱ级应急响应机制，随后提升至Ⅰ级；减灾委、民政部在震后 3 个多小时将应急响应提升至Ⅰ级。

国家地震局第一时间发布玉树地震消息，国务院新闻办公室、地方政府第一时间召开新闻发布会。震后 10 分钟，当地武警部队迅速组织兵力，用铁棍撬、挖和手刨的方式实施救援；震后 1 小时，青海省地震灾害紧急救援队赶赴震区；震后 70 分钟，青海省安全生产监督管理局、青海煤矿安全监察局派出矿山救援队；震后 5 小时，遥感飞机赶赴灾区空域执行灾情监测评估任务；震后 5.5 小时，数百名官兵紧急出动先期投入抢险，数架运输机运送人员与设备、物资；震后约 7 小时，在结古镇建立的多处灾民临时安置点搭建帐篷 40 余顶。震后黄金 72 小时，玉树地震救援完成重症伤员全部转运，道路恢复畅通，灾区的临时生活安置工作逐渐稳定。

（2）应急物流流量效益。据不完全统计，玉树救灾共有 143 支救援队伍约 15 000 人到达灾区展开救援工作，而在一周内共到达了 103 支救援队。截至 4 月 22 日，青海交通运输系统累计投入 34 103 人次、机械 3012 台次，投入救助物资价值 76.26 万元；投入应急货车 829 辆、客车 495 辆；抢运救灾物资 1.65 万吨、抢运救援人员及受灾人员 10 902 人次。甘肃赴青海抗震救灾救援队累计投入救灾人员 5707 人次、机械设备 1218 台次、食品和药品等救灾物资价值 443 万元；投入应急运力货车 120 辆、客车 132 辆，共 252 辆，应急运力达 3376 吨，抢运救灾人员及伤员 603 人。四川省投入救灾人员 4200 人、机械设备 60 台，分别投入应急客车 30 辆、货车 135 辆。武警交通部队累计出动兵力 524 人，机械、车辆、设备 294 台次，运送物资约 10 吨，累计清理土石方 19 600 立方米。空军飞行 108 架次，空运人员 2760 人，其中伤病员和陪护人员 1459 人、空运物资 668.4 吨。截至 4 月 24 日，世界卫生组织等国际组织提供价值 300 万美元的抗高原反应药物及其他医疗救援物资，调拨 175 套便携式加压舱。截至 5 月 4 日，灾区发放帐篷 7.2 万顶，棉被 18.9 万多套，棉衣近 12 万件，方便面、饮用水近 4000 吨，折叠床 2 万多个。

8.2.4　玉树地震应急物流主要问题评析

（1）高原居民危机意识和应急技能有待提升。青藏高原是中国地震活动最强烈、大地震频繁发生的面积最大的地震区。有据可查的 8 级以上地震发生过 9 次，7～7.9 级地震 78 次，居全国之首。根据历年大地震经验，大灾中绝大多数幸存者是在灾后第一时间以自救和互救方式逃生的。而青藏高原地震应急体系仍还不完善，应急预案缺失，宣传教育、培训演练几乎没有，政府和居民的危机意识、灾害防范意识、预警水平不尽如人意。地震发生后居民听天由命，凭本能自救、互救居多，缺乏科学的紧急避震、自救、互救知识和能力。玉树灾区被救人员绝大多数是在第一时间被当地部队、亲友和周围的群众救出的。目前仅成立了西藏自治区地震灾害紧急救援总队，各地区的救援支队还未成立。救援总队组建以来也没有开展过演练演习，现场应急处置能力有待提升。

（2）高原灾害应急物资管理水平有待提升。玉树地震发生当日的气温在零下

3℃左右，严寒下救灾物资的紧缺、不足和迟缓就意味着生命的流失。应急物资运送不及时、数量不充足的原因有多种。客观上是因为灾区地理位置较偏、交通不发达及地震对交通线路的破坏等情况限制。更主要的还是国家及当地政府对高原地震救援意识不足、准备不足、管理不足。中央储备库地点设置不尽合理、应急物资数量不足、结构不合理，更别说应急物资的动态储存，从而造成应急救援中物资管理、运输管理、配送管理工作存在较多问题，致使救灾物资运距过远，运输时间过长，72 小时黄金时期达不到理想的救灾时效。玉树震后应急物资的供应仅限于生活必需品，如食糖、粮食、肉类、食用油等。而震后对灾区有防疫工作要求，相关防疫器械、药品需求量很大，但供应却不到位。另外，90%外来救援人员出现不同程度的高原反应，针对性药品需求量也很大。由于应急物资调配管理水平低下，信息不对称等原因，已经饱和的物资仍源源不断地运来，而仍然奇缺的物资却迟迟不见供应的现象时有发生。

（3）应急预警、预案和管理能力有待提升。玉树地震造成的损害再一次敲响警钟，现有监测预警和应急预案有待完善，各级领导干部应急管理能力有待提升。玉树地震和汶川地震一样，至少在现阶段属于难以预知的自然灾害，但这并不意味地震灾害不能预防。玉树震后出台的文件数量、速度、内容完善程度均优于汶川地震，但应急预案仍然不完善，虽有 12 件与高原地震相关的预案，但预案未能结合当地基础设置薄弱，自然条件差等特点提出有针对性的专项高原地震预案。政府部门仅仅制定科学可行的监测预警制度和应急预案是不够的，更重要的是这些制度和预案的实施与执行能力。突发事件发生后，玉树政府部门各级领导的应急管理能力很大程度上影响着应急救援与处置的效率和成败。在实践中，有些政府部门只是为应付上级检查而象征性地制定预警制度和应急预案，这样的预警制度和应急预案确难发挥监测预警和应急预案作用。

8.3　芦山地震中的应急物流

8.3.1　芦山地震应急救援概况

2013 年 4 月 20 日 8 时 2 分，四川省雅安市芦山县发生 7.0 级地震，震源深度约 13 千米，震中距成都约 100 千米。这是继 2008 年"5·12"汶川地震、2010 年"4·14"玉树地震后，中国经历的第三次 7.0 级以上强震。震区灾情牵动全国，近年来中国不断成熟的应急管理体系在此次地震救援行动中接受了全面考验。此次地震受灾人口 152 万人，受灾面积 18 682 平方千米。据地震局网站消息，截至 24 日 14 时 30 分，地震共计造成 196 人死亡，21 人失踪，13 484 人受伤。

芦山地震发生在新一届政府运行仅仅 35 天后，是中国新一届领导人上任以来遭遇的第一场重大自然灾害。芦山地震发生后，中共中央总书记、国家主席、中央军委主席习近平第一时间做出重要指示，要求把抢救生命作为首要任务。国务院总理李克强于地震发生的 8 个多小时后即乘直升机进入了震中灾区，现场指导抗震救灾工作。芦山地震与汶川地震时间相隔仅五年，空间距离临近。然而，中国政府和军队在芦山地震救援表现是：反应速度更快，应急能力更强，救援效率更高。

8.3.2　芦山地震应急物流阻抗与困难

7.0 级强震摧毁了芦山县、宝兴县、天全县通信、电力、路桥等重要基础设施及众多民宅。三县的电力网全部中断，通信机房、基站和光缆的损坏导致通信中断。通往灾区的多处道路受阻，G108 线、S211 线路基多处损毁，G318 在芦山县至阿坝州小金县路段也因塌方中断 9 小时，S210 灾区部分路段因塌方中断 35 小时。宝兴县境内道路严重损毁，前往宝兴县的道路全部中断，一度成为孤岛。灾区要道多山地公路，弯多路窄，运输难度大。地震当日，由于大量社会车辆的无序涌入，荥经到芦山的唯一通道被堵 30 千米，百辆救护车被堵 8 小时。震后 36 小时内雅安灾区的道路依旧处于不通畅的状态。成都铁路局扣停运行中的列车 82 列，成都站、成都东站地震当日 15 时前始发动车组全部停运。成都双流国际机场在地震当天关闭 1 小时左右。

8.3.3　芦山地震应急物流能力分析

1. 应急物流运作管理能力

（1）应急物流现代化技术运用能力。芦山地震中信息公开及时、准确、透明，救援更加快速、有力、高效，政府和军队调动抗震救灾资源更加科学，这些很大程度上归因于信息化技术、现代化装备的运用与管理能力的大力提升。

一是卫星技术运用。抗震救灾动用的所有装备中，卫星是最高端的。据中国军网等多家媒体报道，此次地震救援中我国专门动用了实践九号 A 星、资源三号、资源一号 02C 星、环境一号 A/B 型共 5 颗卫星。另据国家测绘地理信息局消息，我国还动用了天绘一号卫星和雷达卫星。初步组网成功的"北斗"导航卫星和北斗导航装备为抗震救灾提供了应急导航定位保障。

二是航空技术运用。芦山地震救援中，最吸引眼球的莫过于启用空军预警机执行空中预警指挥、通信引导和领航任务，这是空军在非战争军事行动中首次使用预警机，目的是探索空军体系执行非军事行动的能力。海军"奖状"遥感测绘飞机 1401 机组赶赴灾区上空执行遥感探测任务，该机获取并传回第一批遥感探测数据。空军派出侦察机赴灾区航拍侦察灾情。向四川投送外地救援队的任务则由成都军区空军运-8 中型运输机完成，机上搭载专业地震救援队员、搜救犬和救援设备等。而直升机更是在此次地震救援中表现出色，执行灾区航拍、转运临时医疗点伤员、运输救灾人员等。陆军航空兵已投入包括直-9Z 侦察直升机和米-171 运输直升机在内的数架直升机参加救援，昼夜不停地事灾区物资空投和伤员运送工作。米-171V5 直升机使用了全新的 VK-2500 发动机，十分适合在川西、西藏这样的高海拔地区执行任务。

　　三是其他现代化设备运用。芦山地震救援中多种野战后勤装备投入使用。精准的数字电子地图、卫星电话、星光夜视镜、热成像仪、穿透式人体活动探测雷达，以及越障探测机器人等一系列可单兵携带的先进导航、定位、通信、探测和救援装备，能在道路不畅的重灾地区充分发挥灾情感知、前进观测、目标定位、同步情报传输、特种通联、地空导引等重要作用。野战医疗方舱构建起灾区的一线手术室。该野战医疗方舱的信息化程度很高，方舱内安装有卫星通信设备，可连接全军远程会诊中心网络进行远程的医疗保障。安装有两级精密过滤器、高压泵、净水罐等高科技设备，集净化、矿化、磁化、消毒、除色去味等功能于一体的野战净水车，将可得水源直接过滤成纯净水供灾民和抗灾部队饮用。新型野战炊事车能让灾民和抗灾部队吃到热乎饭。部队特战装备，如伸缩梯、万能搬送具、激光测距望远镜、红外求生信号灯、锚钩抛绳枪、四轮全地形车、求生装备等也投入重灾区抢险救灾活动。解放军的小型便携防疫装备和大型机动车辆防疫装备投入灾区防疫工作，包括食品理化检验箱、水质理化检验箱、生化检验箱、核生化事故应急药箱等。

　　（2）应急物流指挥与协调能力。芦山地震救援中，国务院并没有成立与汶川地震级别相同的国家级的抗震救灾指挥总部，李克强也并非此次抗震救灾的总指挥长。芦山地震发生后，党中央明确表示将救灾的指挥协调权力下放到四川省省委省政府，成立由四川省委省政府领导的四川省抗震救灾指挥部，统一指挥协调包含成都军区解放军和武警部队的救灾兵力等各方救援力量。指挥部提要求，国务院给支持。在四川省委省政府统一组织指挥协调下，纵向上，四川各级政府纷纷成立相应级别的救援指挥机构；横向上，四川省军区、武警、消防等各条各线也成立抗震指挥部。各级各类部门在救援、交通、信息等不同领域相互配合，积极应对，在较短时间达成默契、形成合力，为抗震救灾提供了坚实的保障。依托信息化指挥系统，抗震救灾指挥平台很快在震中一线搭建起来。基于指挥平台，相关救援资源信息和情况实时传输至指挥中心，及时为救援活动提供指挥监控、导航定位、视频可视等服务。事实证明，芦山地震合力在整体救援指挥上思路更加清晰明确、思想更加高效统一，救灾效率比汶川地震救援中的分兵作战效率更高。

（3）应急物流资源组织运用能力。芦山地震应急救援中物流资源组织运用表现较前两次地震进步明显，各类资源组织能力明显增强，整体救援效率效果较汶川、玉树全面提升。

应急信息技术运用方面，芦山地震动用数颗太空在轨卫星进行专门灾情动态监测。地震发生 28 分钟后，北斗卫星导航定位系统进入战时值班状态，密切监测灾区情况。9 点整，解放军总参谋部北斗卫星导航定位总站召开会议，安排部署抗震救灾应急保障任务。在震后的 2 小时内，遥感飞机就在灾区空域执行灾情监测评估任务，并传回详细数据资料。这些都为中国政府和军队抗震救灾工作提供了重要决策依据。

应急物资保障方面，灾区在当地政府和社会企业的组织下，迅速建立应急生活物资储备与调运、急需物资保障、现场供应三级生活物资市场供应保障体系。应急物资按需配送配发，有节有序，相比于前两次地震中物资过度发放和物资紧缺"冰火两重天"的局面大为好转。雅安建立了救灾物资中转站，高效准确分发物资。红十字会的首批帐篷则在当天搭建，次日民政体系的救灾帐篷、棉被等救灾物资陆续运至灾区。支援的救灾物资归口雅安市民政部门统一收储点接收登记后，有计划地组织发往灾区分发，做到量需分发，避免浪费。

交通运输保障方面，为确保抢险救援工作顺利推进，四川省抗震救灾指挥部对雅安市芦山县至宝兴县实行一定时段的交通管制。从雅安市芦山县至宝兴县实行单循环通行，即从雅安市芦山县经宝兴、小金、马尔康、汶川到成都，或雅安市芦山县到宝兴县，经小金、丹巴、八美、新都桥、康定、泸定、石棉，再从石棉上雅西、成雅高速到成都等。同时，从芦山县至龙门、太平、大川方向的车辆实行"上午进、下午出"，并有具体时间限制。对运送伤员、救灾物资的车辆、工程抢险及保障车辆、参与抢险救援人员后勤保障车辆，实行通行证制度。除上述车辆外的各种车辆，未经批准，一律禁止通过这些路段。

应急救援组织方面，国家地震局于震后 18 分钟启动 I 级响应。随后民政、军队、公安、交通、通信等各条战线的应急响应机制也迅速启动，各条战线均进入救援准备、随时待命或已紧急支援灾区。气象、地质灾害评估、通信、电力等部门也在第一时间进入灾区进行灾情评估和设备抢修工作。震后 6 分钟，成都市即向全市民警发布指令，并组织力量紧急支援灾区。震后 1 小时，成都军区两架直升机飞抵灾区上空，探查灾情。空军首次在非军事行动中出动预警机，指挥直升机空投、空运及救援任务。空军司令员亲赴邛崃机场指挥抗震救灾工作，大批空军运输航空兵、工程兵及卫生防疫部队等投入抗震救灾工作。地震当晚，武警部队和解放军已有近万人投入一线灾区救援，另有 1 万余人随时待命。不少参与救灾的解放军成都军区的特战部队曾参加过汶川地震灾后救援工作,有着丰富的救援经验,无经验的志愿者接受现场培训后参加救援。地震专业救援、空中侦察遥感和运输、陆航、工兵、医疗等队伍不仅专业性强,分工明确,且注重协同行动联合救援。

此外,芦山地震救援中积极引入社会物流、第三方专业物流队伍,物流效率明显增强。多家社会物流公司利用自身服务优势参与救援,为救灾物资提供免费寄递服务等。中国石油在灾区生命线及重灾区设置油品保供加油站,并向灾区运送帐篷、棉大衣、食品等。移动、联通、电信三家公司建立了联合救援机制,每年进行应急救灾演练。中国移动雅安分公司震后30分钟就紧急集合分赴各地修复通信基站。中国移动为雅安紧急采购应急保障物资,包括130台各型油机、3609千米光缆、260千米电缆;华丰物流公司作为第三方物流公司转运物资到各灾区救援点等等。

2. 应急物流效率效果

(1)应急物流时间效益。芦山地震中,中国应急管理体系启动迅速,政府和军队科学调动各方救援力量抗震救灾,做出快速、有力、高效应急反应,对灾情评估快速准确,信息发布及时透明,赢得国内外社会组织和公众的高度赞誉。

芦山地震中有灾害预警,民众有5~53秒的逃生时间。震后1分钟,中国地震局发布自动地震速报信息;震后8分钟,发布正式地震速报信息。震后18分钟,中国地震局启动地震应急 I 级响应,组织专家会商震情。成都军区成立抗震指挥部,第一支救援队出发。震后28分钟,北斗系统进入战时值班状态。震后38分钟,四川启动1级地震应急响应救援队赶赴灾区。震后43分钟,雅安市武警支队、芦山县中队和武警机动支队1200名武警已集结完毕待命。救援队伍接到通知到配齐各种装备,到达集结地,仅需43分钟,而汶川救援中,他们需要3小时。震后58分钟,减灾委和民政部三级救灾应急响应,各相关部门救灾指挥系统全部到位,民政部和相关部门工作组紧急准备赶赴灾区。震后70分钟,四川地震局启动地震预案和 I 级地震应急响应。震后2小时,遥感飞机抵达震源地上空展开作业。震后3小时,第一支救援部队和急需药品、食物、饮用水和帐篷等物资运抵灾区。震后3.5小时,四川省政府召开首场新闻发布会。震后18小时,武警官兵到达灾区每个角落,创造了最快地震救援速度。震后35小时,S210全线抢通。芦山地震后的最后一个"生命孤岛"宝兴县与外界恢复联系,形成"都江堰市—小金县—宝兴县—芦山县—雅安市"的生命环形通道。

(2)应急物流流量效益。震后18分钟,第一支救援队——成都军区2120名指战员带领173台装载机、救护车、挖掘机奔赴灾区。震后20分钟,武警四川总队立即出动 1200 人赶赴灾区。震后 6 小时,已有近 6000 名救援人员、400 辆救援车、8 架直升机、2 架运输机。震后 8 小时,第一批救灾物资抵达灾区。四川省红十字会调集首批救灾物资 500 顶中央代储救灾单帐篷到达四川雅安。民政体系的 3 万顶救灾帐篷、5 万床棉被救灾物资开始陆续调运灾区。

空军首次出动预警机参与非战争军事行动。空警-200 预警机在空飞行,指挥空中飞机 83 批次,引导直升机运送人员 42 人次、空投空运物资 28.8 吨。空军出动直-9Z 侦察直升机和米-171 运输直升机等 9 架,出动驾驶员 800 余人次、车辆 600 余台,运输各类救灾物资 600 多吨。空军累计保障运输飞行 120 余架次,运输物资约 160 余吨。

截至 2013 年 4 月 27 日,芦山全县已接收矿泉水 241 572 瓶、食品 204 697 件、帐篷 19 133 顶,棉被 53 907 床、大米 184.9 吨、衣物 18 422 件,其他应急救援物资 91 616 件;已发放矿泉水 259 273 瓶、食品 161 708 件、帐篷 13 498 顶、棉被 53 570 床、大米 326.57 吨、衣物 17 317 件,其他应急救援物资 82 119 件。

8.3.4 芦山地震应急救援物流主要问题评析

芦山地震应急救援,无论是救灾应急的响应速度,还是救灾安排的有序规范,还是军地一体化程度,还是信息发布的即时透明性,都比在汶川地震中的救援有了长足的进步。这也是国家近年来不断总结经验,加强应急管理体系建设成果的一次集中体现。在看到成绩的同时,也应看到问题。

(1)协调机制仍需完善。芦山地震救援中科学的协调机制似乎依然没有建立。灾区混乱局面仍时有发生,主要表现在通往灾区的交通生命线堵塞,救援人员和资源的调度协调及物资的协调和调度出现问题。芦山地震中交通协调问题尤为突出。一方面是因为道路狭窄,先天资源不足,无法承载一时大量救灾人员和物资的涌入。另一方面,拥堵大多是人为因素,是协调不够、管理不善等原因。尽管有交通警察指挥,芦山县通往芦山河大桥的十字路口曾一度长时间严重拥堵,多辆救护车、救援车均无法前行。不少前来救援的救援车、工程车、卫星通信车火急赶到灾区,停在路边却总也等不到任务指令,而灾区到处需要救援力量。震后大批食品、水等救灾物资运抵芦山县城,年轻的志愿者们排起长龙搬运这些物资,而部分灾区仍然缺衣少食。说明救援协调仍有不少漏洞,协调机制仍需完善。

(2)现代化装备更需国产化且规模有待扩大。芦山抗震救灾中无论是出动的高技术装备数量还是运用高技术装备的技术都有很大提升,而且这些高技术装备大部分为国产,展示了我国近年来现代化建设所取得的显著成就。但本次救灾中出动的伊尔-76 大型运输机、米-171 运输直升机、"奖状"飞机等装备仍要依赖进口,这样的局面有待改观。而且,我国在恶劣环境下救灾,以米-171 运输直升机为主，并且少有配备相关的导航电子设备，在复杂地形和恶劣天气执行任务的能力有待提升。我国用于救援的空中软硬件综合实力与日本、美国这些发达国家相比还有相当差距。

8.4　汶川、玉树、芦山地震中应急物流能力对比

从汶川到玉树，再到芦山，三次地震在震级、所处地理环境等方面有所不同，但从三次地震反映出的应急物流能力和效果来看，我国应急管理体系不断趋于成熟，应急物流响应能力不断提升，应急物资保障能力不断增强。但相比于日本、美国等发达国家，我国的应急管理体系和应急物流能力还有很大提升空间。具体对比见附表1～附表3，这里仅列举应急管理体系、地震预警及应急响应、应急物资保障三个方面。

8.4.1　应急管理体系

（1）汶川地震救援体现。应急管理体系建设滞后，存在应急物流体制机制不顺、指挥不畅、信息不灵、资源配置不优、专业力量匮乏、协调无力、保障不力等问题。应急物流救援队伍理念、装备和预案等方面与国际标准有较大差距，存在应急物流作业流程混乱、物流信息技术与标准缺失较多、供需信息不对称、运输组织与库存管理等物流环节落后等众多问题。

（2）玉树地震救援体现。经历汶川地震后，从救援意识、应急预案、专业配备、制度安排到应急物流的指挥管理能力都有一定程度提高。在应急物流指挥中贯彻分级、属地管理的原则，统一了物流指挥权。国家层面的军地统一指挥、部际联动较汶川地震有很大提升，但国家救援队与玉树地方政府之间协调还不顺。

（3）芦山地震救援体现。应急管理体系不断完善，统一指挥、军地合作方面也较以往有很大进步，信息发布的即时性和透明度也远超汶川地震表现。从中央到地方，党政军快速反应，救援迅速、有力、有序、高效。充分依靠现代科技手段进行科学专业的救援。社会企业、组织、个人参与的热情与理性兼有，各方力量融合程度有提高。

8.4.2　地震预警及应急响应

（1）汶川地震救援体现。汶川地震时我国还没有地震预警系统，因此未对地震发出预警。面对大灾的应急响应水平有待提升。震后18分钟，新华网发布汶川发生7.8级强震的消息。震后1小时，四川省卫生厅派出首批医疗救援队，携带

相关急救器械、药品，赶赴汶川、绵竹等地救援。震后 75 分钟，国家地震局启动应急预案Ⅰ级响应，并派出国家地震灾害紧急救援队紧急救援队奔赴灾区。铁道部地震当晚对铁路部门下达全力投入抗震救灾的命令。震后 5 小时，1000 余辆出租车自发奔赴都江堰。震后 5.5 小时，第一批载有救援人员的运输机出发。震后 6 小时，第一批直升机飞赴灾区，第一批武警向震中汶川进发。震后 33 小时，第一支武警抢险队救灾队伍徒步到达汶川县城。震后 40 小时，国家第一批经铁路运输的抗震救灾物资抵达汶川。

（2）玉树地震救援体现。玉树地震时没有预警，但玉树主震前 2 小时有前震，可视为预警。玉树地震的应急响比汶川地震时有进步和提升。震后 41 分钟，国家减灾委、民政部紧急启动国家Ⅳ级救灾应急响应。震后 41 分钟，青海省省委省政府启动地震Ⅰ级应急响应和重大灾情Ⅱ级应急预案，并成立抗震救灾指挥部。震后 10 分钟，当地武警部队迅速组织兵力，用铁棍撬挖、手刨、人背人抬的方式实施救援。震后 1 小时，第一批救援队——青海省地震灾害紧急救援队赶赴震区，于 14 日下午 15：18 分到达结古镇。震后 70 分钟，青海省安全生产监督管理局、青海煤矿安全监察局派出矿山救援队。震后 5 小时，遥感飞机赶赴灾区空域执行灾情监测评估任务。震后 5.5 小时，600 余名官兵紧急出动先期投入抢险，3 架运输机运送人员与设备、物资。

（3）芦山地震救援体现。芦山地震有预警，人们有 5～53 秒的时间逃生。在地震波来袭前，它分别为成都、汶川、北川等地群众提前 28 秒、43 秒和 53 秒发出预警，甚至对处在重灾区的雅安城区，也提前 5 秒发出预警，从而让不少人成功避险。2008 年汶川地震后我国开始研发地震预警系统，在芦山地震中得到了运用。应急响应方面，震后 1 分钟，中国地震局发布自动地震速报信息。震后 18 分钟，中国地震局启动地震应急Ⅰ级响应。震后 18 分钟，成都军区成立抗震指挥部。震后 2 小时，遥感飞机抵达震源地上空展开作业。震后不到 3 小时，第一批救援部队和急需药品、食物、饮用水和帐篷等物资运抵灾区。震后 18 小时，武警官兵到达灾区每个角落，创造了最快地震救援速度。

8.4.3 应急物资保障

（1）汶川地震救援体现。震后初期，汶川地震物资运输和调度上都存在困难和混乱。震后 3 天 8 小时，马尔康—理县—汶川线的“生命线”全线打通。第一批救援物资在震后 40 小时到达灾区。由国家调集物资，5 月 14 日 6 时 18 分，满载 10 000 件帐篷等救灾物资的专列抵达成都东车站，这标志着第一批经铁路运输的抗震救灾物资顺利抵达汶川地震灾区。截至 5 月 31 日，空运空投运送物资986.5 吨，运送人员 9297 人；铁路输送 41 703 人，装备 3961 台，物资 177 批 1626

车；公路运送官兵 57.82 万余人次，物资约 15 万吨。

（2）玉树地震救援体现。玉树地区高寒地冻、交通不发达、交通物流设施破坏、90%外来救援人员高原反应明显。震后初期，各种主客观因素致使外援物资在运输和调度上都存在低效、无效情况。震后玉树县城供水、供电、通信基本瘫痪，交通物流设施破坏严重。震后 5.5 小时，第一批军方救援人员投入抢险，运输机开始运送人员、设备与物资。震后当晚，震区物资奇缺，帐篷仅能安置年老体弱者和妇女儿童。震后次日，武警青海总队紧急筹备 100 吨救援物资。震后第 3 天，救灾物资基本保证救援人员和灾民需要，灾区的临时生活安置工作逐渐稳定。截止 2010 年 5 月 4 日，已发放帐篷 7.2 万顶，棉被 18.9 万多套，棉衣近 12 万件，方便面、饮用水近 4000 吨，折叠床 2 万多个。

（3）芦山地震救援体现。芦山地震中的物资保障有效、高效，得到海内外各界的一致好评。震后不到 3 小时，第一批救援部队和急需药品、食物、饮用水、帐篷等物资运抵灾区。首批帐篷在灾区陆续搭建，分装好的家庭包生活用品和食品陆续发给灾民，为灾民提供基本的生活保障。官方和民间都强调为救灾让路，为救援物资供给提供通道保障。与以往不同的是，芦山地震救援物流运作中，积极引入社会物流、第三方专业物流队伍，物流效率明显增强。灾区基本建立应急生活物资调运、储备与现场供应三级市场供应保障体系。救灾物资做到量需分发，收发两条线，避免浪费。截至 4 月 27 日，运至灾区的外援物资有矿泉水 241 572 瓶、食品 204 697 件、帐篷 19 133 顶、棉被 53 907 床、大米 184.9 吨、衣物 18 422 件，其他应急救援物资 91 616 件；已发放物资有矿泉水 259 273 瓶、食品 161 708 件、帐篷 13 498 顶、棉被 53 570 床、大米 326.57 吨、衣物 17 317 件，其他应急救援物资 82 119 件。

8.5　东日本地震中的应急物流管理启示

8.5.1　东日本地震应急救援概况

北京时间 2011 年 3 月 11 日 13 点 46 分，东京时间 14 时 46 分，日本本州岛附近海域发生里氏 9.0 级地震，震中位于宫城县以东太平洋海域，震源深度 10 千米。地震引起海啸、核泄漏、火灾和火山活动等次生灾害。截至日本时间 2011 年 8 月 15 日，官方确认因东日本地震及海啸等次生灾害引起 15 698 人死亡、4666 人失踪、5717 人受伤，200 多万人受灾。目前在日本各地避难设施避难的民众超过 45 万人。"3·11"大地震为日本第二次世界大战结束后伤亡最惨重的自然灾害。

（1）政府方面。地震发生后，日本危机管理中心一监测到地震信息就立即设立首相官邸对策室。震后 3 分钟，日本气象厅向沿海 37 个市村町发出了大海啸警报。震后 4 分钟，首相菅直人召开内阁应急管理紧急会议，并连续下达四项指示：一是确认灾情和震情；二是确保居民的安全和采取初期避难措施；三是确保生命线和恢复交通；四是竭尽全力向灾民提供确切信息。内阁紧急会议决定设立地震紧急对策本部指导全国抗震救灾工作。受到地震和海啸重创的岩手县、宫城县、青森县地方政府随后设立地方政府灾害对策指挥部。

（2）军方救援方面。震后 15 分钟，自卫队东北航空队即刻派遣直升机到灾区调查灾情。震后 19 分钟，航空自卫队小松基地和三泽基地各自起飞 2 架 F-15 战斗机，海上自卫队派遣 1 架 P-3C 飞机飞赴灾区。震后 41 分钟，首相授权防卫相北泽俊美下令，包括陆海空 8000 多名自卫队员、300 架飞机、40 艘舰船做好准备赶去灾区。震后 44 分钟，海上自卫队从 4 个基地派遣 5 架飞机出发。当晚 18 时，防卫省发布大规模灾害应对派遣自卫队命令，开始大规模地派兵进行抢险救援。3 月 11 日 19 时 30 分，防卫厅发出应对核灾害派遣命令。当地驻兵的福岛市陆上自卫队 80 人进驻福岛第一核电炉。陆上自卫队中央特殊武器防护队 24 人驾驶化学防护车前往现场进行检查核能是否泄漏。3 月 12 日上午，自卫队成员扩大到 2 万人，飞机约 190 架、舰艇 25 艘。3 月 12 日 11 时 30 分，自卫队又增加派遣 5 万名陆海空自卫队员参与救助。

（3）信息公开方面。根据日本灾害对策基本法及防灾基本规划，灾害发生后，日本中央政府和全国各地方政府的危机管理中心运用电视台、政府各级网站等多渠道、多方式同时公开地震灾情、实时救援信息和安民告示信息。首相举行震后首场记者会时呼吁民众关注媒体，收看收听政府信息。日本所有媒体根据应急预案，马上将节目内容更改为播放灾情信息和抢险救灾信息。首相官邸网站开设"东北地方太平洋地震应对"专栏，介绍官方发布的命令、应对措施和主要记者招待会的录像。各条战线都在各自网站公布他们的救灾进展情况。总务省负责公布各地的消防局和消防队收集而汇总的灾情。消防厅除了公布抢险救灾和灾情外，专门开设"灾情微博"，提供灾情信息交流。媒体除了播放海啸警报地图和实时交通信息外，还开创了寻人启事和安全信息传递等栏目。本次海啸袭击城镇的实时拍摄报道更是罕见，日本几家大媒体均派遣直升机进行现场报道。

8.5.2　东日本地震应急物流组织管理

（1）应急物流体系。灾难应急管理法律体系健全。制定各级法律和预案，明确部门间运行机制，并定期进行训练，不断修订完善。灾难应急管理组织体系科学严密。成立由辖区政府最高长官为总指挥的灾害对策本部，指挥组织本辖区的力量进行应急处置。建立专兼结合的应急物流队伍，应急物流设施齐备，应急物资种类多、数量足、质量高，应急物流信息网络系统完善高效。

（2）应急物流响应。强烈震感前的 1 分 13 秒，日本广播协会（NHK）电视台发布地震预警。震后 4 分钟，NHK 播报海啸预警，有 20 分钟逃生时间。震后 3 分钟，气象厅发出大海啸和海啸警报。震后 4 分钟，首相召开紧急会议，设立地震紧急对策本部。震后 25 分钟，设立灾害对策指挥部。震后 17 分钟，3 架直升机到灾区调查灾情。震后 20 分钟，政府在全国 240 家医院抽调医护人员，组成约 300 支救援医疗队奔赴灾区。震后 41 分钟，陆海空 8000 多名自卫队员、300 架飞机、40 艘舰船整装待发。震后 1 小时，从东京消防厅派出的第一支医疗队到达灾区。震后 2 小时，首相举行震后首次记者会。

（3）应急物资保障。由于频繁遭受地震灾害，日本在发生地震灾害后的物资供应方面建立了一套比较完整的体系。法律出台系列规定确保震后救援物资运输畅通，确保顺利运送救援人员和救援物资。政府在灾后救灾物资供应和配送方面与相关企业建立联系、签署援助协定，在政府认为需要的时候企业介入，提供应急生产、收购、销售、配送、保管及运输等各种应急救援。灾后日本民众都会前往开阔地带、学校、公园、体育馆等避难，有一定水平的救援物资。由于"3·11"大地震连同海啸等次生灾害，灾民规模空前，各避难所已无法承载，需要外援。按法律规定，仅有自卫队在救灾中承担救灾物资的运输工作。但由于灾区应急物资储备库的选址不合理，物资运输困难，灾区物资需求量大，物资严重不足且分配不公，灾后第 5 天，物资仍缺乏，灾民挨饿度日。

8.5.3　东日本地震应急物流评述

由于地质条件和特殊的地理位置，日本经常遭受地震、台风等自然灾害的侵袭。尽管平均每年有 800 多次不同程度的地震光顾日本列岛，但是由于日本政府未雨绸缪的危机意识和国民丰富的应急知识和技能，人员伤亡相对都比较轻微。他们建立的具有日本岛国特色的应急物流管理体制和宝贵经验，值得我们借鉴。

（1）预案完善、措施充分。尽管引发海啸等次生灾害的"3·11"大地震给日本民众的生命和财产带来巨大损害，但由于震后日本政府采取的应急机制得当，救援细节到位，日本在大灾面前保持稳定，应急快速，响应有效，并能及时应对来自各方的压力。这些都与日本政府非常重视设计防灾、救灾计划，开展防灾、救灾演习等，并由此建立了具有日本岛国特色的应急物流管理体制分不开。日本自然灾害应急管理实行的是以中央为核心、各省厅局机构参与的垂直管理模式。内阁府是日本灾害管理的行政机构。日本中央防灾委员会是综合防灾工作的最高决策机关，各级政府防灾管理部门职责任务明确，人员机构健全，工作内容丰富，工作程序清楚。日本各重要灾害地区也都制订有本地区的防灾计划，详细规划了防灾组织体系，并定期举行各种救灾演习，每年都会有大规模地震演习。

（2）信息公开，媒体专业。全面、及时、透明的信息是应急物流运作高效运作的基本条件。大灾发生，日本政府没有封锁灾难信息，相反还主动承认损失严重，主动向国际社会请求援助。震前 1 分钟，NHK 收到地震警报，立即中断所有节目，轮流用日语、英语、中文、韩语、葡萄牙语五种语言，重复播报地震信息。大地震发生仅 4 分钟后，日本首相官邸即成立紧急应变中心，首相通过媒体指挥全国应对大灾。"3·11"地震当夜，日本政府向驻日美军请求协作和援助。媒体则在第一时间，直播地震画面，让信息毫无阻碍地传播给全世界。震后 4 分钟，电视台发出海啸预警并现场直播。震后 44 分钟，媒体全部播放海啸警报地图和实时交通信息，为应急救援活动提供交通和物流指南。震后 3 天里，综合、教育、卫星广播、高保真显像广播的全部频道定时转播地震报道。政府部门通过网络发布信息，提供灾情信息交流。谷歌为灾民提供实时交通信息和海啸警报地图，开设安全信息、寻人启事等栏目。

（3）物流专业，保障有力。日本各重要灾害地区的防灾计划中都详细规划了防灾物流组织体系和紧急运输、重要救援物资储备及避难所的设置等，并定期举行应急物流演习。编制救灾物流作业流程手册，明确救灾物资的运输、机械设备及其他分工合作等事项。制订救援运输方案，规划设计海陆空运输路径、对接、替代、一体化方案等。因海上和航空运输受震灾影响小，所以航空、水上资源在方案中体现较多。预先规划避难所，平时用作他用，灾害时立即转成灾民避难所和救援物资发放点。地震发生后，日本自卫队及防灾物流部门根据应急预案、法律和上级命令各负其责，理性、科学救援，而日本国民则纷纷前往开阔地带、学校、公园、体育馆等避难。避难场所储备着足够多的食品、饮用水，并定期更换以保证质量。灾害时对避难所救灾物资的配送进行政府行政单位、物流公司分阶段管理。

8.6 我国应急物流运作管理的建议

综合近年来国内外大地震的经验教训及我国三次地震的救援实践，可以看出，应急物流已成为抗震救灾的重要保障。学习日本、美国等发达国家的先进经验，总结我国在历次地震中的实践经验与教训，应急物流运作管理中需要人财物各类资源，更需要运用、管理、整合这些资源的能力。建立并完善含相关应急物流法律法规、各级科学可执行的应急预案、应急物流信息系统、应急物流物资储备系统、应急物流指挥协调系统、应急物流运作管理系统等科学动态的应急物流管理系统并贯彻实施，这些能力必要且必需。

1. 强化应急物流法律法规内容

日本因为有健全的防灾法律法规和预案,所以他们在 90%以上灾害中能得以从容应对。应急物流是应急救援活动中不可或缺的部分,因而将应急物流运作管理纳入法制化轨道,有利于保证地震救援处理措施的正当性和合法性。我国应该总结各种灾害的防灾救灾工作经验,在《中华人民共和国突发事件应对法》《中华人民共和国防震减灾法》等现有法律中强化相关应急物流内容或制定专门的应急物流基本法规,使得应急物流管理能够有法可依、权责清晰,使得政府、军队、社会各方能够对应急物流资源进行优化和整合,发挥应急物流在地震灾害应对中的最大效用。

2. 建设科学可执行的应急物流预案

在总结近年国内外地震灾害应对实践的基础上,按照上下贯通、左右协调、前后一致的原则,注重预案的针对性、协同性、可执行性,完成各级、各类地震应急预案的编制修订,重点完善应对大地震等巨灾的组织分工、任务分工及应急保障措施,加快完善军地民一体化的地震应急预案体系。应急物流预案的文字形式很重要,预案的宣传、普及与落实更重要。组织应急物流预案的学习、组织适当的应急预案演练,使之成为灾难发生后能够及时响应、真正落实的运作管理指导书。在此基础上,建立地震应急物流预案的备案、督查、评估与动态完善制度,及时总结演练经验,仔细分析演练中暴露出来的问题,不断更新预案,使之更具实战性和可操作性。

3. 完善救灾物资储备系统

我国的中央物资储备库仅仅由政府组织建设。目前我国仅拥有 10 个中央救灾物资储备库,建筑面积最大的郑州和天津储备库也只有 1 万平方米,且物资数量少、种类少、分布不均,根本满足不了大地震对物资的储存需求。在汶川地震的救灾中,离汶川灾区最近的成都储备库,其物资种类和数量明显不胜重负。在物资储备系统的完善上,我们应该多借鉴日本的做法。一方面,在地震灾害频发地区增加物资储备资源,将学校、公园、体育馆、公共场所车库等设计为平时正常使用,灾时可避难的“平灾结合”的避难场所。避难场所储备一定量的食品、饮用水、日常用品、工具等,并定期更换以保证质量。另一方面,由政府组织,协同军方、社会企业建立物资动态储备,相互建立框架协议,灾害发生后能及时启用、云集国家、军方和救援物资生产企业的能力，生产、采购、调拨、供应所需救援物资，确保大灾救援时物资保障的活性。

4. 建设物流信息平台

物流信息平台是整个应急物流系统的中枢神经系统，只有保证应急物流信息平台的畅通，才能保证有效高效的应急物流指挥和物流组织活动。汶川震后初期，通信全无，指挥指令发不出，灾区求救信息收不到，没有信息导航，没有任务方向，整个救援无从下手，白白浪费了 72 小时黄金救援时间。因此，在同质信息平台建设的基础上加强异质通信平台的建设，即以公众通信网络为基本通信平台，在此基础上，以当前最先进的通信技术作为核心，建立一套承载能力更强、灵活性更大、技术更为先进、抗灾能力更强的独立于公众通信网络的应急物流系统专用通信网络。例如，常态通信网络在灾害发生后毁损，可以迅速启用异质通信平台，为震后救灾物资需求和供应、震后寻人等工作提供信息平台。另外，建立覆盖全国各级各类物资储备库的互联互通的物资储备信息网络系统，车辆、物流设备、人员等信息网络系统，将其纳入应急物流信息平台，灾后可以快速调用各类资源，缩短整个物资保障的反应时间。

5. 指挥协调管理

有了物流信息平台，有了储备物资、设备和专业人员等各项资源，如何在震后科学合理地运用这些资源服务于地震救援，科学有效的物流指挥系统和物流运作管理很是关键。我国现有的地震灾害最高指挥机构一般根据震级临时构建。汶川地震时，成立了以国务院总理任总指挥的抗震救灾总指挥部，涉及民政部、国家电网、邮政局、交通运输部、民用航空局、财政部、住房和城乡建设部、国家安全生产监督管理总局、中国银行业监督管理委员会、国家电力监督管理委员会等部门。玉树地震时，成立了以国务院副总理任总指挥的抗震救灾总指挥部。而在芦山地震中，最高指挥权进行了改革和调整，成立由四川省省委省政府领导的四川省抗震救灾指挥部，统一指挥协调包含成都军区解放军和武警部队的救灾兵力等方面救援力量。指挥权下放后的芦山地震救灾效率比汶川地震救援中的分兵作战更高，在整体救援指挥上思路更加清晰明确、思想更加高效统一。因此，芦山地震中的指挥协调模式值得完善推广。

有效的指挥需要有效的物流运作体系支撑。在救灾总指挥部的指挥下，成立专门的物流指挥机构，专门负责应急物资供应和需求各类资源的整合，指挥全程应急物资采购、储备、运输、配送配发等管理工作，由其联合专业物流企业、物资生产企业、军方后勤、国际合作力量等。在物资存储、运输、配送配发管理方面，借鉴日本、美国等发达国家的经验，让救灾物资发放点与救灾物资的供应商建立直接联系。充分利用第三方物流公司的专业能力和资源，借其仓库临时储存大量救灾物资。一旦有救援任务，根据应急预案，在应急物流指挥机构统一指挥下，充分利用第三方物流企业的专业运输能力和强大的网络能力，组成临时配送网络，配送救灾物资，实现专业化的高效管理。

8.7　本　章　小　结

我国在近年来经历了三次大地震：2008 年"5·12"汶川地震、2010 年"4·14"玉树地震、2013 年"4·20"芦山地震，造成巨大的人员伤亡、经济损失和深远的社会影响。本章对汶川、玉树、芦山三次地震中应急物流阻抗、应急物流能力和应急物流效果进行了剖析，对历次大地震中存在的相关应急物流问题进行评析；对比阐述了东日本地震中的应急物流管理启示；最后对我国应急物流运作管理提出建设性建议。

第 9 章 结论与展望

应急物流能力直接关系到国家应对突发事件、保持社会和谐稳定的能力。应急物流是面向非常规、不确定的突发事件，因此对剖析其能力构成、分析其能力变化、提升其关键能力的研究很有必要。通过研究，取得了一些研究成果，获得了一些创新点，也发现了一些新的研究点。

9.1 研 究 成 果

本书首先陈述研究的背景和意义，回顾了国内外关于应急物流基本理论、应急物流网络、应急物流 LRP 模型及其算法、突变理论在物流领域运用的相关研究；介绍了本书所涉及的理论基础，如应急物流理论、应急物流网络理论、基本 LRP 模型及其求解算法；构建了应急物流能力的构成体系，从静态角度厘清应急物流能力的构成要点和建设内容；建立应急物流能力突变模型和控制模型，讨论应急物流能力的突变性、分析应急物流能力控制点，从动态角度分析应急物流能力的变化机理和演化规律；并深入研究应急物流能力提升优化的两个关键内容，即应急物流网络能力和应急物流定位-路径能力；剖析汶川、玉树、芦山三次地震中应急物流阻抗、应急物流能力和应急物流效果、存在的相关应急物流问题。主要工作和研究成果含以下四个方面。

（1）构造了应急物流能力构成体系。从应急物流要素、应急物流网络和应急物流效果三个角度剖析了应急物流能力的构成；基于系统思想糅合应急物流能力各视角构成内容，运用 FAHP 构建了含应急物流系统投入、应急物流运作管理和应急物流效率效果三个模块 15 个指标的应急物流能力评估体系，梳理了应急物流能力构成要素和能力点，形成应急物流能力构成体系；通过建立 GEM 分析评价汶川、青海、芦山地震中应急物流能力，厘清提升和优化应急物流的关键能力点，并验证了构成体系的完整性、科学性和研究方法的可行性。该部分研究从新的视角提供了应急物流能力构成体系的分析方法，明确了应急物流能力构成要素和建设内容。

（2）构建了应急物流能力突变与控制模型。根据应急物流效果能力的三个能力评价要点（流量效率、时间效率、成本效率），构建以应急物流能力为状态变量，流量变化率、时间变化率和成本变化率为三个控制变量的应急物流能力燕尾突变模型，讨论了应急物流能力的突变临界点及稳定性；在此基础上建立以应急物流能力势函数最大化为目标、以分歧点集为约束条件的非线性规划控制模型，并创造性地将模型进行可执行转化。该部分研究提供了探求应急物流能力变化机理的新方法，明确了应急物流能力优化的突变点和控制点。

（3）建立了立体动态的应急物流网络系统。从拓扑结构和功能视角分析了突发事件对应急物流网络的干扰影响和破坏程度；剖析了应急物流网络面对干扰所需要的应对能力；构造出应急物流基础设施网络、信息网络、组织网络的能力理论模型，阐明了应急物流网络的资源配置、能力保证与提升机理；创新性地构造概念图以阐释应急物流三类网络内部协同、外部交互的耦合思想和功能实现。该部分研究提供了应急物流网络能力理论模型，为应急物流高效运作管理提供框架平台。

（4）研究了 ELLRP 多目标优化模型及其混合启发式算法。以时间效益最大化为主要目标、成本最小化为次要目标，基于系列假设和约束条件构建了 ELLRP 多目标优化模型；提出根据时间窗、距离和路阻等待时间等因素进行应急中转站定位和救援点分配的思想，设计了 GA-ACO 混合启发式算法进行全局和局部二阶段路径寻优。该部分研究提供了强调时间要素、考虑成本因素的 ELLRP 多目标优化模型和改进的求解混合启发式算法，为应急物流定位-路径能力优化提供可实际操作的工具。

9.2　创　新　点

（1）构建应急物流能力构成体系，创新应急物流能力构成分析的思路。以构造评价指标体系的方式剖析了应急物流能力构成，形成含应急物流系统投入、应急物流运作管理和应急物流效率效果三个模块 15 项能力点的应急物流能力构成体系，从静态角度厘清应急物流能力的构成要点和建设内容。

（2）建立应急物流能力燕尾突变模型和控制模型，创新分析应急物流能力变化机理的新方法。创新思路，将应急物流流量变化率、时间变化率和成本变化率设计为应急物流能力的控制变量，建立完整的应急物流能力燕尾突变模型，讨论应急物流能力的突变性。以此为基，构造以应急物流能力势函数最大化为目标、以分歧点集为约束条件的控制模型，分析应急物流能力控制点，从动态角度分析了应急物流能力的变化机理和演化规律。

（3）构建应急物流网络理论模型，从新视角系统研究应急物流网络的资源配置、能力保证和提升机理。从系统组成视角分别设计应急物流基础设施网络、信息网络、组织网络理论模型，并建立应急物流网络能力概念图，阐明应急物流网络内部协同、外部交互的耦合思想和功能实现，形成立体、多级、动态的应急物流网络，为应急物流高效运作提供框架平台，为提升应急物流网络可靠能力、修复能力和扩展能力提供理论参考。

（4）建立 ELLRP 多目标优化模型、设计混合启发式求解算法，创造性地将时间（紧急）要素植入模型设计与算法设计。考虑各节点时间窗要求，构建以时间效益最大化为主要目标，并在约束条件中增加风险应对时间因素的 ELLRP 多目标优化模型。在模型求解思路中增加时间要素：在 LAP 求解阶段，在前人仅考虑距离或坐标的基础上增加时间窗和路阻等待时间两个要素；在 VRP 求解阶段，创造性地将时间紧急程度加入蚂蚁寻优概率公式，既考虑应急物流时间效益目标要求，又扩展了蚂蚁算法的应用范围。

9.3　研　究　展　望

应急物流能力是国家应急能力的重要组成部分，它的提升，能够更加有效地对救援指令做出迅速反应，赢得时间，使救援活动更加顺利展开。关于应急物流能力的研究在我国还刚刚起步，现有研究主要局限在对其评价和政策建议方面，对其系统性、建设性的研究少之又少。本书不仅从静态视角剖析应急物流能力构成，还从动态视角剖析其变化机理，并重点研究应急物流网络能力和应急物流定位-路径能力两个关键内容。虽然在前人的基础上向前多走了两步，取得了一些成果，但由于个人能力、文章框架与篇幅等主客观因素制约，现有研究还有许多有待深入之处。

（1）鉴于数据获取难度较大，应急物流能力评价模型的权重确定和方案评价主要依据专家打分，因而评价结果存在较强主观性和随机性。灾害中的应急物流信息数据缺失很普遍，如何实现应急物流数据的快速准确收集？数据缺失如何采用有效方法处理？如何形成有效的数据收集机制？如果上述问题得以解决，那么能否对应急物流能力进行定量而客观的分析评价，得到更合理、更有效的应急物流构成体系，也是未来的研究内容之一。

（2）建立的应急物流能力突变和控制模型，仅运用简单算例分析验证模型的可行性。虽然取得了较为满意的结果，但为了使分析结果更加科学，具有广泛的应用价值，如何对模型作进一步修正，以解决更多更复杂的实例将是下一步研究方向。

（3）建立了应急物流网络框架结构及其耦合关系，三种网络内部和网络之间耦合实现的"落地化"还需深入研究。对应急物流基础设施网络资源共享与优化配置、应急物流供应链公共信息平台的快速对接与共享、应急物流组织间的冲突与协调管理，以及应急物流网络的管理决策机制、沟通协调机制、约束激励机制、保障优先机制等内容的研究还需推进。

（4）应急物流定位-路径能力的优化研究有待深化。在 LRP 研究中的亮点是在模型和算法中强化了时间要素，但仅考虑一种运输方式，也未考虑时序变化中的运输方式的角色地位转变。现实救灾中是多种运输方式的合作，运输方式在不同阶段的角色也是不同的。考虑时变救灾下统筹多种运输方式的 ELLRP 将是未来的研究方向之一。

（5）应急物资供求信息的预测是未来研究的又一热点和难点。应急物资需求信息是应急物流活动能否顺利开展、高效实施的重要影响因素。面对应急物资需求的突发性、不确定性和模糊性，能否在最短时间内获得灾区对应急物资的需求品种、数量、时间等信息，同时获得应急供应物资的地理分布、行业分布、动态分布等信息，并迅速对接供应和需求，是应急物流能力的又一体现。

参 考 文 献

[1] Carter W N. Disaster Management：A Disaster Manager's Handbook[M]. Philippines：Asian Development Bank，1992.

[2] Cottrill K. Preparing for the worst[J]. Traffic World，2002，26（40）：15-23.

[3] Thomas A，Kopcrak L. The path forward in the humanitarian sector[EB/OL].http://www.fritzi-nstetute.org/PDFs/White Page/From Logistics to Supply Chain Management. pdf. [2006-12-30].

[4] Thomas A. Supply chain reliability for contingency operations[C]. Proc of Annual Reliability and Maintainability Symposium，Washington D C，2002.

[5] Lee H W，Zbinden M. Marrying logistics and technology for effective relief[J]. Forced Migration Review，2003，18（9）：34-35.

[6] 欧忠文，王会云，菱大立，等. 应急物流[J]. 重庆大学学报（自然科学版），2004，（3）：164-167.

[7] 高东椰，刘新华. 浅论应急物流[J]. 中国物流与采购，2003，（23）：22-23.

[8] Kaatrud D B，Samii R，Wassenhove L N. Unjoint logistics centre：a coordinated response to common humanitarian logistics concerns[J]. Forced Migration Review，2003，（18）：11-14.

[9] 谢如鹤，宗岩.论我国应急物流体系的建立[J].广州大学学报，2005，（11）：55-58.

[10] 王旭平，傅克俊，胡祥培.应急物流系统及其快速反应机制研究[J].中国软科学，2005，（6）：127-131.

[11] 王敏晰.基于供应链思想的应急物流体系的构建及管理[J].铁道运输与经济，2009，31（12）：61-65.

[12] 刘小艳.我国应急物流现状及体系构建初探[J].特区经济，2010，（2）：295-297.

[13] 宋传平.我国应急物流系统的构建和保障条件[J].中国流通经济，2011，（4）：21-24.

[14] 金诺，黄杜鹃.基于自然灾害的应急物流系统构建[J].长春理工大学学报（社会科学版），2013，26（5）：88-90.

[15] 欧忠文，李科，姜玉宏.应急物流保障机制研究[J].物流技术，2005，（9）：13-15.

[16] 王健，王菡.关于依托现代物流搞好应急保障的思考[J].北京理工大学学报（社会科学版），2005，（12）：21-23.

[17] 王丰，姜玉宏，王进.应急物流[M].北京：中国物资出版社，2007.

[18] 李建国，唐士展，蒋兆远.应急物流保障能力评价模型研究[J].兰州交通大学学报（自然科学版），2007，26（6）：64-67.

[19] Nisha d S F. Providing special decision support for evacuation planning：a challenge in integrating technologies[J]. Disaster Prevention and Management，2001，10（1）：11-18.

[20] Long D. Logistics for disaster relief engineering on the run[J]. IIE Solutions，1997，29（6）：26-29.

[21] Kuwata Y，Noda I，Ohta M，et al. Evaluation of decision support systems for emergency management[C]. Proc of the 41 st SICE Annual Conference，Osaka，2002.

[22] Özdamar L，Ekinci E，Küçükyazici B J. Emergency logistics planning in natural disasters[J].

Annals of Operation Research，2004，（129）：217-245.

[23] Naim K，Wendell C L，Sommer P. Logistics and staging areas in managing disasters and emergencies[J]. Journal of Homeland Security and Emergency Management，2007，4（2）：1-20.

[24] Mark W H，Joni A D. Optimizing hurricane disaster relief goods distribution：model development and application with respect to planning strategies[J]. Disasters，2010，34（3）：821-844.

[25] Simpson N C，Hancock P G，Chuang C H. Hyper-projects and emergent logistics：characterizing the managerial challenges of emergency response[J]. Journal of Applied Security Research，2009，（4）：36-47.

[26] Chang M S，Tseng Y L，Chen J W. A scenario planning approach for the flood emergency logistics preparation problem under uncertainty[J]. Transportation Research Part E：Logistics and Transportation Review，2007，43（6）：737-754.

[27] 陈曦，费奇，王红卫，等. 基于预案的国民经济动员决策支持系统研究[J].军事经济研究，2007，（9）：23-25.

[28] 张毅. 基于自然灾害的救灾物资物流决策理论与方法研究[D]. 西安：长安大学，2008.

[29] 胡望洋. 突发事件应急指挥最优决策模型研究[J]. 领导科学，2011，12（中）：23-25.

[30] 宋劲松，邓云峰. 中美德突发事件应急指挥组织结构初探[J]. 中国行政管理，2011，307（1）：74-77.

[31] Beamon B M. Humanitarian relief chains：issues and challenges[C]. Proceedings of the 34th International on Conference Computers & Industrial Engineering，San Francisco，2004：368-373.

[32] Arminas D. Supply lessons of tsunami aid [J]. Supply Management，2005，10（2）：14.

[33] Dignan L. Tricky currents tsunami relief is a challenge when supply chains are blocked by cows and roads don't exist[J]. Baseline，2005，1（39）：30.

[34] Murray S. How to deliver on the promises：supply chain logistics：humanitarian agencies learning lessons from business bringing essential supplies to regions hit by the tsunami[N]. Financial Times，2005-07-09.

[35] Ardekani S A，Hobeika A. Logistics problems in the aftermath of the 1985 mexico city earthquake[J]. Transportation Quarterly，1988，（42）：107-124.

[36] Fiedrich F，Gehbauer F，Rickers U. Optimized resource allocation for emergency response after earthquake disasters[J]. Safety Science，2000，35（13）：41-57.

[37] Tomasini R M，Wassenhove L N. Pan-American Health Organization's humanitarian supply management system：de-politicization of the humanitarian supply chain by creating accountability[J]. Journal of Public Procurement，2004，4（3）：437-449.

[38] 张红. 我国应急物资储备制度的完善[J].中国行政管理，2009，285（3）：44-47.

[39] 梁志杰，韩文佳. 应急救灾物资储备制度的创新研究[J]. 管理世界，2010，（6）：175-176.

[40] 张自立，李向阳，张紫琼. 基于生产能力共同储备的政府和企业应急经费规划模型[J].管理工程学报，2011，25（1）：56-60.

[41] 宋则，孙开钊. 中国应急物流政策研究（上）[J]. 中国流通经济，2010，（4）：19-22.

[42] 宋则，孙开钊. 中国应急物流政策研究（下）[J]. 中国流通经济，2010，（5）：11-14.

[43] Pettit S J, Beresford A K C. Emergency relief logistics: an evaluation of military, non-military and composite response models[J]. International Journal of Logistics: Research and Applications, 2005, 8 (4): 313-331.

[44] Phil S P. Business continuity and supply chain management: how to manage logistical operations in the event of an interruption or emergency[J]. Journal of Business Continuity & Emergency Planning, 2007, 2 (1): 13-20.

[45] Sheu J B. An emergency logistics distribution approach for quick response to urgent relief demand in disasters[J]. Transportation Research Part E: Logistics and Transportation Review, 2007, 43 (6): 687-709.

[46] 郑哲文. 基于可靠技术的应急物流供应链构建[J]. 中国流通经济, 2009, (10): 54-56.

[47] 刘胜春, 李严锋. 基于即有供应链物流系统的应急合作分析[J]. 商业研究, 2010, (11): 202-208.

[48] 钟昌宝, 魏晓平, 聂茂林, 等.供应链环境下物流系统和谐性诊断[J].系统工程理论与实践, 2010, 30 (1): 31-38.

[49] 朱晓迪, 刘家国, 王梦凡.基于可拓的供应链突发事件应急协调策略研究[J].软科学, 2011, 25 (2): 72-76.

[50] 陈正杨.社会救援资源应急供应链的协同管理[J].北京理工大学学报（社会科学版）, 2013, 15 (3): 95-99.

[51] 何新华.突发事件下应急救援服务供应链的协同优化研究[J].上海管理科学, 2013, 35 (3): 31-34.

[52] 刘小群, 游新兆, 孙建中, 等. 应急物流能力的内涵剖析与构成体系[J]. 灾害学, 2007, 22 (2): 123-127.

[53] 徐霄红, 王自勤. 物流活性: 应急物流系统即时响应能力的评价[J]. 中国流通经济, 2009, (9): 24-27.

[54] 周尧.自然灾害应急物流能力评价体系研究[D].武汉: 武汉理工大学, 2009.

[55] 李伟.面向不确定环境的应急物流抗风险能力评价[D].大连: 大连海事大学, 2010.

[56] 邓爱民, 张凡, 熊剑, 等.基于模糊灰色综合评价方法的应急物流能力评价[J].统计与决策, 2010, 306 (6): 74-76.

[57] 林远明, 卓建仙, 杨凯.基于多层次灰色评价方法的应急物流能力评价研究[J].物流科技, 2010, (10): 57-60.

[58] 董全周.基于应急物资调运的节点物流能力研究[D].北京: 北京交通大学, 2010.

[59] 屈龙, 李淑庆, 冯绍海, 等.基于模糊数学的应急物流绩效评估方法研究[J].交通信息与安全, 2010, 28 (5): 65-68.

[60] 陈蕙珍, 杨育, 杨涛, 等.地震灾害下应急物流系统绩效评价[J].计算机应用研究, 2013, 30 (6): 1656-1659.

[61] 佘廉, 曹兴信.我国灾害应急能力建设的基本思考[J].管理世界, 2012, (7): 176-177.

[62] 黄定政, 王宗喜.我国应急物流发展模式探讨[J].中国流通经济, 2013, (4): 26-29.

[63] 王宗喜.军地协同提升国家抗危能力[J].中国物流与采购, 2013, (10): 43-45.

[64] 王卫国，陈建伟，苏幼坡. 地震应急救灾物流瓶颈与对策研究[J]. 世界地震工程，2013，29（3）：36-40.

[65] 江宏. 中国物流业有了通用语言——聚焦《物流术语》国家标准[J]. 物流技术与应用，2011，（4）：1-3.

[66] 朱道立，龚国华，罗齐. 物流和供应链管理[M]. 上海：复旦大学出版社，2001.

[67] 王之泰. 现代物流管理[M]. 北京：中国工人出版社，2001.

[68] 鞠颂东. 物流网络：物流资源的整合与共享[M]. 北京：社会科学文献出版社，2008.

[69] 单丽辉，张仲义，张喜福，等. 基于系统理论的物流网络分析与资源整合[J]. 北京交通大学学报（社会科学版），2011，10（2）：47-53.

[70] 商丽媛，谭清美.国民经济动员物流网络的内涵与特点[J].中国流通经济，2013，（7）：25-29.

[71] 陈坚，晏启鹏，霍娅敏，等.基于可靠性分析的区域灾害应急物流网络设计[J].西南交通大学学报，2011，46（6）：1025-1031.

[72] Du Z P，Nicholson A. Degradable transportation systems: sensitivity and reliability analysis[J]. Transportation Research Part B，1997，31（3）：225-237.

[73] Asakura Y，Kashiwadani M. Road network reliability caused by daily fluctuation of traffic flow[C]. Proceedings of the 19th PTRC Summer Annual Meeting，Brighton，1991.

[74] Asakura Y. Reliability measures of an origin and destination pair in a deteriorated road network with variable flows[C]. Proceeding of the 4th Meeting of the EURO Working Group in Transportation，Brighton，1996.

[75] Tarlor M A P. Dense network traffic models，travel time reliability and traffic management: general introduction[J]. Journal of Advanced Transportation，1992，33（2）：218-233.

[76] Michael G，Bell H. A game theory approach to measuring the performance reliability of transport networks[J]. Transportation Research Part B，2000，34（6）：533-545.

[77] Chen A，Yang H，Hong K L，et al. A capability related reliability for transportation networks[J]. Journal of Advanced Transportation，1999，33（2）：183-200.

[78] Cho D J，Morlork E K，Chen Z L. Efficient algorithms for measuring the reliability of transportation network system capability[D]. Philadelphia：University of Pennsylvania，2002.

[79] Hong K L，Tung Y K. Network with degradable links: capability analysis and design[J]. Transportation Research Part B，2003，37（4）：345-363.

[80] Chen A，Yang H，Hong K L，et al. Capability reliability of a road network: an assessment methodology and numerical results[J]. Transportation Research Part B，2002，36（3）：225-252.

[81] Berdica K. An introduction to road vulnerability: what has been done is done and should be done[J]. Transport Policy，2002，9（2）：117-127.

[82] Nicholson A. The Network Reliability of Transport: Proceedings of the 1st International Symposium on Transportation Network Reliability[M]. Kyoto：Pergam on Press，2003.

[83] 陈德良.物流网络可靠性的关键问题与应用研究[D].长沙：中南大学，2010.

[84] 侯立文，蒋馥.城市道路网络可靠性的研究[J].系统工程，2000，18（5）：44-49.

[85] Yi C G，Ju S D. Service on reliability analysis logistics network. service operations and logistics

and informatics[C]. IEEE International Conference，Hong Kong，2006.

[86] 谭跃进，吕欣，吴俊，等.复杂网络抗毁性研究的主要科学问题[A]//中国系统工程学会. 中国系统工程学会第十五届年会论文集[C].南昌：中国系统工程学会，2008：108-114.

[87] 张焱.基于可靠性的生鲜农产品物流网络优化[D].成都：西南交通大学，2009.

[88] 宋永朝，潘晓东，喻泽文，等. 面向应急疏散的山区路网连通性研究[J].中国公路学报，2010，23（4）：102-107.

[89] 孙宇飞，田少迪，陈博文，等.军事应急供应链系统库存结点的可靠性问题建模与分析[J].军事交通学院学报，2011，13（3）：68-71.

[90] 吴六三，谭清美.基于网络熵的应急物流网络稳定性研究[J].当代财经，2012，332（7）：60-68.

[91] 陈春霞.基于复杂网络的应急物流网络抗毁性研究[J].计算机应用研究，2012，29（4）：1260-1263.

[92] 马睿，朱建冲，杨美玲.基于抗毁性的军事通信网可靠性和节点重要性分析[J].兵工自动化，2012，31（10）：44-48.

[93] Wu L S，Tan Q M，Zhang Y H. Delivery time reliability model of logistics network[J]. Mathematical Problems in Engineering，2013，（6）：1-5.

[94] 赵新勇，安实，丛浩哲.基于路网抗毁可靠度的交通突发事件态势分析[J].交通运输系统工程与信息，2013，13（5）：79-85.

[95] 蔡鉴明.地震灾害应急物流时变性及可靠性相关问题研究[D].长沙：中南大学，2012.

[96] 赵林度.城市重大危险源应急物流网络研究[J].东南大学学报（哲学社会科学版），2007，9（1）：27-29.

[97] 刘明，赵林度，程婷.一类多层次的生物反恐应急物流网络集成动态优化控制[J].东南大学学报（自然科学版），2007，（37）：361-365.

[98] 聂彤彤，徐燕.非常规突发事件下应急物流网络研究[J].现代管理科学，2011，（3）：117-118.

[99] 曹翠珍.应急物流网络优化决策模型研究[J].数学的实践与认识，2012，42（8）：44-49.

[100] 李利华.不确定性物流网络设计的区间规划模型与算法研究[D].长沙：中南大学，2012.

[101] Behnam V，Reza T M，Fariborz J. Reliable design of a logistics network under uncertainty：a fuzzy possibilistic-queuing model[J]. Applied Mathematical Modeling，2013，（37）：3254-3268.

[102] 李彤，王众托.大型城市地下物流网络优化布局的模拟植物生长算法[J].系统工程理论与实践，2013，33（4）：971-980.

[103] 彭永涛，张锦，李延来.基于变分不等式的多商品物流网络优化设计[J].计算机应用，2013，3（1）：285-290.

[104] 贾鹏，史雨青，单文轩，等.基于航空运输的应急物资配送网络优化研究[J].物流技术，2013，32（3）：241-244.

[105] 吕品.考虑碳排放的物流网络优化模型研究[J].计算机应用研究，2013，（30）：1-6.

[106] 王海军，王婧.应急物资配送网络构建研究[J].技术经济与管理研究，2013，（2）：51-54.

[107] 刘慧，杨超，杨珺.具有遗憾值约束的鲁棒性交通网络设计模型研究[J].交通运输工程与信息，2013，13（5）：86-92.

[108] 陈晔，张勇明，赵金超.复杂军事物流网络的配送路径优化研究[J].舰船电子工程，2013，33（2）：73-75.

[109] 商丽媛，谭清美.基于网格的应急物流信息网络平台研究[J].情报杂志，2012，31（10）：175-180.

[110] Toregas C，Swain R，ReVelle C，et al. The location of emergency service facility[J]. Operations Research，1971，19（6）：1363-1373.

[111] Church R，Re V C. The maximal covering location problem[J]. Papers of the Regional Science Association，1974，32：101-118.

[112] Sylvester J J. A question in the geometry of situation[J]. Quarterly Journal of Pure and Applied Mathematics，1857，1：79.

[113] Hakimi S L. Optimum locations of switching centers and the absolute centers and medians of a graph[J]. Operations Research，1964，12：450-459.

[114] Mirchandani P B. Locational decisions on stochastic networks[J]. Geographical Analysis，1980，12（2）：172-183.

[115] Drezner Z. Dynamic facility location：the progressive p-median problem[J]. Location Science，1995，3（1）：1-7.

[116] Huang R B，Seokjin K，Mozart B C. et al. Facility location for large-scale emergencies[J]. Annals of Operations Research，2010，181（1）：271-286.

[117] Tzeng G H，Cheng H J，Huang T D. Multi-objective optimal planning for designing relief delivery systems[J]. Transportation Research Part E，2007，43（6）：673-686.

[118] Yi W，Özdamar L. A dynamic logistics coordination model for evacuation and support in disaster response activities[J]. European Journal of Operational Research，2007，（179）：1177-1193.

[119] Jia H Z，Fernado O，Maged D. A modeling framework for facility location of medical services for large-scale emergencies[J]. IIE Transactions，2007，（39）：41-55.

[120] Jia H Z，Fernado O，Maged D. Solution approaches for facility location of medical supplies for large scale emergencies[J]. Computers & Industrial Engineering，2007，（52）：257-276.

[121] 常玉林，王炜. 城市紧急服务系统优化选址模型[J].系统工程理论与实践，2000，2：104-107.

[122] 方磊，何建敏.综合 AHP 和目标规划方法的应急系统选址规划模型[J].系统工程理论与实践，2003，12：116-120.

[123] 方磊，何建敏.城市应急系统优化选址决策模型和算法[J].管理科学学报，2005，8（1）：12-16.

[124] 何建敏，刘春林，曹杰，等. 应急管理与应急系统：选址调度与算法[M]. 北京：科学出版社，2005.

[125] 何建敏，刘春林，曹杰，等. 应急管理与应急系统——选址、调度与算法[M]. 北京：科学出版社，2007.

[126] 陈志宗，尤建新.重大突发事件应急救援设施选址的多目标决策模型[J].管理科学，2006，19（4）：11-15.

[127] 韩强, 宿洁.一类应急服务设施选址问题的模拟退火算法[J].计算机工程与应用, 2007, 43 (14): 202-204.

[128] 许建国, 池宏, 祁明亮, 等.应急资源需求周期性变化的选址与资源配置模型[J].运筹与管理, 2008, 17 (1): 11-17.

[129] 辜勇.面向重大突发事件的区域应急物资储备与调度研究[D].武汉: 武汉理工大学, 2009.

[130] 王晶, 张玲.基于不确定需求的鲁棒应急物流系统[J].数学的实践与认识, 2009, 39 (20): 53-60.

[131] 赵振亚, 贺国先.基于模拟退火算法的应急物流仓库选址优化[J].大连交通大学学报, 2010, 31 (3): 102-106.

[132] 戴晓峰, 覃文文, 焦新龙, 等.高强度快递需求区域移动仓库选址算法[J].交通运输工程学报, 2012, 12 (6): 69-75.

[133] Zhang J, Dong M, Chen F F. A bottleneck steiner tree based multi-objective location model and intelligent optimization of emergency logistics systems[J]. Robotics and Computer-Integrated Manufacturing, 2013, (29): 48-55.

[134] Knott R. The logistics of bulk relief supplies[J]. Disasters, 1988, 11: 113-115.

[135] Rathi A K, Church R L, Solanki R S. Allocating resources to support a multi-commodity flow with time windows[J]. Logistics and Transportation Review, 1992, (28): 167-188.

[136] Haghani A, Oh S C. Formulation and solution of a multi-commodity, multi-modal network flow model for disaster relief operations[J]. Transportation Research Part A, 1996, 30 (3): 231-250.

[137] Equi L, Gallo G, Marziale S, et al. A combined transportation and scheduling problem[J]. European Journal of Operational Research, 1997, (97): 94-104.

[138] Fredrich F, Gehbauer F, Rickers U. Optimized resource allocation for emergency response after earthquake disasters[J]. Safety Science, 2000, (30): 41-57.

[139] Kannan V, Srinivas P. The multicommodity maximal covering network design problem for planning critical routes for earthquake response[C]//82nd Annual Meeting of the Transportation Research Board, Washington D C, 2003: 568-588.

[140] Choi J Y. Stochastic scheduling problems for minimizing tardy jobs with application to emergency vehicle dispatching on unreliable road networks[D]. New York: University of New York, 2003.

[141] Bettinelli A, Ceselli A, Righini G. A branch-and-cut-and-price algorithm for the multi-depot heterogeneous vehicle routing problem with time windows[J]. Transportation Research Part C, 2011, 19 (5): 723-740.

[142] Yi W, Arun K. Ant colony optimization for disaster relief operation[J]. Transportation Research Part E, 2007, (43): 660-672.

[143] Arun J, Qiang G, Rajan B. Dispatching and routing of emergency vehicles in disaster mitigation using data fusion[J]. Socio-Economic Planning Sciences, 2009, 43 (1): 1-24.

[144] Sascha W, Richard O, Uwe C. Dynamic vehicle routing with anticipation in disaster relief[J].

Socio-Economic Planning Sciences，2012，（46）：261-271.

[145] 许添本，奖慧. 地震救灾最小风险路径选择模式的建立与应用[J]. 台湾大学台大工程学刊，2002，（85）：33-48.

[146] 缪成. 突发公共事件下应急物流中的优化运输问题的研究[D]. 上海：同济大学，2007.

[147] Yuan Y，Wang D W. Path selection model and algorithm for emergency logistics management[J]. Computer & Industrial Engineering，2009，56（3）：108l-1094.

[148] 陈达强，刘南.带时变供应约束的多出救点选择多目标决策模型[J].自然灾害学报，2010，19（3）：94-99.

[149] 张杰，王志勇，许维胜，等.突发事件下应急救援路径选择模型的构建和求解[J].计算机应用研究，2011，28（4）：1311-1314.

[150] Hu Z H. A container multimodal transportation scheduling approach based on immune affinity emergency relief[J]. Expert Systems with Applications，2011，38（3）：2632-2639.

[151] 王征，胡祥培，王旭坪.行驶时间延迟下配送车辆调度的干扰管理模型与算法[J].系统工程理论与实践，2013，33（2）：378-387.

[152] 王绍仁，李周清，李阳珍.公私资源整合下应急物流中车辆路线安排问题研究[J].长春理工大学学报（社会科学版），2013，26（2）：103-106.

[153] Zhang X G，Zhang Z L，Zhang Y J，et al. Route selection for emergency logistics management：a bio-inspired algorithm[J]. Safety Science，2013，（54）：87-91.

[154] 徐寅峰，张惠丽，余海燕，等. 基于方格路网的两车应急救援路径在线选择[J].系统工程理论与实践，2013，33（1）：175-180.

[155] Watson G C，Dohrn P. Depot location with van salesman：a practical approach[J]. Omega Journal of Management Science，1973，1（3）：321-329.

[156] Laporte G. A survey of algorithms for location-routing problems[J]. Investigation Operative，1989，1：93-123.

[157] Wu T H，Low C，Bai J W. Heuristic solutions to multi-depot location-routing problem[J]. Computers & Operations Research，2002，29：1393-1415.

[158] Prel J，Daskin M S. A warehouse location-routing problem[J]. Transportation Research，1985，19B（5）：381-396.

[159] Chan Y，Carter W B，Burnes M D. A multiple-depot，multiple-vehicle，location-routing problem with stochastically processed demands[J].Computer & Operation Research，2000，28：803-826.

[160] Stefan R，Walter J G. A math-heuristic for the warehouse location-routing problem in disaster relief[J]. Computers & Operations Research，2014，（42）：25-39.

[161] Amir A J，Amir H S. A location-routing problem with disruption risk[J]. Transportation Research Part E，2013，（53）：63-82.

[162] 徐琴，马祖军，李华俊.城市突发公共事件在应急物流中的定位-路径问题研究[J].华中科技大学学报，2008，22（6）：36-40.

[163] 郑斌，马祖军，方涛.应急物流系统中的模糊多目标定位-路径问题[J].系统工程，2009，

27（8）：21-25.

[164] 王绍仁，马祖军.震后随机动态 LRP 多目标优化模型及算法[J].计算机应用研究，2010，27（9）：3283-3287.

[165] 王绍仁，马祖军. 震害紧急响应阶段应急物流系统中的 LRP[J]. 系统工程理论与实践，2011，31（8）：1497-1507.

[166] 代颖，马祖军. 应急物流系统中的随机定位-路径问题[J]. 系统管理学报，2012，21（2）：212-218.

[167] 李守英，马祖军，郑斌，等. 洪灾被困人员搜救问题的集成优化研究[J]. 系统工程学报，2012，27（3）：287-294.

[168] 詹沙磊，刘南. 基于灾情信息更新的应急物资配送多目标随机规划模型[J]. 系统工程理论与实践，2013，33（1）：159-166.

[169] Thom R. Structural stability and morphogenesis：an outline of a general theory of models[D]. Reading：Benjamin，1975.

[170] Woodcock A，Davis M. Catastrophe Theory[M]. New York：Dutton，1978.

[171] Zeeman E C. Catastrophe theory[J]. Scientific American，1976，4（234）：65-83.

[172] Zeeman E C. Catastrophe Theory：Selected Papers[M]. Melbourne：Addison-Wesley，1977.

[173] Saunders P T. An Introduction to Catastrophe Theory[M]. London：Cambridge University Press，1980.

[174] 桑博德.突变理论入门[M].凌复华译.上海：上海科学技术文献出版社，1987.

[175] 凌复华.突变理论及其应用[M].上海：上海交通大学出版社，1987.

[176] Zahler R，Sussman H J. Claims and accomplishments of applied catastrophe theory[J]. Nature，1977，（269）：759-763.

[177] Bigelow J. A catastrophe model of organizational change[J]. Behavioral Science，1982，（27）：26-42.

[178] Herbig P A. A cusp catastrophe model of the adoption of an industrial innovation[J]. Journal of Product Innovation Management，1991，（8）：127-137.

[179] Kauffman R G，Oliva T A. Multivariate catastrophe model estimation：method and application[J]. Academy of Management Journal，1994，（37）：206-221.

[180] Poston T，Stewart I. Catastrophe Theory and its Applications[M]. New York：Dover Publications，1996.

[181] 姜璐，于连宇.初等突变理论在社会科学中的应用[J].系统工程理论与实践，2002，（10）：113-117.

[182] 殷有泉，杜静.地震过程的燕尾型突变模型[J].地震学报，1994，16（4）：416-422.

[183] 董华，杨卫波.事故和灾害预测中的突变模型[J].地质灾害与环境保护，2003，14（3）：39-44.

[184] 魏伟.基于突变论的智能建筑中突发事件处理的决策支持与虚拟仿真[D].武汉：华中科技大学，2009.

[185] Mao C K，Ding C G，Lee H Y. Post-SARS tourist arrival recovery patterns：an analysis based on catastrophe theory[J]. Tourism Management，2010，31（7）：855-861.

[186] 范珉，刘晓君.基于突变理论的公共场所集群事件预警分级[J].中国安全科学学报，2010，20（2）：171-177.

[187] 朱正威，胡永涛，郭雪松.基于尖点突变模型的社会安全事件发生机理分析[J].西安交通大学学报（社会科学版），2011，31（3）：51-56.

[188] Dendrinos D S. Operating speeds and volume to capability ratios：the observed relationship and the fold catastrophe[J]. Transportation Research Record，1978，12（3）：191-194.

[189] Navin F. Traffic congestion catastrophes[J]. Transportation Planning Technology，1986，11（1）：19-25.

[190] Hall F L. An interpretation of speed-flow-concentration relationships using catastrophe theory[J]. Transportation Research：Part A，1987，21A（3）：191-201.

[191] Persaud B N，Hall F L. Catastrophe theory and patterns in 30-second freeway traffic data-implications for incident detection[J]. Transportation Research Part A，1989，23（2）：103-113.

[192] Forbes G J，Hall F L. The Application of Catastrophe Theory in Modeling Freeway Traffic Operations[J]. Transportation Research，1990，（5）：335-344.

[193] Acha-Daza J A，Hall F L. Application of catastrophe theory to traffic flow variables[J]. Transportation Research Part B，1994，28（3）：235-250.

[194] 张亚平，张起森.尖点突变理论在交通流预测中的应用[J].系统工程学报，2000，16（3）：272-276.

[195] 唐铁桥，黄海军.用燕尾突变理论来讨论交通流预测[J].数学研究，2005，38（1）：112-116.

[196] 王英平，王殿海，杨少辉，等.突变理论在交通流分析理论中应用综述[J].交通运输系统工程与信息，2005，（12）：68-72.

[197] 陈涛，陈森发.基于突变理论的拥挤控制模型研究[J].系统工程学报，2006，21（6）：598-605.

[198] 郭健，陈兴林，金鸿章.基于尖点突变对交通流模型的研究[J].控制与决策，2008，23（2）：238-239.

[199] 敖谷昌，贾元华，李健，等.基于尖顶突变理论的混合机动车参数模型[J].系统工程理论与实践，2009，29（10）：159-164.

[200] Zheng X P，Sun J H，Zhong T K. Study on mechanics of crowd jam based on the cusp-catastrophe model[J]. Safety Science，2010（48）：1236-1241.

[201] 郭晋秦，郑小平，孙家惠.基于尖点突变理论的人群拥挤现象分析[J].安全与环境学报，2010，10（2）：183-188.

[202] 王丽娜，王恒山.基于尖点突变的人群拥挤模型研究[J].灾害学，2010，25（2）：103-107.

[203] 胡万欣，胡骥，高永鑫. 基于燕尾突变理论的拥挤控制模型研究[J]. 公路与汽运，2013，3（2）：34-37.

[204] Sun J，Tan Q M. Research on catastrophe model of logistics capability for logistics system of national economy mobilization[C]. 2011 IEEE International Conference on Grey Systems and Intelligent Services Joint With The 15th WOSC International Congress on Cybernetics and Systems，Nan jing，2011.

[205] 孙君，谭清美，姚建凤.应急物流能力突变模型研究[J].数学的实践与认识，2012，42（18）：

43-51.

[206] 孙君，谭清美.应急物流能力突变控制模型[J].系统工程，2013，（9）：55-62.

[207] 王自勤.物流活性初探[J].中国流通经济，2002，（6）：11-13.

[208] 王宗喜.大力推进我国应急物流建设与发展[J].中国物流与采购，2007，（24）：37-39.

[209] 鲁静.军地一体化应急物流模式的研究[D].天津：天津大学，2011.

[210] 刑文训，谢金星.现代优化计算方法[M].北京：清华大学出版社，2003.

[211] Marinakis Y，Marinaki M. A particle swarm optimization algorithm with path relinking for the location routing problem[J]. Journal of Mathematical Modeling and Algorithms，2008，7（1）：59-78.

[212] Prins C. A simple and effective evolutionary algorithm for the vehicle routing problem [J]. Computers & Operations Research，2004，（31）：1985-2002.

[213] Oliver I M，Smith D J，Holland J R C. A study of permutation crossover operations on the traveling salesman problem[C]. Proceedings of the Fourth International Conference on Genetic Algorithms，San Diego，1991.

[214] 雷英杰，张善文，李续武，等. MATLAB 遗传算法工具箱及应用[M].西安：西安电子科技大学出版社，2011.

[215] 彭春林，梁春华，周泓.求解同时取货和送货车辆路径问题的改进遗传算法[J].系统仿真学报，2008，20（9）：2266-2270.

[216] 段海滨. 蚁群算法原理及其应用[M]. 北京：科学出版社，2005.

[217] Dorigo M，Stützle T. 蚁群优化[M]. 北京：清华大学出版社，2007.

[218] 孙君，郐红艳. 基于 F-AHP 的产业转移后可持续发展评价模型构建与实证研究[J]. 长江流域资源与环境，2011（10）：1157-1163.

[219] 刘思峰，党国耀，方志耕. 灰色系统理论及其应用[M]. 3 版. 北京：科学出版社，2005.

附　　录

附表 1　汶川、玉树、芦山和东日本地震基本情况表

序号	项目	四川汶川	青海玉树	四川芦山	东日本
1	发生时间	2008.05.12 14：28	2010.04.14 7：49	2013.04.20 8：02	北京时间 2011.03.11 13：46 东京时间 2011.03.11 14：46
2	基本参数	震级：8.0 级 震中烈度：11 度 5 级以上余震：32 次 震源深度：33 千米	震级：7.1 级 震中烈度：9 度 5 级以上余震：2 次 震源深度：14 千米	震级：7.0 级 震中烈度：9 度 5 级以上余震：4 次 震源深度：13 千米	震级：9.0 级 震中烈度：4 度 5 级以上余震：61 次 震源深度：海下 10 千米
3	波及范围	受灾面积： 31.4906 万平方千米 受灾人口： 427.3551 万人	受灾面积： 3.5862 万平方千米 受灾人口： 24.6842 万人	受灾面积： 1.8682 万平方千米 受灾人口： 152 万人	受灾面积：全日本 受灾人口：200 多万人
4	次生灾害	堰塞湖、山洪暴发和塌方险情	滑坡、碎屑流	堰塞湖、水库裂缝	海啸、核泄漏、火灾、火山活动
5	人员伤亡	69 227 人遇难 17 923 人失踪 37.464 万人受伤	2698 人遇难 270 人失踪 12 135 人受伤	196 人遇难 21 人失踪 13 484 人受伤	15 843 人死亡（约有90%死于海啸） 3469 人失踪 103 373 人受伤
6	直接经济损失	约 8451 亿元	约 5500 亿元	约 851.71 亿元	约 16 万亿～25 万亿日元

附表 2　汶川、玉树、芦山和东日本地震中应急管理（含物流管理）系统软硬件资源与条件情况表

序号	项目	四川汶川	青海玉树	四川芦山	东日本
1	应急救援体系	• 综合应急物流体系建设滞后，体制机制不顺、指挥不畅，信息不灵、资源配置不优、专业力量匮乏，协调无力、保障不力等问题 • 救援队伍建设方面有较大差距。装备和预案方面与国际标准有较大差距，物流信息技术与标准落后，应供需信息不对称，运输组织与库存管理等均落后，应急物流数据库不健全等多问题	• 经历汶川地震后，应急物流救援体系，从救援意识、应急物流救援到专业配备或制度安排，都有很大程度提高。贯彻分级、属地管理的原则。国务院相关部委"前指"和兰州军区相关部指"联指"都统一纳入青海省省指挥 • 国家层面的统一指挥、部际联动有很大提升，但部际救援队与汶川地震地方政府之间协调还不顺。汶川地震后建立100人左右的民兵应急分队，每个分队配备无线电系统，对讲机系统和1~2部卫星电话，再到从各县配备各部市州军分区，到建立军分区系统，解决指挥不畅和信息不灵的问题	• 中国政府和军队制定《国家突发公共事件应急预案》《突发事件应对法》《政府信息公开条例》等法规 • 四川省组建了三支共2000余人的综合应急救援队，投入3亿~4亿元 • 应急救援体系不断完善表现在四方面：一是从中央到地方，党政军有序快速反应，展现了高效率；二是充分依靠科技手段进行科学专业的救援；三是在统一指挥军民结合方面也比以往有很大进步；四是信息发布的即时性和透明度远超汶川地震	• 灾难应急管理法律体系健全。制定各级法律和预案，明确部门间运行机制，并定期进行训练，不断修订完善 • 灾难应急管理组织体系科学严密。成立由中枢区政府最高长官为总指挥的灾害对策本部，指挥组织本辖区的应急处置 • 建立专兼结合的应急队伍，应急设施设备、应急物资种类多、数量足、质量高 • 重视应急科普宣教工作，增强公众的危机意识，提高自救互救能力 • 完善高效的信息网络系统是日本应急管理最为关键的措施
2	预案与演练	• 汶川地震发生后，国家相关部门共启动11专项预案和部门预案，但应急预案仍不完善，无法应对汶川特大地震 • 演练都处在废墟模拟救假人（到了惨烈的汶川现场，许多救援队伍束手无措、没法救援）	• 玉树地震后出台的文件数量、速度、内容完善程度均优于汶川地震 • 应急预案还不完善，虽有12件，但预案相关的基础设置薄弱，自然条件差等特点提出有针对性的应急预案 • 已成立西藏自治区地震灾害应急救援总队，救援总队组建以来在所有队员、分队、展开搜索、营救和后勤的全能培训，但未正式演练，应急处置能力相对薄弱	• 全国制定了国家总体应急预案114项，专项预案、部门预案等各级各类预案240多万件，基本形成以国家总体应急预案为主线、分类协调、属地管理为主的国家应急预案体系 • 应急演练常态化。汶川地震4周年之际，四川省举行了全省规模的大演练，涉及民众1200多万人，受灾的芦山、宝兴等县都参加了演练，震前2天，4个地震救援队开展跨省区域演练，代号为"闪电-A"的地震救援是7~8级强震场面	• 日本有系统连贯、规范明晰、相互衔接的应急预案体系 • 没有关于核辐射等次生灾害预案 • 日本每年"防灾周"都会举行全国范围的综合防灾演练活动，以普及防灾知识，提高减灾意识 • 2003年以来每年举行巨灾应急预案测试演练。假定的场景是东海、东南海、南海三场地震同时发生，造成25 000人死亡，毁坏建筑55万栋

续表

序号	项目	四川汶川	青海玉树	四川芦山	东日本
3	物流基础设施	• 公路：21 条高速公路、5 条国道，11 条省道 • 铁路：成汶线，仅到成都 • 航空：成都双流机场是离汶川最近的机场，距离汶川有 80 千米左右；重庆江北机场 • 水路：从都江堰装坪大坝水库入水可到映秀 • 避难场所：帐篷和活动板房等	• 公路：G214 线和 S308 线，路况差，运距长，成本高 • 铁路：玉树县无铁路运输 • 航空：新建的玉树巴塘机场，不具备夜航条件，仅可容纳 2~3 辆飞机同时起降 • 避难场所：赛马场、体育场、格萨尔广场、帐篷等	• 公路：G318 线、G108 线、S210、S305、S211；成雅、雅西、成温邛、邛名、成灌、成都绕城、都汶等 7 条高速公路 • 铁路：宝成线，仅到成都 • 航空：成都双流机场，成空驻邛某军用机场 • 水路：利用现有河道开辟水路，绕过 S210 塌方带，经过铜头电站库区，至宝兴关天镇，安全的学校、帐篷等 • 避难场所：安全性的学校、帐篷等	• 高速、机场、铁路、新干线完备，基础设施发达 • 拥有大量功能完善的避难场所。工具、棉被、药品、食品、水等防灾物资俱全
4	现代科技运用	北斗等卫星系统投入。9 种型号共 15 颗卫星为救灾提供支援。在通信、电力完全中断的情况下，及时搭建应急指挥控制平台 遥感技术运用。航遥中心 6 架飞机有效作业 32 架次，飞行覆盖重灾区 12 个县市（但遥感技术没有及时发挥应有的作用，第一天恶劣天气无法有航拍。灾区第一张卫星图像是美国提供的） 运用卫星热成像仪搜救失事直升机残骸 运用生命探测仪寻找被废墟掩埋生命 卫星电话数量很少，而且只能进行点对点的静中通；到灾区接通电话后又缺少信息交流平台，难以顺畅沟通	北斗等卫星系统投入。玉树地震的第一幅影像通过环境减灾卫星传回 投入应急通信车 75 台，卫星移动电话 234 部，发电油机 1500 台，抗震救灾手机 1500 台 遥感技术进步，震后 1.5 小时，我国首个自主研发的具有世界先进水平的测图卫星，中央气象台推出公路交通天气实况图 运用生命探测仪、蛇眼探测仪等寻找被埋生命	北斗等卫星系统作用巨大。专门启动中国安置网九号 A 星，资源三号、资源一号 02C 星、环境一号 A/B 星等 5 颗卫星完成雅安地区遥感数据成像任务。北斗用户 500 余个，定位 27 000 余次。通信 30 000 余次 搭建军交运输信息化指挥系统、实时监控、导航，定位，视频可视指导了无人机航飞和成场电视传输。在灾区 12 个不同方位进行了无人机航飞。启用 GOTA 手机和铱星电话、野战收音机 19 200 台 运用野战医疗方舱、野战净水车、新型野战炊事车等代替人力进入地质条件比较恶劣艰苦的灾区现场，装备运用能力显著提高 基本实现众多国产高技术装备、装备运用能力显著提高	• 日本发挥技术领先优势，运用 GIS 进行地震、洪灾、火灾、避难场所的管理；利用 3D 技术将防灾方案呈现得更为直观清晰 • 应用卫星遥感、固定摄像、远距离图像传送仪、GPS、GIS 等数字化、信息化、网络化等高新技术，确保对震后图像、影像、情报的收集 • 拥有超过 1000 多个配备高灵敏度地震仪的观测点，高密度覆盖整个日本。实现对数据交换 • 运用能远程遥控、带摄像头的机器人，帮助搜救生还者和测辐射的机器人 • 拥有各种领先的智能物流装备

续表

序号	项目	四川汶川	青海玉树	四川芦山	东日本
5	应急物流队伍	·来自军警地、各行、各地区、海内外的救援队伍，但各自为战较多 ·专业救援队伍仅占总救援队伍的2%，物流救援队伍多为非一专多能 ·大部分救援人员缺乏专业救援技能，救援设备也很落后，营一专多能 ·由于信息不对称，成昆线关支线线路多处塌方，NGO和志愿者往往选择到媒体关注较多的灾区，进而导致拥堵和堆积救援和救援流不足同时并存现象	·来自军警民、各地区、海内外的救援人员多。大部分救援人员有着救援经验。过汶川救援，路上救援经验很大部分存在高原反应 ·政府、NGO和公众参与的应急物流文化正逐渐形成，震后初期就发出文志愿者理性驰援灾区的号召（NGO和志愿者理性和盲目性，理性和盲目不足同时增强）	·来自军警民、各行、各地区、海内外的救援队伍，更有一专多能的重型、轻型地震救援队 ·地震专业救援，空中侦察遥感和运输、陆航、医疗、工兵等队伍不仅专业性强，分工明确，且注重同行动联合救援 ·大部分救援人员有救援经验，无经验的志愿者接受现场培训后参加救援 ·积极引入社会物资、物流队伍入社会，第三方专业物流能力明显增强	·注重救援队伍建设。组织结构明确，派遣前明确任务各有责任分工。每个救援小组中至少有1名参加过3次以上救援工作经验的成员 ·救援队伍反应迟缓。震后虽派遣大量救援人员，但由于重装备过度依赖，连续4天，救灾始终局限于数量有限且以点状救援为主的垂直救援，重灾区地面难见自卫队官兵的身影
6	应急物流阻抗	·震后79小时首条生命通道得以贯通 ·通信交通不畅令许多地成为孤岛，省会城市成都普一度通信中断，灾区震后一个月还没有完全恢复 ·宝成线及相关支线线路多处塌方，其中成昆线4处，宝成支输线7处，沿线一至四车站、房屋、设备等塌遇到不同程度损坏 ·地震发生15000个左右的滑坡、崩塌和泥石流等次生灾害，余震普遍降雨、山洪暴发	·震后玉树县城供水、供电、通信设施破坏严重不畅通 ·G214物流生命线出现4千米裂缝，出现抛锚、倾覆现象，白余辆救援车辆拥堵 ·只有西宁（G214），昌都（G214），石渠县（S307）三条车通往结古镇的陆路，路途皆遥远。正常条件需要15小时左右才行程；没有铁路；没有河道；没有机场容量，寒3架飞机通航7处，的玉树巴塘机场 ·灾区交通环境恶劣，高原山地，冷缺氧，大风，降雪，地面结冰语言不通，宗教阻碍 ·90%的物流救援人员出现高原反应，工作效率巨降	·震后雅安市宝兴县通信大面积中断 ·通往灾区的多处道路受阻，G108线，S211线路基多处损毁，G318灾区部分路段因塌方中9小时，S210灾区部分路段因塌方中断35小时 ·灾区要道多山石公路，弯多路多，运输难度大 ·地震当日，由于大量社会车辆的无序涌入，灾经到产山的唯一通道受阻30千米，百辆救护车被堵8小时 ·震后36小时内雅安区的道路依旧处于不通畅的状态	·受灾地大多远离物流主干线。地震引发的海啸所波及的地区或远离东北重要干线，经救援带来相当大困难 ·海啸灾难比地震灾难更严重。海啸规模超乎救灾设想，灾区的使件设施、交通工具等均受到严重破坏，已不能选择救援 ·受灾信息大规模不畅。大地震，海啸，火灾毁坏了电话线、信号发射塔、无线通信设备、海底光缆、卫星通信设备等。造成大规模停电并阻断了通信联络 ·灾区物流等基础设施在地震和海啸中被严重摧毁。灾区部分港口、车站、公路、机场停运或关闭。民众出行受阻

附表 3　汶川、玉树、芦山和东日本地震应急响应和应急运作管理（含应急物流管理）情况表

序号	项目	四川汶川	青海玉树	四川芦山	东日本
1	灾害预警	未对地震发出预警	主震前 2 小时有前震	有 5～53 秒的时间逃生	• 强烈震感前的 1 分 13 秒，NHK 电视台发布发地震预警 • 震后 4 分钟，NHK 播报海啸预警，有 20 分钟逃生时间
2	应急响应	• 5.12 14：46，震后 18 分钟，新华网发布汶川发生 7.8 级强震的消息。军队首先启动应急预案，并做好准备和随后快速介入 • 5.12 15：32，震后 64 分钟，央视首条报道灾情视频播出。胡锦涛指示尽快抢救伤员，首先保证灾区人民生命安全，并全力奔赴抗震救灾前线 • 5.12 15：43，震后 75 分钟，国家地震局启动应急预案 I 级响应 • 国家地震局启动应急预案 I 级响应，并派出国家地震灾害紧急救援队约 216 人的现场应急工作队伍和紧急救援队奔赴灾区 • 5.12 16：28，震后 2 小时，民政部紧急启动国家应急响应 II 级响应 • 5.12 22：15，震后近 8 小时，国家减灾委将应急响应升为 I 级。这是国家减灾委成立以来首次启动 I 级响应 • 红十字会当天启动了自然灾害救助 I 级响应预案 • 铁道部地震当晚对铁路部门下达全力投入抗震救灾的命令	• 4.14 8：30，震后 41 分钟，国家减灾委、民政部紧急启动国家 IV 级救灾应急响应 • 4.14 8：30，震后 41 分钟，青海省委省政府启动地震 I 级应急响应和重大灾情 II 级应急响应预案，并成立抗震救灾应急指挥部 • 4.14 8：45，震后 56 分钟，国务院成立抗震救灾总指挥部，国家地震局启动 II 级应急响应机制，后提升至 I 级 • 4.14 12：00，震后 4 个多小时，国家减灾委、民政部将应急提升响应至 I 级	• 4.20 8：03，震后 1 分钟，中国地震局发布自动地震速报信息。震后 8 分钟，发布正式地震速报信息 • 4.20 8：20，震后 18 分钟，中国地震局启动地震应急 I 级响应 • 4.20 8：20，震后 18 分钟，成都军区成立抗震指挥部 • 4.20 8：40，震后 38 分钟，四川启动 I 级地震应急响应队赴灾区 • 4.20 8：45，震后 43 分钟，雅安市武警支队、芦山县中队和芦山县武警机动支队 1200 名武警已集结完毕待命（救援队伍先接到到通知即配齐各种装备，到达集结中，仅需 43 分钟，而汶川救援中，他们需要 3 小时） • 4.20 9：00，震后 58 分钟，国家减灾委和民政部三级应急响应 • 4.20 9：12，震后 70 分钟，四川地震局自动地震应急预案和 I 级地震应急响应 • 震后 3 小时，第一支救援部队到达震中 • 震后 18 小时，武警官兵到达灾区各个角落，创造了最快速度救援速度	• 3.11 14：49，震后 3 分钟，气象厅发出大海啸和海啸警报 • 3.11 14：50，震后 4 分钟，首相召开紧急会议，设立地震紧急对策本部 • 3.11 15：03，震后 17 分钟，3 架直升机到灾区调查灾情 • 3.11 15：06，震后 20 分钟，政府在全国 240 家医院调集约 300 名医护人员，组成约 300 支救援医疗队奔赴灾区 • 3.11 15：11，震后 25 分钟，设立灾害对策指挥部 • 3.11 15：27，震后 41 分钟，陆海空 8000 多名自卫队员，300 架飞机，40 艘舰船整装待发 • 3.11 15：46，震后 1 小时，从东京消防厅派出的第一支医疗队到达灾区 • 3.11 16：50，震后 2 小时，首相举行震后首次记者会 • 3.11 地震当晚，日本政府请求美军协作，呼吁国际援助，驻日美军急赴灾区

续表

序号	项目	四川汶川	青海玉树	四川芦山	东日本
3	信息传播与信息公开	• 5.12 14: 46, 震后18分钟, 新华网发布第一条有关汶川大地震的消息 • 5.12 15: 00, 中央电视台开始直播汶川地震新闻 • 5.12 15: 20, 震后52分钟, 推出汶川地震直播 • 5.12 15: 55, 震后87分钟, 中国国家地震局召开新闻发布会 • 5.13 17: 00, 震后2.5小时, 四川省政府召开第一场汶川地震新闻发布会 • 灾后初期的10多天, 国务院新闻办公室每天16: 00举行新闻发布会 • 主流媒体进行24小时不间断播出, 实时更新救灾情况 • 主流网站推出地震相关专题, 即时更新震灾区灾情 • 一大批国外媒体也在第一时间赶赴灾区	• 国家地震局第一时间发布玉树地震消息, 国务院新闻办公室、地方政府第一时间召开新闻发布会 • 3G网络传输等新技术, QQ和微博等互联网新媒体在救援中得到运用 • 境外媒体得以赴灾区参与报道	• 4.20 8: 02, 53, 震后53秒, 第一条微博 • 4.20 8: 30, 震后28分钟, 北斗系统进入战时值班状态, 北斗用户已达500余台次, 定位27 000余次, 通信30 000余次 • 4.20 11: 32, 震后3.5小时, 四川省政府召开首场新闻发布会。之后, 中央台等多个电台播放实况	• 3.11 14: 45, 震前1分钟, 日本NHK收到地震警报, 立即中断所有节目, 轮流用日语、英语、中文、韩语、葡萄牙语五种语言, 重复播报地震信息 • 3.11 14: 50, 震后4分钟, 电视台发出海啸预警并现场直播 • 3.11 15: 30, 震后44分钟, 媒体全部播放海啸警报地图和实时交通信息 • 3.11 16: 50, 震后124分钟, 首相官方动画发布会 • 震后3天里, 综合、教育、卫星广播、高保真影像等频道的全频道广播转播地震报道 • 政府部门通过网络发布信息, 提供灾情信息交流 • 各级为灾民提供实时交通信息和海啸警报地图, 开设安全信息、寻人启事等栏目 • 公众人物、网民用微博、博客或社交网站发布灾情信息
4	6小时救援	2008.5.12 20: 28 前 • 5.12 15: 28, 震后1小时, 四川省卫生厅迅速派出首批28支、28台救护车, 90余人的医疗救援队, 携带相关急救器械、药品, 赶赴汶川、绵竹、北川、都江堰、德阳、什邡、安县等地救援 • 5.12 19: 28, 震后5小时, 1000余辆出租车自发奔赴震区都江堰	2010.4.14 13: 48 前 • 4.14 8: 12, 震后10分钟, 当地武警部队迅速组织700名官兵, 以15人为一小组, 用铁锹和手刨的方式实施救援, 挖掘被掩埋人员 • 4.14 8: 50, 震后1小时, 青海省地震灾害紧急救援队62人赶赴震区, 于14日下午15: 18分到达结古镇	2013.4.20 14: 02 前 • 4.20 8: 20, 震后18分钟, 第一支救援队出发, 成都军区 • 4.20 8: 20, 震后18分钟, 成都军区2120名指战员带领173台装载机、救护车, 挖掘机奔赴灾区 • 4.20 8: 22, 震后20分钟, 武警四川总队立即出动1200人赶赴灾区	2011.3.12 20: 46 前

续表

序号	项目	四川汶川	青海玉树	四川庐山	东日本
4	6小时救援	• 5.12 20:00，震后5.5小时，第一批2架运输机起飞，175名救援人员 • 5.12 20:28，震后6小时，第一批3架直升机起飞， • 5.12 20:28，震后6小时，一批武警向震中汶川徒步前发	• 4.14 9:00，震后70分钟，青海省安全生产监督管理局、青煤矿"安全监察局派出61人的矿山救援队 • 4.14 12:20，震后5小时，遥感飞机赶赴灾区空域执行灾情监测评估任务 • 4.14 13:20，震后5.5小时，600余名官兵紧急出动先期投入设险，3架运输机运送人员与设备、物资	• 4.20 8:29，震后27分钟，解放军第37医院第一支医疗队赴庐山进行救援，于9:02分最先到达灾区，成为第一时间到达庐山的外地医疗队 • 4.20 10:00，震后2小时，遥感飞机抵达震灾地上空展开作业，第一 • 4.20 10:50，震后不到3小时，食品、饮用水和帐篷等物资运抵灾区 • 4.20 10:50，震后6小时，已出动近6000名救援人员、400辆救援车，8架直升机，2架运输机	
5	12小时救援	2008.5.13 2:28 前 • 5.12午夜，震后约9小时，约400多支抗震救灾医疗队，96名医护人员启程赴灾区 • 5.13 凌晨，震后约10小时，各市组建第三批医疗队共51支，314名医护人员奔赴灾区 • 5.13 00:30，震后约10小时，武警部队奔赴灾区 • 5.13 1:30，震后11小时，4架直升机到达灾区查看灾情，但遭遇被迫返航。救援官兵分头从汶川的不同方向、理县、茂县、都江堰等地开始徒步前进	2010.4.14 19:48 前 • 4.14 14:10，震后约6.5小时，四川省甘孜石渠县医疗救护车49人，抵达玉树结古镇，成为从外省抵达灾区的首支卫生救援队 • 4.14 14:20，震后6.5小时，三批医疗队相继出发，共200名专家，30辆救护车，20吨物资 • 4.14 15:00，震后约7小时，在结古镇建立的多处灾民临时安置点搭建帐篷40余项 • 4.14 16:00，震后约8小时，玉树军分区、玉树县人武部、结古兵站和某通信总站投入400余人 • 4.14 18:48，震后约9小时，20辆消防车，188名官兵出发 • 4.14，武警部队第三批增援灾区3000名官兵，其中1000人于当地震灾到达 • 4.14，震后第1晚，帐篷仅能安置灾民中年老体弱者和妇女儿童	2013.4.20 2:02 前 • 4.20 15:00，震后7小时，四川公安消防装备通过陆路徒步、水路冲锋舟到达陆路中断路段，携带救援装备870余名官兵，水路冲锋舟到达宝兴县9个乡镇 • 4.20 16:00，震后8小时，第一批救灾物资抵达灾区。四川省红十字会调集首批救灾物资500顶中央储备救灾单帐篷达四川雅安。民政体委的3万顶救灾帐篷、5万余床棉被救灾物资开始陆续调运发出 • 4.20 2:02 前，兵力到位7491人，10000多兵力待命。2架侦察机，1架遥感飞机进往灾区。9架各型直升机待命。四川省公安厅启动I级响应，公安机关组织1万余名警力紧急支援灾区。成都军区当日累计投入8800余名部队官兵和民兵预备役人员投入抗震救灾	2011.3.12 2:46 前 • 日本消防厅总派出26个搜救组，由航空和陆路两路前往灾区 • 防卫省动用25架F-15战斗机和P-3C巡逻机，实时监测地面空灾情况 • 陆上自卫队向各灾区派出通信联络员，配合当地政府救援工作，按各灾区所需调配自卫队

续表

序号	项目	四川汶川	青海玉树	四川芦山	东日本
6	24小时救援	2008.5.13 14: 28 前 • 5.13 14: 10. 水路方面，都江堰市与汶川交界处的紫坪铺水库，三十艘冲锋舟开始来回运送兵源 • 兵力到位 4190 名，途中 9810 名；夏力富精干分队 80 名徒步抵达震中；李亚洲突击队 220 名徒步到达震中；9 架运输机到达；2 架遥感飞机到达；6 列车到达 • 空军出动 32 架各种型号运输机，累计飞行 113 架次。紧急空运救灾物资和药品等 79.3 吨，6806 人次到达灾区。本次救援创造了空军历史上动用军机最多、飞行强度最大、在空时间最长等多项非军事作战纪录	2010.4.15 7: 48 前 • 4.15 凌晨，地震灾区的国家专家地震紧急救援队 114 人到达 • 4.15: 00. 震后 20 小时，距离地震灾区最近专业地震救援队——西藏昌都地震救灾支队到达灾区 • 4.15 5: 00. 武警青海总队集中各方力量，紧急筹备 100 吨救援物资，包括帐篷 200 顶、发电机 6 台、气床 500 张、被褥 500 套、棉衣裤 500 条、棉大衣 800 件、野战食品 500 箱、大米 20 吨、面粉 20 吨、清油 20 吨、方便面和矿泉水 3 吨、汽化灯 10 套、医疗消毒器械 2870 件及一批日常用药品。这批救援物资已全部装运完毕正火速运往灾区	2013.4.21 8: 02 前 • 4.21 2: 52. 第一批国家专家救援队 200 人搭乘 2 架空军伊尔76 运输机抵达灾区 • 救援队由搜救营救援队 140 人，地震救援领域专家科技人员 21 人，医疗救护人员 39 人组成。携带 12 条搜救犬、2 辆救援车辆和 2 万余件工具及医疗药品等 40 吨物资 • 4.21 7: 05. 来自四川巴中、达州、攀枝花的 3 支消防救援队，调用 120 名官兵携带生命探测仪、液压破拆工具组等装备乘坐冲锋舟挺进"孤岛"宝兴县 • 4.21 5: 00. 公安机关已派往宝兴县的救援警力达到 800 余人 • 4.21 7: 30. 成都军区 13 集团军某陆航旅的若干架救援直升机飞往宝兴县	2011.3.12 14: 46 前 • 自卫队调动陆海空 300 架飞机，40 艘舰船，8000 多名自卫队员等一切可调动资源，随时待命支援灾区 • 海上自卫队出动 10 多艘战舰，沿官城县海岸线巡视，实地监测海啸后续情况，搜救受困渔船和人员 • 日本警察厅组成紧急救援队派往日本东北部灾区，大阪县警察局派出 180 名警力前往灾区 • 日本政府组织紧急救援队建立多处疏散中心并为 37 万人提供用水 • 3.12 8: 00 左右，东京医疗救援队到达
7	48小时救援	2008.5.14 14: 28 前 • 5.13 23: 28. 震后 33 小时，第一支武警 (38 师) 200 人抢险队救灾队伍徒步到达汶川城区 • 5.14 6: 28. 震后 40 小时，国家第一批经铁路运送到达汶川地震灾区的灾物资顺利抵达汶川地震灾区，输送部队近 3 万人，运送救灾帐篷、担架等设备器材约 1.2 万件，军用食品和物资 800 余吨，燃油 6380 吨，疏散抢救民众 10000 多人，10 架运输机抵达，3 个架次飞机向汶川投送食品帐篷和设备	2010.4.16 7: 49 前 • 4.15 9: 00. 医疗队 63 人、15 辆救援车抵达灾区 • 4.15 上午、甘肃、宁夏等多支省级地震救援队陆续结合古镇 • 4.15 上午，武警部队紧急增援的 2000 人到达 • 4.15 18: 49. 载有 19 人的 3 架适合高原地形的首升机到达 • 4.16. 震后 3 天，道路恢复打通。灾区临时生活安置工作逐渐稳定	2013.4.22 7: 02 前 • 4.21 11: 30. 40 名武警携带 6 套大型挖掘设备，成功打通往重灾区太平镇的唯一道路 • 4.21 15: 00. S210 线小金至宝兴县城全线抢通 • 4.22 15: 00. 8740 部队讲转送危重伤员 23 名，救护伤员 46 名；抢修塌方道路 21 处，1700 米 • 4.22 15: 00. 四川公安消防 2374 名官兵、496 辆消防车、11 头搜救犬分别到达受灾产山宝兴县的 18 个乡镇	2011.3.13 14: 46 前 • 震后 48 小时内，灾区缺医少药，灾区部分医院未得到政府援助，医院内没有食物和药品，一些年老患者死亡，其他患者状况堪忧

续表

序号	项目	四川汶川	青海玉树	四川芦山	东日本
7	48小时救援		•4.16 7:48，共出动8架大型运输机，飞行57架次，空运人员1620名，其中运送受伤群众836名，空运车辆11台、机动夜航保障系统2套，各类物资320.5吨	•4.21 17:30，8740部队的14辆物资救援车队抵达灵关镇 •4.22 7:02，武警部队救灾兵力已增至5800名，抢运物资215吨	
8	72小时救援	2008.5.15 14:28 前 •5.14 15:29，震后49小时，首次获得第一批北川和汶川的航摄图像和 •5.14 16:20，5艘军用冲锋舟和抗震救灾的33艘地方冲锋舟投入救援 •5.14 16:29，震后50小时，大型运输机首次向绵竹空投5吨救灾物资 •5.14 22:30，徒步救援人员1500人到达灾区各地 •5.15 2:30，北川、汶川县城等灾区空投5万份干粮、25000双军用胶鞋、5000床棉被、54000件衣物等物资 •5.15 8:00，国家第一个医疗救援队进入灾区 •5.15 14:28，震后72小时内，出动131 727人、军用运输机、直升机近300架次、投放干粮、胶鞋等救灾物资20吨左右	2010.4.17 7:49 前 •4.16 09:00，医疗队212人、34辆救援车抵达 •运八飞机精准投送救灾物资，空军已飞行82架次，救灾人员1493人、车辆13台、救灾物资874.8吨 •已有1300名医务人员在灾区备战 •玉树机场起降救援飞机11个架次 •任黄金72小时，玉树地震造成重症伤员全部转运	2013.4.23 7:02 前 •直升机11架次、空投7架次、运送空军4架次物资17.7吨、重伤员9人 •参与救援的总人数数达2.2万名 •政府累计投付抗震救灾专项资金11亿元、调拨救灾帐蓬3万多顶、棉被11万多床、以及食品和饮用水2180吨 •抢通道路18千米、抢运物资215吨	2011.3.14 14:46 前 •自卫队在灾区（部分）设置灾民临时居住帐蓬，开设移动课堂
9	7天救援	2008.5.19 14:28 前 •实现了11个重灾县医务救援工作者的大集结，3.58万名医务的大集结，伤员早期救治率实现了100%	2010.4.21 7:49 前 •4.17 18:30，航空兵部队已飞行108架次，空运人员2760人，其中伤病员和医护人员1459人、空运物资668.4吨	2013.4.27 7:02 前 •1架空警-200预警机指挥直升机空投空运及救援任务，指挥控制空中飞机83批次，引导空军直升机运送42人次、空投空运物资28.8吨	2011.3.18 14:46 前 •9批30名医务人员到宫城县医疗救援 •Doctor Car Nino作为交通和救援车辆、车上配备紧急救援医疗设备

续表

序号	项目	四川汶川	青海玉树	四川芦山	东日本
9	7天救援成效		• 4.19 12：00，123辆救援车抵达 • 据不完全统计，玉树救灾共有143支救援队伍共2384人到达灾区展开救援工作，而在一周内共到达了103支救援队，2010人，占总人数84.31%	• 空军共出动驾驶员800余人次、车辆600余台，运输各类救灾物资600多吨，累计保障运输飞行120余架次，运输物资约160余吨	• 3月12～25日，共有29个国家和地区，约190批、1300吨食品和毛毯等救援物资运抵日本成田机场
10	生命工程抢通成效	• 震后48小时恢复灾区通信 • 震后2天解决4万多人的应急供水 • 震后64.5小时，105省道抢通 • 震后70小时绵阳通往北川的公路打通，大型救援机械可以开进；317国道抢通 • 震后3天7小时，马尔康一理县一汶川全线供电 • 震后4天恢复供电 • 震后7天内基本打通汶川至马尔康、茂县的应急通道	• 震后21小时恢复灾区通信。震后第11天，玉树藏族自治州45个乡镇的通信基本恢复到震前水平 • 震后1天内，灾区的交通已基本恢复，机场可有效运行 • 震后1天，途经陕西省高速公路打通玉树抗震救灾的车辆可收费通行 • 震后1天，玉树民政救灾指挥部、玉树抗震救灾指挥部、医疗救治点等重部、灾民安置点供应电力供得到保障，部署交警637名警力和150名公安特警、100名武警，24小时不间断地对进往玉树灾区的道路沿线进行交通疏导、维护秩序 • 开通救灾绿色通道，部署交警	• 震后5小时，灾区通信、交通专业人员布满灾区，构筑起网状应急救援 • 震后8小时，318国道救援打通 • 震后27小时，恢复灾区供电 • 震后28小时，恢复灾区通信。通信行业出动抢修车辆181台次，投入应急设备253台套，修复基站35个 • 震后35小时，省道210线彻底打通 • 通往灾区的成雅、雅西、成雅、成都绕城、邛名、郫汉等7条高速公路暂时实行全部车辆免费通行	
11	应急物资保障	• 截至5月22日，空运空投出动运输飞机10多架次，运送物资160.5吨，飞机102架次，直升机47架，民航飞机98架次，空运人员365人，空运运输826吨；铁路运输93列2975车、输送41703人，装备3961台；物资177批1626车；公路运	• 截至4月24日，世界卫生组织等国际组织提供价值300万美元的抗震防疫应急药物及其他医疗救援物资，调运175套便携式加压帐篷 • 截至5月4日，已发放棉帐篷7.2万顶，棉衣18.9万多套、棉被近12万件，饮用水近4000多吨，折叠床2万多个	• 灾区基本建立应急生活物资储备与调运、急需物资先运到当地指定灾区驻地，现场供应三级生活物资市场供应保障体系，雅安建立起救灾物资中转站，高效确保分类发放 • 支援的救灾物资归口当地政府相应部门统一接收登记后针对计划组织分发，做到量常管常，避免浪费	• 自卫队在救灾中承担救灾物资的运输工作。救灾物资先运到当地指定的自卫队和民用机场，然后运往灾区军用和民用机场驻地。随后根据各灾区交通状况，在尚能通车的地段使用军用卡车，无法通车的使用直升机或气垫登陆通艇执行运输任务

序号	项目	四川汶川	青海玉树	四川芦山	东日本
11	应急物资保障	• 输出动汽车2.3万台次，运送官兵15万余人次、物资5.48万吨，交通部门投入公路运输的客车4175辆，运送救援人员和转移灾次群众约42.82万人次，货车6960辆，运送物资约9.5万吨 • 震后初期，汶川地震物资保障、物资运输和调度上部分存在困难和混乱		• 截至4月27日，芦山全县已接收矿泉水241 572箱，食品204 697件，帐篷19 133顶，棉被53 907床，大米184.9吨，衣物18 422件，其他应急救援物资91 616件；已发放矿泉水259 273瓶，帐篷13 498顶，棉被53 570床，大米326.57吨，衣物17 317件，其他应急救援物资82 119件	• 考虑到严寒季节灾民取暖和发电的需要，自卫队基地集中备用汽油和煤油，在最短的时间内运往灾区 • 应急物资备库的选址不合理，灾区物资不足，分配不公，灾后第5天，物资仍缺乏，灾民抵触度日
12	伤员转运	• 震后第6天，启动伤员转运工作。主要采用飞机和专列转运三大系统通力协作的方式，分两次转运：先由灾区前线医院转至省会城市的定点医院，再转运全国20个省的定点医院，截至5.29四川地震伤员已累计转送伤员8678人	• 震后当天即启动伤员转运工作。主要采用飞机转送至四川，甘肃、陕西三省相邻省份的区市医院，安现地空方式无缝对接，转运途中均无伤亡。玉树地震空运伤员共2797人，其中危重病人1179人（飞机转运872人），通过汽车转运307人。未出现伤员死亡案例	• 伤员主要集中收治在四川大学华西医院，四川省人民医院，成都军区总医院，三家医院。截至30日8时，三家医院共收治地震伤员639名，其中危重伤员53人，重症伤员40人，累计手术258台。未出现伤员死亡案例 • 部分伤员送至成都和准安两个康复医疗中心，以降低伤员的致残率	
13	军方资源运用	• 震后18分钟，军队启动应急预案 • 震后42分钟，第一支救援部队出发 • 震后1小时，驻汶川部队和武警部队展开救灾 • 震后33小时，第一支军队进入汶川 • 军方投入救灾的现役部队95 553人，民兵预备役部队36 114人，军用运输机、直升机飞行近300架次	• 震后10分钟，驻玉树部队850名官兵展开救灾 • 震后不到3小时，首支救灾部队4000名兵力从西宁出发 • 空军调用8架伊尔-76型运输机，3架直升机出动伤员后送任务 • 截至5月5日，军方共有57架次飞机参与患者后送，其中包括52架次伊尔-76和5架次米-17直升机	• 预警机首次参与非战争军事行动。1架空警-200预警机在空中飞行近8小时，指挥空中飞机83行次，引导直升机运送人员83批次、空投空运物资28.8吨人次。空军出动直-9Z侦察直升机和米-171运输直升机等9架，军方800余人次参加救援，行120架次飞行任务 • 7艘军用舰艇参加救援	• 地震当天，8架F-15型战机和儿架搭载有视频传送仪器的直升机参与救灾 • 地震当天，陆海空8000多名自卫队员，300架飞机、40艘舰艇整装待发 • 地震当天，自卫队人数扩大到2万人，飞机约190架，舰艇25艘 • 日本自卫队在东日本大地震和核电站事故中投入约10.6万人，接近日本自卫总人数的一半

续表

序号	项目	四川汶川	青海玉树	四川芦山	东日本
13	军方资源运用	• 5艘军用冲锋舟参与救灾 • 军方参与救援的总兵力为14.6万名，来自5个军区，20余个兵种，出动各种飞机1000多架次，开出92趟军列，动用各种后勤运输保障设备11万台	• 震后第二天晚，空军在玉树机场部署第3套夜航设备，保障运输机昼夜输送	• 成都军区空军派出搭载71名专业地震救援队员、4条搜救犬和4吨多的救援设备的运-8运输机参加救援 • 依托军交运输信息化指挥系统，搭建抗震救灾军交运输指挥平台	
14	社会企业参与案例	• 汶川震后，上海迅速构建由上医、光明、纺控、良友、百联等生产企业和交运、东航、铁路、上航、扬子江快递运输等企业组成的应急物流网络系统，实现应急物流快速响应系统无缝对接。救灾物资从仓库出库装箱到机场或铁路的装机装车过程平均仅需10小时	• 青海中信国安公司、中国铁建股份有限公司为灾区捐款、捐物	• 除中国邮政外，多家社会物流公司参与绿色救援通道，利用自身优势优先为救灾物资提供免费寄递服务 • 中国石油在灾区生命线及灾区设置油品保供加油站，并向灾区运送帐篷、棉大衣、食品等 • 中国移动为雅安紧急采购应急保障物资，包括130台各型油机、3609千米光缆、260千米电缆 • 华丰物流公司作为第三方物流公司转运物资到灾区救援点	

注：根据新浪军事网、凤凰网、360百科、中国政府各级门户网站、四川政府各级网站、知网等大量关于汶川、玉树、芦山和东日本地震的文献资料和基础数据，以及在调研访谈中获得的数据整理而成；

陈列的时间点大部分为准确时间，单位为"时""天"的大多非精确时间，仅作为评价参考；

东日本数据缺失较多，仅作评价参考。

后　　记

　　衷心感谢我的导师南京航空航天大学经济与管理学院的谭清美教授！本书的大部分研究工作都是在谭老师的指导下完成的。作为项目成员，我参加了谭老师主持的国家自然科学基金项目"国民经济动员物流系统应变能力研究"的研究工作，本书是此项目的部分成果。从选题、撰写到成稿、修改，谭老师总是不厌其烦，百忙中抽出时间，或面见或邮件或电话或短信给予我指导。有求必应，有问必答。谭老师不止一次地召集所有团队成员一起讨论，集团队智慧帮助我厘清本书撰写思路，解决每一个难题，落实每一个细节。谭老师勤奋创新的学者风范、认真严谨的工作作风、谦虚谨慎的处世风格是我终生效仿的楷模。在此，对谭老师再次表示深深的谢意。

　　衷心感谢南京航空航天大学经济与管理学院的老师们！经济与管理学院的多位老师，刘思峰教授、周德群教授、张卓教授、党耀国教授、李南教授、李帮义教授、江可申教授、菅利荣教授、徐海燕教授等引领我学习经济与管理知识，研究方法与技术等，这些知识和技术无论是对我的研究还是对今后的学习、工作都是极其宝贵的财富。他们渊博的知识、严谨的治学、高尚的品德给我留下深刻印象，将让我终身受益。敬业可爱的班主任袁颖老师和教务处周谨如老师为我提供了良好的软服务。在此，对所有给予我精神营养的老师们表示深深的谢意。

　　衷心感谢各位兄弟姐妹！在本书撰写过程中，我的同门兄弟姐妹郇红艳、吴六三、商丽媛、李晓晖、荆象源等，我的同学史普润、周伟杰、孟伟、王鼍华、魏洁云、俞琰、周明、公维风等都给予我诸多指导和帮助。他们的勤奋努力和卓越成果也是我不断努力的动力和参照。在此，对所有兄弟姐妹表示深深的谢意。

　　衷心感谢工作单位的领导和同事们！因为在职学习和写作，为保证我有充足的时间潜心研究，学院领导给予诸多照顾和帮助，减轻我在本书撰写期间的工作负担和压力；同事们默默奉献和支持，分担了本该由我承担的多项工作。在此，对无锡商业职业技术学院所有给予我支持和帮助的领导和同仁表示深深的谢意。

　　衷心感谢我最亲爱的家人！感谢我已过世的父亲和勤劳乐观的母亲，是他们不辞劳苦、任劳任怨地把我养大成人，并不断鼓励我向前，再向前，我人生的每一步都凝聚着他们无限的期待和关爱。我还要感谢我的先生和女儿，是他们给了我无限的支持和关爱，为了我的进步默默做出牺牲和贡献。在此，感谢我亲爱的家人，是你们给我信心和力量，让我能够顺利完成本书撰写工作。

　　衷心感谢文献作者！本书撰写过程中，参阅了大量文献资料，极大地开拓了我的思路和视野。虽然已尽力标注引用的观点和语句，但因几易其稿难免疏漏。在此，向这些作者致以诚挚的谢意和歉意。

　　最后，衷心感谢为本书出版辛勤付出的科学出版社的各位编辑老师。谢谢你们！

孙　君

2015 年 10 月 25 日